市民のための
コミュニティ・ビジネス入門

新たな生きがいプラットホーム作り

徳田賢二・神原 理 [編]

専修大学出版局

出版にあたって

徳田賢二
（KS コミュニティ・ビジネス・アカデミー長）

「終わりは始まりである。」KS（川崎・専修）コミュニティ・ビジネス・アカデミーは 2011 年にその幕を閉じたが、市民のコミュニティ・ビジネスの時代は今が始まりである。この言葉を、KS コミュニティ・ビジネス・アカデミーに学んだ約 150 名の修了生、いや応募したけれども残念ながら定員の関係で入学できなかった多くの方々、また仕事などの事情で途中で履修を断念せざるを得なかった方々、そしてこの本を読んで志す方々に捧げることとしたい。

KS コミュニティ・ビジネス・アカデミー（以下「KS アカデミー」と呼ぶ）は、文部科学省「社会人の学び直しニーズ対応教育推進プログラム」委託事業として、2008 年度 11 月末から 2011 年度 3 月末、約 2 年半という短い期間に、川崎市役所との連携の下、専修大学大学院経済学研究科に特別に設置された、コミュニティ・ビジネスに関わる高等教育課程である。現時点でも、コミュニティ・ビジネスとは何か、答えられる人は少ない。ましてや、2 年半前の状況を想像してほしい。その時点で、コミュニティ・ビジネス、KS アカデミーに着眼し、自らのキャリア、時間をここにつぎ込もうと決心して専修大学の門を叩いた市民の方々の先見性とエネルギーには敬意を表する以外にはない。また、スタート当初は、正直なところ、学び直しした方々がどれだけこの KS アカデミーをステップに新たな仕事に入っていかれるか、まったく予測がつかなかった。それもまったくの杞憂に終わった。

総計 150 名を超える修了生のなかには、地方都市の副市長に採用された方、大学専任教員に転じられた方、地域企業に就職された方、NPO に理事、職員として就職された方、地域医療のあり方を構想する NPO、文化活動を通じての地域活性化を目的とする NPO の設立、高齢

者の社会参加の促進と地域の活性化を目的としてデイサービスを行う株式会社を設立する方など、実社会においてコミュニティ・ビジネスを実践している方を男女、老若問わず多数輩出している。また、校長として何よりも嬉しいことは、修了生達が、様々なバックグラウンドを持った同期30名、通期150名の同輩との、フレッシュで刺激に満ちたアカデミーでの新たな学び、交流の中で、自分自身の新しい生き方を見出し、様々な方向に足を踏み出されたことである。この気持ちは副アカデミー長としてアカデミーの基盤をしっかり支えてくれた神原理商学部教授も同様と思う。彼らに共通していることは、子育て、高齢者、環境など地域社会の課題は、市民自身の手で解決されるべきである、そして市民の時代は私達が切り開くのだという篤い決意を持って修了されたことである。

こうしたことは、当アカデミーの開講目的として掲げた『市民の新たな活躍の場・職業獲得や起業支援のために子育て・高齢者支援など街の課題を解決するコミュニティ・ビジネスへの参画の場を創造する』ことを実践し、一定の成果を上げることができたものと確信する。

本書は、各期の受講生の方々とNPO、大学、企業など川崎、いや全国から馳せ参じた多くの研究者、講師の方々との熱気に満ちた講義の一端を記録として残し、また来るべき新たな市民の時代への道しるべとなることを願ってまとめたものである。各々独立した講義の記録でもあり、重複している記述もある点はご容赦願いたい。

「さあ次はあなたの番！ We wish you Bon Voyage ！」

平成23年2月14日　第五期修了式を終えた夜に

はじめに

君嶋武胤

　コミュニティ・ビジネスや、ソーシャル・ビジネスという言葉が、ようやく市民権を得ようとしています。皆さんが、この本を手にとられたということは、ご自分で何か新しいことを始めたいというお気持ちがあってのことではないでしょうか。

　私は、コミュニティ・ビジネスが盛んになる意義は、三つあると思います。

　第一に、地域課題解決の担い手が増えることです。第二に、その担い手に市民がなることで、市民の生きがいづくりに役立つことです。第三に、新しい産業分野が確立することで、産業が活性化することです。

1. 地域課題の解決の担い手

　各都市、各地域には、さまざまな地域課題があり、生まれています。環境、医療、介護、子育て、まちづくり、教育といった非常に幅の広い分野の課題です。

　従来、これら課題解決の担い手は、コミュニティ活動や市民活動、自治体行政でした。しかし、それだけでは、限界があるといえるでしょう。ボランティア精神を基本としたコミュニティ活動や市民活動だけでは、資金的な面や、人材の面で厳しい局面が生まれます。自治体行政でカバーしようとすると、自治体行政の肥大化につながりかねません。

　地域課題の担い手としてコミュニティ・ビジネスが育つべき意義があるといえるでしょう。

2. 市民の生きがいづくり

　高齢化社会になり、平均的にいえば、仕事を辞めてからの日数が、仕事をしていた日数とほぼ同じ程になっています。また、子育てが終わっ

てからも長い時間が待っています。この長い時間をどのように過ごすか、各個人だけでなく、社会全体で大きな課題です。

社会貢献になる仕事をしながら生きがいづくりをしたい。その中で一定の収入を得られたらなおよいという人は増えていると思います。こうした人の思いが実現していけば、社会全体が、より明るく、活力が増していくはずです。

うまく仕掛けや仕組みができれば、日本では、多様なコミュニティ・ビジネスが生れる素地があると思います。

一人ひとりがビジネスを始めるケースもあるでしょう。昔の仲間や知人を巻き込んでビジネスを始めるケースも出てくるでしょう。国や自治体では、こうした環境づくりをする必要性が高まっています。

専修大学が、コミュニティ・ビジネス人材育成を目指し、文部科学省の競争的資金を活用しながら川崎市行政と連携して、2008年秋から始めたKSコミュニティ・ビジネス・アカデミーは、コミュニティ・ビジネスの環境づくりという点でも先駆的です。

3. 産業の活性化

経済産業省の「ソーシャルビジネス研究会報告書」によれば、2010年におけるコミュニティ・ビジネスを含むソーシャル・ビジネスの潜在市場は約2.2兆円と推計されています。しかし、まだまだ未開拓の分野で、可能性はあるけれども、ビジネスとして確固たる基盤ができていないといったところが本当でしょう。

国では、コミュニティ・ビジネスやソーシャル・ビジネスに関心を向け始めています。2010年7月に発表された『産業構造ビジョン2010』において、「ソーシャルビジネスの全国的なネットワークの構築や自治体・商工団体等との連携による支援体制の強化、企業の巻き込みやソーシャルビジネスとの協働促進等を実施する」としています。

人口140万を超えた政令指定都市川崎市では、2005年6月の「かわさき産業振興プラン」で、新たな産業の一つとしてコミュニティ・ビジネスの振興が取り上げられています。そこには、「健康、医療、福祉、

環境、子育て、まちづくり、教育といった分野で、個人あるいはグループ、組織的な NPO などが、地域や市民の課題解決に取り組む事業活動をコミュニティ・ビジネスとして位置づけて支援を進めます」と記載されています。

　この本は、KS コミュニティ・ビジネス・アカデミーの講師陣が、講義録をもとに分担執筆したものです。コミュニティ・ビジネスとは何か、なぜ必要になってきたのか、どのようにしたらビジネスとして実現できるのか、たくさんのヒントが盛り込まれています。

目次

出版にあたって　　　　徳田賢二　i

はじめに　　　　　　　君嶋武胤　iii

第一部　入門編
コミュニティ・ビジネスは生きがい発見の場

第1章　まちが自己実現の場　市民新世代
……………………………………徳田賢二　3

第2章　コミュニティ・ビジネスとは何か
市民による市民のための事業活動
……………………………………神原　理　23

第3章　地域コミュニティの形成と「つながり」
……………………………………福島義和　41

第二部　基礎編
コミュニティの課題発見・解決力を養おう

第4章　コミュニティ・ビジネスを始める
自分の強みを活かして地域に入る
……………………………………為崎　緑　55

第5章 **NPOとは？**
　　　働く場所として、コミュニティにとって
　　　　　　　　　　　　　　　　　　　　　　　　大室悦賀　63

第6章 **地域の活性化と学生の潜在力**
　　　コミュニティ・ビジネスへの一つのヒント
　　　　　　　　　　　　　　　　　　　　　　　　池本正純　81

第7章 **景観の保全と創造**
　　　行政と市民の協働
　　　　　　　　　　　　　　　　　　　　　　　　土岐　寛　90

第三部　応用・実践編
　　　あなたもコミュニティ・ビジネスのプロになれる

第8章 **成長戦略をどう組み立てるか**
　　　プロフェッショナルの奥義
　　　　　　　　　　　　　　　　　　　　　　　　犬塚裕雅　103

第9章 **コミュニティ・ビジネスモデルの創り方**
　　　理論と現実の往復運動
　　　　　　　　　　　　　　　　　　　　　　　　大室悦賀　115

第10章 **人材マネジメントをどうするか**
　　　NPOを中心として
　　　　　　　　　　　　　　　　　　　　　　　　廣石忠司　131

第11章 **ソーシャル・ビジネスとベンチャー企業**
　　　　　　　　　　　　　　　　　　　　　　　　加藤茂夫　139

第12章　社会的企業とソーシャル・イノベーション
　　　　　　　　　　　　　　　　　　　　　……………………大平修司　157

第四部　現場編
　　　　市民が活躍するコミュニティ・ビジネス最前線

第13章　大都市のソーシャル・ビジネスと地域社会
　　　　解散したNPO法人Aを事例に
　　　　　　　　　　　　　　　　　　　　　……………………前川明彦　171

第14章　コミュニティ・ビジネスの戦略的展開
　　　　マーケティング発想で計画を作る
　　　　　　　　　　　　　　　　　　　　　……………………為崎　緑　183

■「KSコミュニティ・ビジネス・カフェ」講義抄録■
　　　　　　　　　　　　　　　　　　　……………… 編集　神原　理　194

第15章　市民活動の基礎知識と川崎市における市民活動の現状
　　　　　　　　　　　　　　　　　　　　　……………………小倉敬子　195

第16章　父親支援事業とワーク・ライフ・バランスの課題
　　　　　　　　　　　　　　　　　　　　　……………………安藤哲也　203

第17章　高島平再生プロジェクトについて
　　　　　　　　　　　　　　　　　　　　　……………………堀口吉四孝　225

| まとめ | 「コミュニティ」とは何か
「閉鎖的な世界」から、「開放的な社会空間」への変容
....松野　弘　239

おわりに──コミュニティ・ビジネスの展望　　神原　理　257

執筆者紹介

装幀　　本田　進
装画　　伊東宣哉

# 第一部
入門編

コミュニティ・ビジネスは生きがい発見の場

第1章
まちが自己実現の場　市民新世代

徳田賢二

川崎市・登戸東通り商店会
キャラクター「なまずん」

1　はじめに──「なまずん」と「ドラえもん」

　専修大学生田キャンパスが位置する川崎市は、戦前から産業のメッカとして名高く、現在でも全国からの人、企業の流入は絶え間ない、希な成長都市の一つである。その川崎市向ヶ丘遊園跡地に2011年9月に登場する世界的なキャラクターと言えば、それはもちろん「ドラえもん」である。その作者である藤子・F・不二雄ミュージアムが向ヶ丘遊園跡地に建設される。ドラえもんを知らない人はいないだろうが、それでは「なまずん」を知っている人はいるだろうか。これは、藤子・F・不二雄ミュージアムとは小田急線を挟んだ反対側の商店街、登戸東通り商店街というローカルな商店街のキャラクターである。この通りの横を通る専修大学の学生なら、このキャラクターは皆知っているはずだが、残念ながら、このキャラクターを知っている、名前を知っている学生は殆ど

いない、無名のキャラクターである。この多摩区の商店街は、人口が増えている地域にも拘わらず、その商業販売額は全く伸びてこない。学生のいない日曜日にこの通りを歩いてみるとすぐ分かる。いかにして地元の人達の支持を取り戻すか？

多摩区にとって、「ドラえもん」、「なまずん」は商店街再生、地域再生の切り札である。具体的には、「ドラえもん」を見に来た人々にお膝元の「なまずん」商店街を素通りさせてはならない。しかし、藤子・F・不二雄ミュージアムの建設に呼応して、苦境にある地元・登戸東通り商店街を始めとする多摩地区1000店の商店街を、これらのキャラクターの力でいかに再生させるか。これは難題である。例えば、鳥取県境港市のゲゲゲの鬼太郎への取組を見ると分かる。街全体が鬼太郎、ネズミ男、目玉おやじの街になり、その全国への発信力は目覚ましいものがある。街づくりを根本的に鬼太郎という視点からゼロから再構築していった市全体の取組結果である。多摩区でも同じように、ドラえもんという世界的なブランド力を持つキャラクターを多摩区全体で取り込む積極的な姿勢を見せなければ、ドラえもんには相手にされないだろう。これまでなら、残念ながら役所、商店街だけの苦闘に終わることになったかもしれない。しかし、新たな希望の兆しが見える。春、夏、年2回開催される登戸東通り商店街のナイトバザールには、地元商店主たちに交じって、フリマ、駄菓子屋など、多くの一般市民、学生たちが参加している。つい先だってまで東京大手町あたりの企業に席を設けていたシニアの方々が、嬉々として綿あめづくりでこどもたちの相手をしている。彼らかつての企業戦士たちは、ドラえもんを見て育った世代でもある。彼らの企業経験という新たな地域資源の登場である。

この商店街再生、地域再生、これはコミュニティ・ビジネスそのものである。ビジネスでは、「課題解決」と「将来目標実現」はセットである。コミュニティ・ビジネスとは、子育て・高齢者介護などコミュニティが抱える諸課題の解決と同時に、コミュニティ全体で将来への目標を共有し、実践する営みでもある。もう役所の仕事にすべてを依存する時代は終わった。これからは、私達市民が、次世代以降のためにも、

「協働」してより住みやすいコミュニティを創る「営み」づくりにフルスロットで取り組む時代の幕開けである。

2 市民新世代の登場

まちに戻ってきた男性市民

団塊の世代が地域に還流しつつある。かつては、川崎「都」民と呼ばれ、交通便利な川崎から通勤ラッシュに揺られて都内へ通っていた企業戦士たちが、文字通り川崎「市」民になりつつある。

KSアカデミー生の過半を占める彼らリタイア世代は、専大川崎調査と併せて見ると、概ね次の特性を持っている。

① 人生ライフサイクル上の「定住世代」である。この年代は、既に終の住処を定めている。川崎市であれば、とにかく川崎市に定住しようと決心を固めている。
② しかし、企業に没頭してきた半生の結果として、地域コミュニティにおける活動経験はほとんどなく、また地域問題に対する関心もほとんどない。ただ、家族との接触などから、関係性を喪失した地域コミュニティへの漠然とした不安感を持っている。
③ 団塊の世代は量的にも総数1000万人にも及び、また高度成長期からバブル崩壊まで競争企業社会の真っ只中で企業中枢として身をもって体験してきたという意味で、質的にも経済社会にインパクトを与えてきた世代である。その意味では、課題解決・目標達成を日常的に実践してきた本格ビジネス世代とも言える。
④ 専大調査[1]によれば、彼らの居住、文化、生活支援など地域環境に対する要求水準は高いものがある。日常的な買い物から子育て、レジャー・スポーツに関わる機能がどれだけその居住地域に備わっているか、その充足である。団塊の世代にとっては、地域とは、週末だけ接する環境だったのが、毎日その中で生きていかねばならない環境になったこともあり、その要求は切実である。

KSアカデミーに応募してくるシニア世代の方々を見ると、皆がこれからの人生を旅行、文化など趣味に生きるか、それとも地域デビューするかへの戸惑いが感じられる。60歳でリタイアしたとして、後の20、30年の人生という文字通り貴重な時間をどう過ごすかは、当然ながら、人生最大の意思決定事項である。それでも、KSアカデミーへの応募者たちは、地域デビューの先に大きな人生の可能性を嗅ぎ取って応募してくる。応募者の過半は、これまで一切の地域活動経験のない人達である。彼らと面接し、応募志望書を読むと、彼らは、孤独死、高齢者問題など差し迫ったコミュニティの課題に対して、漠然としているとは言え、自分の社会経験により何らかの貢献ができるのではないかという意志を表明している。恐らく潜在的に、多くのシニア世代は地域デビューの入口がどこにあるのか、またはデビューできるのか、模索しているものと予想される。

まちに向き合ってきた女性市民とのコラボレーション

KSアカデミーに学ぶ受講生の半分は、元企業戦士の男性群、もう一方の半分は、子育てが終わってきた20代から70代までの女性群である。彼女たちは、男性群とは正反対に家事から育児、教育、ゴミなど、家庭からコミュニティの課題に向き合ってきた人生を過ごしてきた人々である。男性の多くが知らない細かい分別ゴミの出し方、町内会との付き合い、お当番、子育ての苦労、家のお年寄りの介護など、その合間での買い物、食事の支度など、多くの細かい仕事に日夜追われてきた人生である。しかし言い換えれば、彼女たちは、コミュニティの課題が何かを身をもって熟知してきたもう一方の貴重な戦力でもある。

彼女たちは、既に多くの人が地域活動に参加している。ボランティアから、自治会などのグループ活動、NPOの創業、支援スタッフ、運営スタッフ等々、様々な形での参加が見られる。川崎市には約400の認証NPOがあるが、その約7割は女性代表である。認知症患者の支援、こども通学時の見回りパトロール、こどもたちの音楽などの情操教育、健康維持の太極拳、孤独なお年寄りの傾聴など、一つ一つが女性らしい

きめ細やかな活動である。

　課題の所在を熟知し、実践する女性陣とビジネス的な課題解決手法を知る男性群のコラボレーションはまさに相補完する理想的な組合せである。同様に、双方にとっても、共通の活動ベースを持つことは、相互のモチベーションを高める機会にもなり得る。まさに、新たな市民「協働」のベースになり得るものである。彼らがまさにコミュニティ・ビジネスに適合した、能動的にコミュニティに働きかけ得る「新世代市民」である。

3　コミュニティ・ビジネス By the citizen, for the citizen

瀕死のコミュニティ　数々の重圧的課題

　コミュニティは瀕死の危機的状況にある。若い世代には、子育てが難題である。昔であれば、ご近所ぐるみで助け合い、隣のおばさんが育児を指南してくれたものだが、現代のようにお互いに無関心、忙しく生きている中ではそれもままならない。特に若い夫婦が二人で移り住んできた都会の真っ只中、昼間に一人で子育てで格闘しているお母さんの苦労は大きい。育児放棄までは行かなくても、育児ノイローゼに陥っているお母さんは数多い。中高年世代が抱えている難題は、年取り衰えた両親のケアである。私の知人には、自分自身が70代でがんの手術を何回もやりながら、100歳に近い母親と同年代の妻の介護をしている人がいる。典型的な老老介護である。仕事をしながらの高齢者介護は難しく、保養ホームにやむを得ず預けるとしても、それだけの経済的負担ができるか、また同時に自分の肉親を他人に預けることへの精神的な葛藤もある。介護と仕事の狭間で経済的な負担ができない人は一体どうしたらよいのか。

　高齢者に止まらず、ハンディキャップを持った人々へのサポートも難しい。車椅子を押している人の光景が日常的に見られるが、段差のある道でもまっすぐに進めることの難しさ、高いものでは1台100万円近い高額な機器。若年認知症の患者を持つ家族の交流を行うNPOもある。

40、50代で発症した患者自身の苦しみと同時に回りの家族の支える努力は厳しい。世の中の人々のすべてがそうした方々を理解している人ばかりではない。若年認知症に止まらず、認知症、発達障害、視覚障害など、ハンディキャップを持った人々とその家族たちをどうサポート、支援するのか。

　まだまだ元気な高齢者でも街の中で生きていくことは厳しい。若い世代は車でスーパーに行けばよいが、徒歩が頼りの高齢者はそうはいかない。昔のようなお店の御用聞きも少なくなった。近所商店街は疲弊する一方、買い物場所は遠のくばかりである。お年寄りたちの生活基盤をどう作り直すのか。

　コミュニティは家庭と学校、企業のトライアングルであると言われる。学校でも、いじめのニュースは後を絶たない。教育は、本来子どもたちに自分自身の欲望を抑制するとともに、社会の中で調和を保ちながら生きていくことを学ばせるものだが、現実には自制できない多くの子どもたちが生み出されている。母親も父親も昼間は仕事に出掛けていれば、子どもたちは家でゲームに没頭することになる。肝心の親自身が隣近所との付き合いがなくなり社会生活が不得手になっている。その一方で少子化で子どもが少なくなり、親の目が子どもに集中し、過度の期待を子どもに課して、お稽古、お受験ラッシュになる。期待と無理解との狭間で子どもたちだってどう生きていったらいいのか。

　私が以前ある自治体のまちづくり入門講座で講義をしたときの、その受講生の方々がまちのために何をしたらよいのか、皆がどのような問題意識、気持ちを共有すべきか、彼らのメッセージを紹介しよう。① 人と人の心の通い合いに心掛けること、② 近所の人々と仲良く暮らすこと、③ 近所に迷惑をかけないようにすること。私の家から駅に行く並木道の生け垣にはコーラ、コーヒー缶などポイ捨てが後を絶たない。いずれも私達の心積もり一つではないか。

　いずれの課題も根深いものがあるが、こうしたコミュニティの社会的課題の基底には、私達の経済社会を形作ってきた「互恵」、平たく言えば「お互いさま」、「助け合い」の精神が失われつつあることが感じられ

る。どうしたら取り戻せるのだろうか。いつになったら、隣のおばさんが助けてくれた昔のコミュニティが戻ってくるのだろうか。

解決への先駆的な営み

現実には、昔のコミュニティを取り戻そうという努力が始まっている。例えば、田園都市線、小田急線沿線で特に人口が急増している川崎市では、約400のNPOがコミュニティの課題に取り組んでいる。彼等は、子育て支援、高齢者福祉、環境保全、子供の情操教育および商店街再生など、幅広いコミュニティ課題を自ら解決すべく、市民自身のボランティア、グループ活動、さらにはNPOを基盤とする活動を起こしている。以下列挙してみよう[2]。

① 保健、医療または福祉活動 （例．若年認知症介護に関わる交流、発達障害に関わる親子の交流事業）
② 社会教育活動 （例．子ども向けの囲碁・将棋教室）
③ まちづくり活動 （例．交通過疎地のコミュニティ交通促進事業）
④ 学術、文化、芸術またはスポーツ活動 （例．0歳からのコンサート）
⑤ 環境の保全活動 （例．市指定特別緑地保全地区の保全・整備、家庭の生ゴミ堆肥化）
⑥ 災害救援活動 （例．災害救援ボランティア事業）
⑦ 地域安全活動 （例．地域の見守りボランティア事業）
⑧ 人権の擁護または平和活動 （例．障害者権利擁護事業）
⑨ 国際協力の活動 （例．子ども国際絵画展）
⑩ 男女共同参画社会の形成活動 （例．DVサポート、シェルター運営、電話相談事業）
⑪ 子どもの健全育成活動 （例．冒険遊び場プレーパーク事業）
⑫ 情報化社会の発展活動 （例．障害者のパソコンサポートボランティア）
⑬ 科学技術の振興活動

⑭　経済活動の活性化活動　（例．地産地消による食品販売）
⑮　職業能力の開発または雇用機会の拡充を支援する活動
⑯　消費者の保護活動

　いずれの活動も課題解決を目指す真摯な取組である。しかし、専修大学調査によれば、これらの活動はいずれも人材不足、資金不足、専門性・組織性に欠けた活動の実態に苦しんでいることが明らかになっている。というのも、この種の市民活動は、これまでは一部の篤志家や限られた市助成に依存し、また活動者も必ずしも専門的な社会企業教育を受けているわけではないという根本的な問題を抱えているからである。つまり、地域コミュニティの抱える課題を市民自身が持続的に解決しようとする人は存在するけれども、組織的に継続的に課題解決する仕組み、そこに人材、資金、知識などの地域資源を継続的に投入することでその課題解決力を強化していく仕組みがまだ存在していないという困難な状況を表しているとも言える。川崎市は、全国的にも人口流動性の高い都市であり、特に20代から40代という川崎市の利便性を求める若い世帯形成層の流出入が激しく、子育て、高齢者支援など生活支援機能の充実へのニーズは高いものがある。しかし、川崎市は伝統的に産業振興を核とした都市として発展してきたこともあり、そうした市民の生活支援への取り組みに関わる施策はこれからという段階にあることも事実である。

新生の切り札　コミュニティ・ビジネス

　これらの活動を担う人々の志は高いものがある。本業を持ちながら、週末、早朝、深夜時間をこれらの市民活動に費やしている人も多い。しかし、これらの善意の個人に依存していては、無数に次から次へと現れてくるコミュニティの課題を解決していくことは難しい。そこに、個人の限界、善意の限界、役所の限界を超えた、どの地域・分野にも適する普遍的な、個人の力を結集した組織的な、さらに持続し得る解決の仕組みが望まれることになる。極端に言えば、善意に頼っていたら、その

人がいなくなったら、その人のお金がなくなったらお終いになってしまう。その、コミュニティ共通の課題を解決する新たな経営手法が「コミュニティ・ビジネス」である。コミュニティ・ビジネス（ソーシャル・ビジネス）は"社会企業（社会起業）"と称され、子育て、高齢者福祉、スポーツ普及など地域社会の課題を市民自らの手で、公益性と事業性とを両立しながら、解決していこうとするビジネスである。欧米では、この種の社会企業は一般的なものであり、日本経済新聞調査によれば例えば英国では既に5兆円の市場規模、担い手は80万人と言われている。反して、日本の社会企業はまだ勃興期にあり、日本全体で3万人、2400億円という状況に止まっている。しかし、全国ではNPO、市民活動の担い手による、自分自身の手で地域社会課題を解決しようという動きは、近年急激に高まっている。

　コミュニティ・ビジネスは何も特別なものではない。KSアカデミー第三期生のある主婦の方は、25年前から川崎市のある団地で主婦たちの仲間でフリーマーケットを運営しているメンバーの一人である。これは、その地区に住む主婦たちが、"地域に世代を超えたコミュニケーションの場を作ろう"と始めたもので、売りたい人が売りたいものを持ち寄り、小店を出して自分で売る。ある団地の遊歩道で行われるこのフリマは既に「もやい市」と呼ばれ、奇数月の最終日曜日に開催され、既に150回に及んでいる。主婦たちの手作りのイベント、主婦たちの汗の産物ではあるが、その運営費用は、持ち出しではなく、大人500円、子ども300円の出店料で賄われている。そこにこのフリマが持続する理由がある。また、広報として「結だより」という広報チラシを2500部配っているが、その印刷費用もチラシ裏面の1マス500円の広告収入で賄っている。費用の持ち出しを最小限に、継続的に収入を引き当てるシステムが機能している。彼女たちはフリマを通じて収益を得るというよりも、フリマを通じて地域に住む人同士が楽しみながらお互いに知りあえる機会を一義に置いている。これは、コミュニティ・ビジネスそのものである。

　コミュニティ・ビジネスの詳細な説明は、第2章に任せるとして、

本節ではコミュニティ・ビジネスの必要性を経済学的に説明しよう。地方政府が限界に突き当たり、当事者である市民に協力を求めざるを得ない背景には、税金・手数料という会計的収入を財源とする財政の性格、財政赤字による行政効率化、職員のスリム化という政府側の事情がある。限られた財政収入、政府職員では、先にあげたコミュニティ課題解決に要する膨大な社会的な費用と担い手を賄うことは難しい。公共部門としては、限られた財源で新たに登場する公共サービスにまで手が回らないわけである。特に会計的費用に乗りにくい経済的な費用、潜在的な社会的費用までを負担することはとても難しい。しかし、個々人にはもっと大きな限界がある。一つ一つが個人には重すぎる課題ばかりである。解決には一定以上の費用が掛かることになる。しかし、課題に要する時間を含めた経済的費用の負担力には家計により差があることは致し方なく、従ってすべての家計が自己負担の下で公平なサービスを受益することも困難である。また、いずれの課題も家計、コミュニティに共通に見られる課題であり、また同時に膨大な費用発生に比べて十分な対価を得にくいという意味で、公共部門のサービス提供が論理的には適している。また、政策的に考えても、政府にとっては、これらの課題解決に関わる円滑なサービス提供を進めることで、住民の地域に対する総合評価が上がり、市民の定住へのモチベーションを高めることにもつながる。

　従って、政府部門としては、それらの社会的費用の負担は企業、家計という地域社会を構成する他部門への協力を要請せざるを得ないことになる。言い換えれば、企業、家計の地域貢献による実質的な負担を要請することになる。特に当事者でもある家計部門の資産蓄積、収入へ依存せざるを得ないことになる。それが、市民自身が時間を含めた実質的な費用負担、持ち出しにより、これらの活動をボランティア、非営利法人などで行わざるを得ない理由である。

　コミュニティの諸課題を単なる市民活動に止まらず、コミュニティ・ビジネスにより解決するメリットはここにもある。子育て、高齢者支援など多くの課題は、受益者の負担能力から見ても、十分な対価が得に

くい。しかし、その課題解決を持続的・普遍的に実施していくためには、組織・実行力維持のために一定以上の採算を確保した事業収支が必要である。そのためにも、人・もの・カネ・情報といった経営資源をぎりぎりまで効率的に活用して、膨大な費用負担を抑えつつ、必要なサービスを提供する、ビジネス的な課題解決方法の採用が不可欠になる。しかし、ビジネスとは言え、一定以上の持ち出しを迫られるサービス提供を持続的に進めていく上では、組織全体の一人一人が、そのサービスの社会的な意義・理念を明確に共有していかねば、ビジネス的にも限界が生じてくる。その意味では、単に最大限の利潤を追求する通常のビジネス以上の難易度があるとも見ることもできるし、逆にその経営手法を確立できれば、参入しにくい未開拓の分野のパイオニアとしての地位も確保できるとも言える。公共的な意味に止まらず、産業的な意味でも、コミュニティ・ビジネスには未開拓の将来性がある。

コミュニティ・ビジネスを孵化する仕組み

　KSアカデミーを創設してコミュニティ・ビジネス分野に実際に関わってきた経験から見て、現時点ではコミュニティ・ビジネスを孵化し、育成する社会的な仕組みはまったく不十分といわざるを得ない。その原因の第一は、社会的な認知不足である。すべての市民が能動的に課題解決に立ち向かう市民ではない。どうせ誰かがやってくれる、自分がわざわざ手間を取ることはないという自己中心的な現代社会はお互いの助け合い、「互恵」の下で成り立っていることを理解していない層は論外だが、大宗は、そもそも、うすうすその必要性、意義は理解しているけれども、それは役所の問題、一部の市民の取組の問題と考えている人も多い。しかし、後者は潜在的なコミュニティ・ビジネス予備群とも言え、この層に対する啓蒙・広報活動は不可欠である。

　第二は、ビジネスとはいいながらコミュニティ・ビジネスの支えるリソース供給、支援システムが不足している点である。例えば、一般の中小企業向け金融機関には当たり前のようにある創業資金融資制度が対コミュニティ・ビジネス、市民活動には非常に少ない。例外的に篤志家な

どが市民ファンドを形成している場合があるぐらいである。公的部門の活動助成金にしても、その財政的な事情により人件費は助成対象にならない場合すらある。筆者のこの種の助成金事業審査経験でも、活動が事実上寄付・補助金依存で、とても自立とは言えない、「カネの切れ目が活動の切れ目」になってしまう団体が数多い。特に問題なのは、担い手の供給力、このコミュニティ分野の人材育成を進めるシステムが不完全である。前述のとおり、コミュニティ・ビジネスはビジネスという意味での事業性、コミュニティ課題対象という意味で社会性を併せ持つ、高い専門性を要請する分野である。その難度と社会的要請に比例した人材育成・供給体制の構築は差し迫ったものだが、残念ながら極めて不十分なものである。この仕組みづくりの構築までは、公的部門の責任の範囲内とも言えるだろう。教育機関、企業など、地域コミュニティの他のステークホルダーとの協働を進めることが望まれる。

切り札となる新世代市民の即戦力化

コミュニティ・ビジネスの担い手（社会企業家）には、一定の社会経験を要することから、リタイアした層、子育てが終わった女性層がその

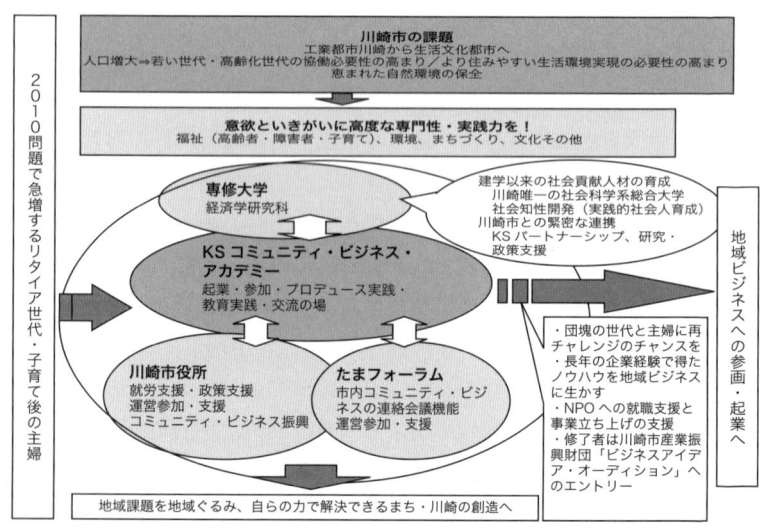

担い手として適している。女性は長年地域社会に存在する様々な地域課題を目の当たりにしてきた経験、一方男性は、長年企業社会の中で問題解決に取り組んできた経験を有している。その両者の経験を結合し、そこにコミュニティ・ビジネスの専門性を付加してあげることで、コミュニティ・ビジネスの有力な担い手になり得る。しかしながら、彼らは、長年の企業経験、社会経験が一旦終了した後は、通常は手さぐりで各種の公開講座、市民大学や市民活動に参加しているのが実態である。つまり、現時点では既に高学歴な彼等の知的意欲を満足させつつ、セカンドキャリアとしての社会企業家へ導く仕組みはないと言ってもよい。既に団塊の世代を始めとするリタイア世代は加速度的に地域社会に還流しつつあり、その潜在的な需要、供給力の大きさも充分なものがある。さらにビジネス企業にとっても、企業の社会的責任の具体的な取り組みとして、公益性と事業性を兼ね備えた社会企業分野は将来性があると考えられる。その意味からもコミュニティ・ビジネス予備群とも言える新世代市民の即戦力化の必要性は大きいものがある。

4 KS(川崎・専修)コミュニティ・ビジネス・アカデミーの取組
　　——専修大学のチャレンジ

KSアカデミー設立の意義

　KSアカデミーは、新世代市民を即戦力化することを狙って設立された教育組織である。

　川崎市には産業部門のベンチャービジネス育成機関として、アジア最初のサイエンスパークであるかながわサイエンスパーク（KSP）があるが、こうしたコミュニティ・ビジネス育成に関わる具体的な機関はその必要性に拘わらずこれまで存在してこなかった。川崎市ではそのプラットフォームとして、川崎市に立地する専大・明大・日本女子大など複数大学を核に、学校・専門学校、企業・NPO、地域、そして関係機関が自由に意見交換できる場として平成16年から「たまフォーラム」を設置し、市民と行政、教育機関をつなぐ仕組みを構築してきた。これは、

大学に蓄積されたコミュニティまたはコミュニティ・ビジネスに関わる研究・教育資源を地域に公開・還元することで、川崎市における組織的なコミュニティ・ビジネス育成を出発させようとするものである。しかしながら、このたまフォーラム活動は意見交換の場に止まり、具体的なコミュニティ・ビジネス育成の仕組みづくりには必ずしもつながっていなかった。

　専修大学としては大学としての地域貢献という趣旨に則り、大学自身の新しい教育分野として大学院における"社会企業家育成"に関わる高度な教育課程の創設の意義を認識し、そのトライアルとして、川崎市と共同でKS（川崎・専修）コミュニティ・ビジネス・アカデミーという教育課程を特別に大学院に設置したものである。設立にあたっては、文部科学省の受託事業「社会人学び直しプログラム」として運営することで3年間（2008年〜2010年）の事業経費の支援を受け、教務体制としては本学教員を核に全国から大学、教育機関、NPOなど当分野の第一線の研究者、実務家に参加してもらい、また実地派遣先のNPOなどについては川崎市役所の全面的な協力を得ることで、講義・演習と実地体験を組み合わせた総合的・系統的なカリキュラムを設定することが可能となった。川崎市との連携という視点だけでなく、専大を核にした大学連携的な教育課程という側面も持っている。文部科学省からの受託期間は，平成20年度第一期（11月〜平成21年3月）、第二期（21年5月〜8月）、第三期（21年10月〜22年2月）、第四期、第五期までと半年毎の運営になっている。

コミュニティ・ビジネス専門教育の場

　専修大学は川崎市とKSパートナーシップ協定（平成20年〜）を結び包括的な提携を進めるとともに、特に平成16年から20年度にかけて文部科学省オープンリサーチセンター整備事業として「イノヴェーションクラスター形成にむけた川崎都市政策への提言」という、川崎市との共同調査研究事業を行ってきた。これは、学内外の研究者を含めて参加総数40名に及ぶ研究調査であり、いわば専大社会科学研究者の総

力を挙げて、川崎市のこれまでの都市政策の検証及びこれからの都市政策への方向性を明らかにしようとしたものである。その成果は「川崎都市白書」として結実している。この研究調査結果は今回のKSコミュニティ・ビジネス・アカデミーの創設の基礎でもあり、またそこで培われた研究教育ネットワークもその運営に活かされている。何よりもこうした大学にとってもチャレンジングな新たな分野であり、川崎市、川崎市民と一体でなければ開設・運営できるものではない。その礎がこの5年間に渡る研究事業の中で構築されたともいえる。

　コミュニティ・ビジネスという社会企業家を育成する仕組みの中でも最も鍵になるのが、まず専門性の高い担い手を育成する機能である。しかしこれは川崎はもちろん日本ではまだ出来上がっているとは言えない。欧米では、その専門性の高さから、大学院教育としてMBAの一部に組み込まれているのが一般的だが、日本では一部のNPO、企業が公開講座方式により、実施しているのが実態である。周知のとおり、大学、大学院では既に一般の企業のマネジメント層に対するMBA教育、または高度職業人教育が日本でも一般化しているが、社会企業家育成というまさに大学の地域貢献に直結する教育への取り組みは、専ら研究対象としての位置づけに止まってきたのが実情である。そこに本来の専門高等教育機関である大学が本格的にこの分野に取り組む意義を我々アカデミー創設メンバーが認識したものである。

　以上のとおり、KSコミュニティ・ビジネス・アカデミーは、大学にとっては、新たな社会人大学院教育への布石として、地域社会にとっては社会企業家による生活環境整備の進展、シニア市民にとっては新たな生きがいづくりの創造、ビジネス企業にとっては社会的責任の具現化など、いわば四挙四得を目指す試みでもある。現在第五期実施中であり、第一期から第五期までいずれも募集定員30名を充足し、その修了率も90％を超えている。いまだ開設2年を過ぎたばかりではあるが、修了後も多くの修了生が市民活動への関わりを強め、NPOへの就職、地域プロジェクト立ち上げ、地域イベント参加さらにNPO設立など高い地域参加意識と活動ぶりを示している。例えば、二期生では、元々企業人

であった修了生がアカデミーで培った地域貢献意識をベースに地方自治体（兵庫県豊岡市）の副市長公選に応募し、採用された例もある。当アカデミーの地域への人材供給機能が早くも円滑に動き出してきたと考えられる。本学としては専修大学創立130周年という節目を契機に、産学官連携という産業部門での連携モデルを超えた、市民部門における新たな連携のあり方、「民」を核とした新たな民・官・学連携の出発点として、KSコミュニティ・ビジネス・アカデミー自身を育て、実ある、社会をリードする地域貢献を地域とともに実現していきたい。

5　新たな生き方の創造──「協働による自己実現」

コミュニティ・ビジネスの Entrepreneur-ship

それでは、コミュニティ・ビジネスの企業家精神とはどのようなものだろうか。四つの不可欠な要件がある。第一に、地域問題を解決しようというモチベーションを持つこと。「互恵」、「お互い様」の精神を基底に、経済的な価値よりもその事業の社会的な価値を識別し、それを解決しようというインセンティブを持っている。それが自らの自己実現の場となっている。第二に、経済的なバックグラウンドを持っていること。コミュニティ・ビジネスに資金を供給する仕組みが乏しい現段階では、やはり公的部門の助けは借りつつも、一定期間の持ち出しは残念ながらやむを得ないものである。第三に、ビジネスとしての事業性の理解である。ビジネス的に組織目標、問題発見、処方箋による解決を進めていくことがその活動の持続性を保証してくれる。コミュニティ活動への参加形態として無償ボランティアがあるが、その無償から有償への転換の壁を破らなければならない。第四に社会的課題に取り組むその社会性への理解である。地域コミュニティ特有の課題について、単に表面的な対処ではなく、その背景にある社会的な構造の問題など、専門的な視点からの理解が必要である。これらの社会企業家精神を個人に止まらず組織としても共有化していくことが前提になる。

市民によるコミュニティ教育機能の復活

　通常のビジネスは企業人が担うのに対して、コミュニティ・ビジネスは学生から社会人まで、すべての市民が担い得る。例えば、小田急線新百合ケ丘駅前ではしんゆりのブランド化を図るべく、地元昭和音大、日本映画学校、専修大学の学生たちが、地元商店街、地元企業家達とタイアップして、芸術のまちづくりを実践している。シニアの実務経験とヤング学生たちの行動力・創造力とがドッキングしている。これも市民のコラボレーションの形である。

　しかし、コミュニティ・ビジネスに関わる人材育成に携わっていると分かることは、多くのシニアが自分の殻を脱げずに地域デビューのチャンスを逃していることである。それに対して、若者たちは、我々が考える以上に素直に社会的な課題に取り組む社会性を理解し、フリマでも綿あめ屋でもきちんと事業性も確保している。地域全体で幼年期から子どもたちの社会性を養わせる教育が行われていけば、それこそ市民全員がコミュニティの課題に取り組む体制が出来ることになる。そうした試みに、コミュニティスクールがある。市川市、習志野市で行われているコミュニティスクールでは、PTAのお父さんたちが、自分たちの社会経験を子どもたちに伝える教育活動をしている。これが、新しい自立型のコミュニティづくり、課題解決力を持った社会風土の形成につながり得るものだろう。幼年期から高等教育、生涯教育まで視野に入れ、地域コミュニティ全体で地域課題を共有化し、その解決に取り組む素地として、地域教育力の再生が不可欠である。

　市民「協働」の前提は、決して市民協働事業が行政機能の補完ではなく、それこそ主役であるという認識である。松野弘教授によれば、そのために必要なことは、第一に、行政的な公共性に対する市民的公共性の優位の確保、第二に、市民（住民）の政策活動を促進していくための支援体制の構築、そして第三に、住民（市民）、行政間の対等で競争的な関係の構築である。

おわりに——終わりが始まり、来るべきコミュニティ・ルネッサンス

2008年度から開始されたKSアカデミー事業は2010年度をもって終了する。しかし、一般市民の価値の棚卸し、彼らの自分価値と社会的な価値とを結合させようという、教育意図は結果として目的を達し得たように感じる。KSアカデミーでは、高等教育機関として蓄積された教育力と社会課題に精通した若手研究者の研究力を基礎に、社会的価値観を醸成する教育を行ってきた。その教育方針は次のものである。

① 理論と実践のフィードバック。理論を座学だけで学ぶだけでなく、現場の活動に参加し、理論を見直すそのフィードバックにより、自らのビジネス感覚を養う。
② 徹底的な演習。研究者との討論を通じた頭の整理と実務家との討論によるその確認作業を通じて、実践的な解決力を養う。特に、女性陣は演習を通じて、新たな問題発見・論理的な思考力を徹底し、逆に男性陣は地域人としてのゼロからの再出発を図る切っ掛けとする。
③ コミュニティ・ビジネスに止まらず、コミュニティ活動は有言不実行型の人には合わない。不言実行、有言実行いずれにせよ、まずは行動し着手してみなければその解決策は見出せない、正解のない課題ばかりである。
④ KSアカデミーの白眉はシニア達が自分の社会経験を新たな課題の前に相互にぶつけ合うグループワークである。他人に学びつつ、自らの価値観を作り上げていくプロセスは感動的ですらある。まさに、そこに「協働による自己実現」を進める姿がある。

おわりに、2年前にKSコミュニティ・ビジネス・アカデミーを修了され、既にコミュニティ・ビジネスの現場におられる方からの、後輩市民へのお誘いのメッセージを紹介することとしよう。この方は、某金融機関で要職を務められた後、まさにずぶの素人としてKSアカデミーで

コミュニティ・ビジネスを専門的に学び、現在は文字通りコミュニティの復活に取り組んでいる方である。

① 自分の過去の地位・業務成果を過大評価せず、現在の裸の自分を見る。
② 自分の商品価値やスキルを棚卸し、新たに創り上げる努力をする。
③ 自分のやりたいこと・理念を持ち続ける。
④ 役割を担うことは、その役割を期待している人達への責任が生じることを理解する。
⑤ 最低限のマナーは必要である。独りよがりにならず周囲との協調に努める。

地域社会は大きく活動していても意外と狭い。自分の思いと他人の思いやりのバランスをよく考えることが大事である。多くの人と接点を持ち、自分の再発見、新しい環境での活躍での基盤の構築、これらを糧に長い人生を有意義に過ごす術を共に学ぼうではないか。

筆者も同世代としてまったく同感である。KSアカデミーにおける20代から70代、老若男女、多彩な経歴を持った方々が白熱の討論を繰り広げ、実践課題に取り組んでいる姿は感動的でもあった。我々高等教育機関の一員として、こうした新世代市民の学びの場を通して、少しでも地域に貢献できたとすれば存外の喜びである。

注
1) 徳田賢二「川崎市民の生活行動・意識」(専大社会知性開発研究センター『川崎都市白書』2007年7月)
2) 「かわさき市民活動センター」の「かわさき市民公益活動助成金交付要綱」(括弧内例示は筆者追加記述)による。

参考文献

専修大学社会知性開発研究センター・都市政策センター『川崎都市白書』専修大学、2007 年 7 月

同「川崎のコミュニティ・ビジネスの現状と課題」『都市政策センター論文集』2008 年 3 月

松野弘・土岐寛・徳田賢二編著『現代地域問題の研究』ミネルヴァ書房、2007 年

第2章

コミュニティ・ビジネスとは何か
市民による市民のための事業活動

神原　理

1　はじめに

　地域社会には、子育て支援や社会的弱者の支援、地域の活性化、環境保全など、様々な課題が存在している。これまで、そうした地域の課題は行政が主に取り組んできたが、財政難や課題の多様性などによって、すべてを行政に頼るわけにはいかなくなっているのが現状である。他方、企業は託児所や介護施設の運営、エコグッズの製造・販売などで社会的な課題の解決に貢献してはいるものの、収益性の見込めない社会的な課題には二の足を踏む傾向にあるため、企業に課題解決のすべてを依存する訳にもいかない。かといって、このまま放置していれば事態はどんどん悪化していく。そうしたなか、地域社会のもうひとつの主体である市民（地域住民）が中心となって手がける課題解決の手法として、コミュニティ・ビジネスへの期待が高まっている。

　近年、地域住民が主体となって NPO（Non Profit Organization、非営利組織）を設立し、地域の社会問題の解決に取り組むケースが増えてきている。地域の女性たちが商店街の空き店舗を活用して預かり保育や育児サークル、育児相談サービスなどを手がける子育て支援事業。地域の食生活を支えるとともに地域交流の拠点として地域の女性たちが中心となって運営するコミュニティ・カフェ。障害者を雇用してお菓子などの製造・販売や飲食店を運営することで彼らの自立を支援する事業。路上生活者などの生活困窮者を支援するために、夜回りをしたり、憩いの場を設けたり、安価な弁当や食事を提供する事業。これらの事業はみな、地域住民が主体となって地域の課題を解決する事業活動、即ちコ

ミュニティ・ビジネスといえる[1]。

　こうした現状を踏まえて、この章ではコミュニティ・ビジネスの基本的な概念をとおして「市民（地域住民）による市民のための事業活動」の意義について論じていく。言い換えれば、誰が、どこで、何をすることがコミュニティ・ビジネスなのか、そしてそれは地域社会でどのような役割を果たしているのかという点について、地域で起きている様々な課題（事例）を交えながら論じていく。

　なお、この章はコミュニティ・ビジネスの全体像を俯瞰することを目的としているので、以下で述べる個別のテーマや主体に関する詳細な議論については、第二部以降の関連する章を参照されたい。

2　コミュニティ・ビジネスとは何か？

　コミュニティ・ビジネスとは、「市民（地域住民）が主体となり、地域の課題解決のために取り組まれる地域に根ざした事業活動（ビジネス）」である。この節では、3節以降での理論的な考察への導入部分として、コミュニティ・ビジネスの具体的な事例をいくつかみていくことにする。

生活支援型食事サービス事業

　近年、地域のシニアや主婦層が中心となって近隣の高齢者や障害者に配食サービスを行ったり、地域交流の場としてカフェ事業を運営したりするケースが全国で展開されている。

　配食サービスとは、高齢や障害などで日々の食事作りに困っている地域住民のために、カロリーや栄養バランスに配慮した手作り弁当を配達することで、彼らが住み慣れた地域で暮らし続けることができるよう支援する活動である。「NPO法人W.Coあいあい（神奈川県川崎市）」や「NPO法人多摩食事サービスW.Coかりん（神奈川県川崎市）」など、ワーカーズ・コレクティブという組織が中心的にこうした事業を展開している[2]。

カフェ事業は、商店街の空き店舗などを借りて地場野菜を中心とした手料理を提供し、割安な価格で地域住民に利用してもらう事業形態で、「港南台タウンカフェ（神奈川県横浜市）」や「c-Cafe（東京都三鷹市）」、「TOWN KITCHEN（東京都武蔵野市）」などは、カフェの運営とともに、地域の事業者や商店会などと連携してイベントを企画・運営するなどして街づくりの支援機能も果たしている[3]。なかには「おとこの台所（東京都世田谷区）」のように、退職後は自宅に引きこもりがちな男性の活動拠点として「男の料理教室」を設け、定期的な食事会や、高齢者や身障者への「出前シェフ（出張料理）」、都内各種イベントへの出店などを行っている自助的・互恵的な任意団体もある。

　こうした事業の特徴は、シニアや主婦層といった地域の人的資源を活用することで、雇用創出や仕事をとおした社会参加の場づくりを実現させる一方、食事サービスをとおして栄養バランスのとれた食生活を推進するとともに、地産地消による地域の農業活性化、多様な世代や事業者間の交流によるコミュニティ再生の事業モデルを構築している点にある。

　生活支援型食事サービス事業の中心を担っているのがワーカーズ・コレクティブである。ワーカーズ・コレクティブとは、「雇う-雇われる」という関係ではなく、働く者同士が共同で出資し、それぞれが事業主として対等に経営に携わりながらもスタッフとして働く協同組合のことをいう。つまり、自分たちで自分たちを雇いながら社会的な活動を展開する共同出資・共同経営の市民事業体である。ワーカーズ・コレクティブは全国に約600団体あり、主婦層を中心に約1.7万人が活動に関わっている。主な事業としては家事・介護や配食・食事サービス、デイサービスなどの施設運営、育児サービス、環境志向の商品を扱うショップ運営、生活クラブ生協や福祉クラブ生協の委託業務などである。彼らは、地域社会に必要な機能を事業化し商品やサービスとして提供することで、より暮らしやすい地域社会の実現を目指しており、収益性よりも地域住民の利益を優先すると共に、メンバーが事業目的、出資、労働、組織運営など経営のすべてに関わり、責任をもつことで「雇われない働き

方」を実現している。スタッフは、家庭の事情やライフスタイルに合わせて勤務日数や時間を選ぶことができる。そうすることで、自らのワークライフバランスに配慮しながら社会参加できるとともに、調理や育児、介護経験をもつスタッフにとっては自らの経験や能力を地域のために生かすことができる。つまり、地域住民が自分たちで自分たちを雇いながら地域のために自らの能力を発揮し、食をとおして利用者である同じ地域住民との交流や支え合い、自己実現の場を設ける仕組みが形成されているのである。

社会的弱者の自立支援事業

これまで、地域の課題としては見過ごされてきたもののひとつに、障害者の生活（自立や社会参加）支援が挙げられる。障害者は行政による支援で生活し、就労をとおした社会参加は困難であると一般的に認識されてきた。そうしたなか、「NPO法人ぱれっと（東京都渋谷区）[4]」は、就労・暮らし・余暇などの生活場面において障害者が直面する問題の解決を通して、すべての人々が当たり前に暮らせる社会の実現に寄与することを目指して活動してきた。主な活動内容としては、障害のある人たちとともに余暇活動を行う「たまり場ぱれっと（1983年～）」、クッキーやケーキの製造販売をとおして障害者の社会参加と自立を目指す福祉作業所「おかし屋ぱれっと（1985年～）」、障害者と健常者、外国人が共に働くスリランカ料理店「Restaurant & Bar Palette（1991年～、株式会社として運営）」、知的障害者の自立を目指して地域生活を営むケアホーム、及び緊急一時保護施設「えびす・ぱれっとホーム（1993年～）」、障害者を含む様々な国の人たちとの国際交流・国際協力を行う「ぱれっとインターナショナル・ジャパン（1999年～）」、障害者と健常者がともに暮らしながら自立した地域生活を営む「ぱれっとの家いこっと（2010年～）」がある。

ぱれっと自体は1983年に創設された団体で、当時、渋谷区教育委員会が主催する「えびす青年教室（知的障害者の社会教育の場）」のボランティア有志が、障害者の人間関係や生活圏の拡大を目ざして組織した

ものである。画材のパレットの上で様々な色を混ぜ合わせて新しい色を創り出すように、障害や人種などに拘わらず、様々な人たちが出会い、交流することで新たな可能性を生み出すことができるような場づくりをしようという思いがその名前に込められている。

　ぱれっとの事業特性としては、「おかし屋ぱれっと」では洋菓子の製造・販売、「Restaurant & Bar Palette」ではスリランカ料理の飲食業をとおして障害者が自立した生活を営めるだけの収益を上げるとともに、仕事をとおして彼らが社会参加できるような仕組みを築いている点にある。

　「おかし屋ぱれっと」では、お菓子の生地づくりから焼き上げまでの製造工程だけでなく、袋詰めや販売まで、すべて障害者のスタッフが手作業で行っている。商品はどれも合成着色料や保存料を使用せず、甘さを控えたオリジナルレシピで製造されている。クッキーやケーキは全部で約25種類、それらの詰め合わせセットが8種類あり、お中元やお歳暮、各種ギフトなどで注文が殺到し製造が間に合わないことがあるという。そこで現在は、繁忙期や大口注文に十分な対応ができるよう、企業のアドバイスを得ながら作業の効率化を進めている。他方、企業とのコラボレーションによる商品開発やインターネット販売などにも取り組んでいる。ネット通販でもクッキーやケーキ、ギフトセットを取り扱っており、そのなかの「Sweet'N Smile（スイーツンスマイル）」商品の売上の一部は「3つの鐘基金」に寄付され、障害者や高齢者の雇用活動などに役立てられている。

　「Restaurant & Bar Palette」は、24席ほどの小さな店で、昼はランチセットやカレー弁当、夜は12種類のカレーと一品料理、スリランカのビールやワインなどのドリンクを提供している。店は、健常者である店長とスリランカ人のシェフ、知的障害を抱えたスタッフの計6名で運営されており、スタッフは開店の準備から接客、調理補助、会計などすべての業務を役割分担している。就業当初は注文の受け答えやお釣りのやりとりなどに相当の訓練を要したが、現在ではまったく不自由はなく、来店客とのコミュニケーションを楽しみながら仕事に励んでいる。

このレストランが立地する渋谷区恵比寿地域は飲食店が多数出店している地域であり、他店との激しい競争のなかで事業展開していくことは決して容易ではない。そうしたなか、ぱれっとは「障害者が働く店」といったコンセプトづくりや宣伝などは行わず、提供する料理やサービスのみでお客さまからの評価を得られるよう努力している。なぜなら、店の主役は障害者ではなく、お客さまであり、ひとつの企業で働くスタッフとして障害者が当たり前に働ける場をつくろうとしているからである。

地域活性化事業

地域社会では、経済の低迷とともに、人的交流の減少や社会的紐帯の希薄化も大きな課題となっており、地域住民や来訪者らが交流できる「場」としての新たな街づくりのあり方が各地で模索されている。そうしたなか、「NPO法人タブラララサ（岡山県岡山市）[5]」は、「もっともっと楽しい岡山づくり」を目標に、肩肘張らずにエコやスローライフを楽しむ「エコスマ」というライフスタイルの提案をとおして、様々な街の魅力づくりに取り組んでいる。

タブララサの主要事業のひとつは、毎年5月の連休に岡山市の西川緑道公園で行われる「西川キャンドルナイト」である。夕暮れ時からの数時間、音楽を聴きながらキャンドルの明かりで過ごすことで、地球環境や現代のライフスタイルなどについて考えるきっかけを提供するものである。当初は、作家や一般の人も作品を持ち寄る参加型の「アート＋街」のイベントであったが、周辺地域の飲食店などの支援を得ながら環境志向の地域イベントへと発展していった。このイベントの成功を受けて、現在では岡山市内の様々なキャンドルナイトを受託事業としてプロデュースしている。

彼らは、地域イベントを手がけるなかで大量のゴミが発生することに問題を抱きはじめ、2004年の冬からリユース食器を導入する。タブララサは、全国のNPOなどと連携している「リユース食器ネットワーク[6]」の拠点団体として活動しており、岡山市や周辺地域で開かれる

様々なイベントでリユース食器の普及に努めている。会場ではリユース食器を用いたカフェを運営し、飲み物代に 100 円のデポジットを付けて販売し、カップの返却時には 100 円を払い戻しする。返却された食器は、市内の社会福祉法人ポレポレ苑で洗浄・消毒され、再利用される（作業料金は 1 個 10 円）。

その他には、「Happy Share Candle」と称して、結婚式で使用されたキャンドルを再利用し、記念の引き出物にしたり雑貨店で販売する「幸せのおすそ分け」事業を展開している。結婚式で用いられるキャンドルは高額で高品質であるが、1 度使用したら捨てられてしまう。それが「もったいない」ということで、活用方法を考え出したものである。

また、岡山県笠岡市の笠岡諸島にある白石島では、島の伝統産業であるオーガニックコットンを活用した「白石島活性化プロジェクト」を手がけている。笠岡市では、笠岡諸島の連携と活性化に取り組むために、市の職員で構成される「NPO 法人かさおか島づくり海社[7]」を組織し、白石島の伝統文化の継承と高齢者の生涯学習、遊休地の有効活用を目的に、2001 年から小中学校の跡地 42a を開墾してオーガニックコットンを栽培し、講堂を草木染めによる機織り工房として再生し、機織り体験のできる観光事業として展開している。この事業に対して、タブララサは財団法人福武教育文化振興財団による文化活動助成の支援を受け、共同事業として取り組んでいる。彼らは、「オーガニックコットンで島をデザインする」というテーマのもと、白石島の伝統文化を継承しながら布と島をデザインし、情報発信していくことで、地域交流や活性化につなげていこうとしている。瀬戸内海の小さな島である白石島には、これまで大手資本による開発事業が行われてこなかったこともあって、中心産業と呼べるものが存在しない。結果、現在は限界集落となりつつあるが、反面では金銭的（経済的）な指標では測れない豊かさを維持することができた。のんびりとした島民の暮らしを守りつつ、島に残る生活文化を継承しながら地域交流を深めていくことが、白石島の一連の活性化事業の大きな目標であり課題でもある。

3 コミュニティ・ビジネスに関する基礎的概念

この節では、2節でみた事例を踏まえて、コミュニティ・ビジネスの基礎的な概念を整理していく。

コミュニティ・ビジネスの概念

コミュニティ・ビジネスとは、「市民（地域住民）が主体となり、地域の課題解決のために取り組まれる地域に根ざした事業活動（ビジネス）」である。ここでいうコミュニティとは、一般的に以下の特性をもつ集団社会を指す。

・強い地理的制約（市区町村や、町内会、商店会といった比較的狭い活動領域や本拠地）をもち、

・社会・経済的利害や生活区域（市区町村や国籍など）、文化や宗教などでつながり（相互作用や関わり合いをもち）ながら

・関係を共有する比較的小規模な集団社会（集合体）

コミュニティ・ビジネスは、こうした顔の見える関係の中で営まれる集団的な取組であり、収益性よりも社会性（地域社会の課題解決）を第一義的に優先し、コミュニティのメンバーが主体となって取り組む事業活動をいう。より狭義な定義をすると、「コミュニティ・ビジネスとは、一般的に強い地理的制約（活動領域や本拠地）をもち、地域市場への社会的なサービスの提供に集中・特化した事業活動である。地域コミュニティ自身が設立・所有・運営を行う事業組織が、地域の発展・活性化を目的として活動していくことで、最終的には地域の人々が自立・自活できるような仕事を創出していく存在」といえる[8]。

コミュニティ・ビジネスが比較的限られた地域で展開される小規模集団による社会的な事業活動を指すのに対して、ソーシャル・ビジネスはより広範な県域や地方、国家や国際的なレベルで展開される大規模な集団による社会的な事業活動を意味する。例えば、高齢者の生活支援と地域交流のために地域の女性たちがNPOを設立し、割安な料金で食事を提供するのがコミュニティ・ビジネスであり、それ故にコミュニティ・

図表1　コミュニティ・ビジネスとソーシャル・ビジネス

	コミュニティ・ビジネス	ソーシャル・ビジネス
事業主体	地域のNPO（市民団体）や企業	大規模なNPOや民間企業
問題の領域	地域的な課題（地域の子育てや高齢者の支援、地域の商業や農業の活性化など）	国家的・国際的な課題（環境問題や経済格差の是正など）
活動範囲	地域レベルでの活動 ⇒地域社会への影響力・大	国家的・国際的レベルでの活動 ⇒国や国際社会への影響力・大

カフェと一般的に称されている。他方、途上国の人々に低賃金で過酷な労働（児童労働など）を強いてカカオやバナナなどの商品生産をするようなこと（搾取）をせず、現地の人々の生活と文化を尊重し、彼らの生活支援となるような取引（貿易）を実現しようとするフェアトレードはソーシャル・ビジネスに属する[9]。コミュニティ・ビジネスとソーシャル・ビジネスの違いは、地理的な活動範囲と関わる集団の規模にあって、社会問題の解決に取り組む事業活動という点では変わりはない。また、両者の境界は明確に区分できるものではないので、あくまでも便宜的な分類といえるだろう。両者の関係は図表1のように整理できる。

事業型NPO：コミュニティ・ビジネスの担い手

コミュニティ・ビジネスを担う主体としては、地域住民を中心に構成される「NPO（Non Profit Organization、非営利組織）」が重要な役割を果たしている。NPOとは、社会的課題の解決を使命（ミッション）とし、基本的に「非政府」でかつ「非営利」の組織をいう。非政府とは民間の組織であることを意味し、非営利とは利益（収入から費用を差し引いた純利益）を外部に分配しないことをいう。株式会社は利益を株主への配当金として分配するのに対して、NPOは利益を構成メンバーや寄付者などに分配せず、組織の社会的使命を遂行するために次期以降の事業活動に投資する。こうした組織特性のもと、NPOは福祉や医療、文化・芸術・スポーツ、まちづくり、環境保全、国際協力といった様々な分野で社会活動を行っている。NPOは、病院や大学、組

合やワーカーズ・コレクティブ、宗教団体など、多様な組織形態で展開されている。なかでも「非政府組織」として地雷の除去活動や人権運動など、国際的なレベルで活動している組織をNGO（Non Government Organization）という。

　NPOのなかでも、特定非営利活動促進法にもとづく法人格を有しているのが「NPO法人」である。コミュニティ・ビジネスを手がけるNPOの大半は、このNPO法人であり、法人格をもつことで銀行口座や事務所の賃借などを団体名義で行うことができるため、対外的な信用力が高まり、社会的な活動がより円滑に展開することができる。NPO法人のなかでも、総収入金額等に占める寄付金総額等の割合が１／５以上の組織を「認定NPO法人（認定特定非営利活動法人）」といい、寄付金控除などの支援を得ることができる[10]。

　NPOの活動を「公益性（不特定かつ多数の人々の利益に寄与すること）」と、「共益性（特定のメンバーの利益に寄与すること）」に分けて分類すると図表２のようになる。

　NPOのなかでも、無償の慈善活動として地域の課題に取り組んでいる組織と、収益事業を取り入れながら活動している組織とがある。路上生活者の支援のために教会が炊き出しをするケースは、NPOによる慈善活動の典型的な例といえる。彼らの活動資金は基本的に信者からの寄付に依存しており、運営も信者や賛同者のボランティア活動で賄われており、かつ彼らには経済的な見返りもなく、教会は収益を得ているわけでもない。他方、「NPO法人ぱれっと」のように障害者がつくるお菓子を販売し、その収益で彼らの自立を支援するNPOは、ビジネスとして事業活動を展開しており、労働に対する見返りとして収益のなかから賃金が支払われる。こうした組織を一般的に「事業型NPO」と称し、「慈善型NPO」とは区別される。コミュニティ・ビジネスの分野では、事業活動（商品やサービスの販売）をとおして収益を上げ、社会的課題の解決に取り組んでいる「事業型NPO」が中心的な役割を果たしている。

図表2　NPOの分類

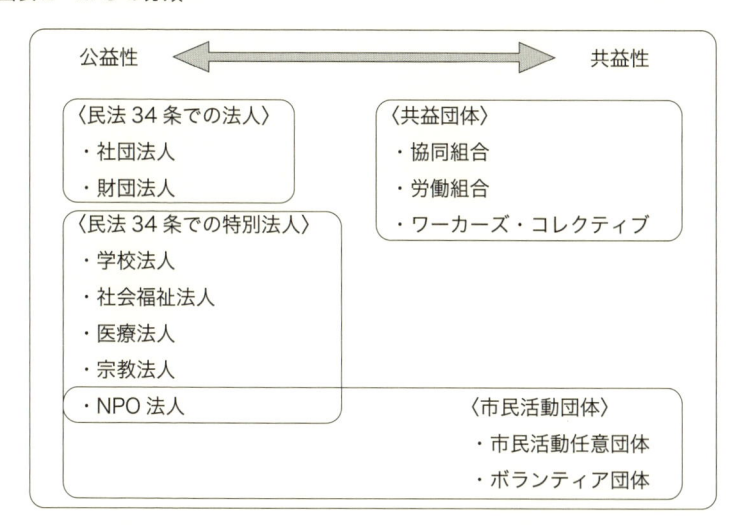

```
公益性 ←――――――――――――→ 共益性

〈民法34条での法人〉      〈共益団体〉
・社団法人              ・協同組合
・財団法人              ・労働組合
                      ・ワーカーズ・コレクティブ
〈民法34条での特別法人〉
・学校法人
・社会福祉法人
・医療法人
・宗教法人
・NPO法人              〈市民活動団体〉
                      ・市民活動任意団体
                      ・ボランティア団体
```

出典：土堤内昭雄「NPOが拓く21世紀の成熟社会―その可能性と課題―」『ニッセイ基礎研REPORT』2000年5月号より加筆修正。

NPO：政府と市場を補填する役割

　コミュニティ・ビジネスの主たる担い手が事業型NPOであるとしても、福祉や保育、環境などの領域では行政や民間企業も同等かそれ以上の貢献をしている。では、それらの主体間の相違や事業型NPOの存在意義はどこにあるのだろうか。行政や企業ではなく、事業型NPOがコミュニティ・ビジネスの主体として社会的な事業を担う意義はどこにあるのだろうか。

　行政は税金を活用して地域社会に様々なサービスを提供している。しかし、公平で平等なサービスの提供を第一義的に考える行政にあっては、大半のサービスが画一的で、個別・多様化した地域の事情には十分に対応できないことが多い。他方、地域住民である消費者個々のニーズを最大限に配慮する民間企業は、収益性を最優先するために、介護のように当事者には必要不可欠で差し迫った問題であっても、利潤が得られなければ撤退してしまう。もちろん、収益性と社会性のバランスをとり

ながら事業展開を図っている企業も少なくはないが、「儲かる／儲からない」という利潤動機によって社会的な課題がなおざりにされることが時としてあるのも事実である。

　NPOは、行政や企業からの助成金や寄付金、地域住民のボランティアに多くを依存しているため、必要以上に収益性に囚われることなく、社会的課題に取り組むことができる。事業を継続的に展開できるだけの収益があれば、持続的に社会的課題に取り組むことができる。行政よりも個別・多様な課題に柔軟に対応できて、かつ民間企業よりも低コストで地域社会の課題に取り組むことができるという点が、NPOの利点であり存在意義でもある。つまり、コミュニティ・ビジネスとそれを担う事業型NPOには「政府と市場を補填する役割」が期待されているのである。

事業型NPOによるコミュニティ・ビジネスの課題

　事業型NPOは、ビジネスとして地域の課題に取り組んでいるが故にコミュニティ・ビジネスの中心的な主体となっている。では、なぜ彼らは純粋なボランティア（慈善事業）ではなく、ビジネス（収益事業）として社会的な活動に携わっているのだろうか。実はそこにこそ、コミュニティ・ビジネスの本質的な特徴と課題が存在しているのである。

　NPOが収益事業を展開する第一の理由は、商品やサービスの提供コスト（生産・管理・運営費）を補填するためにある。第二に、対価を得ることで、仕事に対する役割と責任（社会との関わり）が明確化されるという理由がある。これには、社会・経済的意義のあるプロフェッショナル・サービスとしてより高い社会的評価を求める動機と、そうした社会環境への期待も含まれる。第三に、政府からの制度的寄付に依存しない自主財源を得ることで、NPOはより自律的な活動を行うことができる。第四に、補助金制度がプロジェクト委託や事業委託契約などの事業評価型の助成金へと移行していること。さらに、病院や教育、福祉といった社会的なサービスに営利組織が参入してきたことで、NPOは市場競争を重視するようになった。また、競争や市場が効率的で革新的

であると考えている人々は、市場で競争するNPOを評価する風潮がある[11)]。

　一方、事業型NPOの問題点としては次の点が挙げられる[12)]。第一に、収益事業に多くの資源を投入することで、ミッションを果たすための本来の事業機会を失うだけでなく、ミッションそのものの存亡の危機に至る可能性が高くなる。第二に、NPOが営利組織よりも優位な立場で市場競争をすること、即ち「アンフェアネス（不公平な競争）」への批判がある。非営利の社会的活動という理由から、NPOは公的な財政支援（補助金や助成金、寄付金など）や免税措置を受けやすいだけでなく、市民の信頼やボランティアによる労働力も確保しやすい。そうしたアドバンテージを利用しながら、ミッションによって正当化されていないような市場活動に従事すれば、自己矛盾を抱えた「見せかけの利益集団（for-profit in disguise；FPIDs）[13)]」以外の何者でもないといった批判も免れ得ないだろう。第三に、公共的な価値と衝突した場合、社会的な特権などの政治的な抵抗が増大する可能性がある。そして、NPOがミッションから逸脱した活動をし始めると社会から消極的な評価を受けるようになり、寄付などの支援が減少する「クラウディング・アウト（clouding out）[14)]」がある。クラウディング・アウトは、NPOの事業収入が増加することで、寄付金の提供者が自らの貢献があまり必要ではないと感じるときに、或いは、こうした歳入特性が組織をあまり魅力的ではないものにしてしまうような場合に生じる。

コミュニティ・ビジネスの発展プロセス

　コミュニティ・ビジネスは、一般的にどのようなプロセスを経て発展していくのだろうか。コミュニティ・ビジネスは、地域社会に対して同じような問題意識をもったごく少数のスタッフで活動を始める。それがやがて発展していくにつれて地域社会に影響力をもつようになり、地域の社会変革や自律的発展を担う存在として不可欠な存在になっていく。このときコミュニティ・ビジネスは、民間の営利組織（いわゆるベンチャー・ビジネス）と同様に、「個人⇒グループ⇒団体⇒法人」という

図表3　コミュニティ・ビジネスの発展プロセス

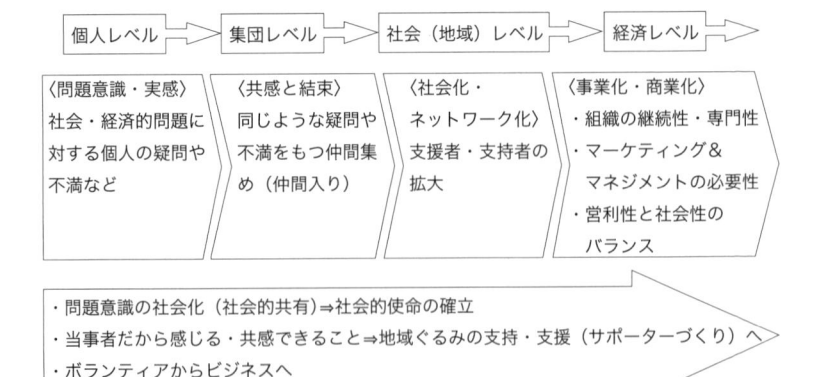

個人レベル	集団レベル	社会（地域）レベル	経済レベル
〈問題意識・実感〉社会・経済的問題に対する個人の疑問や不満など	〈共感と結束〉同じような疑問や不満をもつ仲間集め（仲間入り）	〈社会化・ネットワーク化〉支援者・支持者の拡大	〈事業化・商業化〉・組織の継続性・専門性・マーケティング＆マネジメントの必要性・営利性と社会性のバランス

・問題意識の社会化（社会的共有）⇒社会的使命の確立
・当事者だから感じる・共感できること⇒地域ぐるみの支持・支援（サポーターづくり）へ
・ボランティアからビジネスへ

一定の発展段階を経て成長していく[15]。この発展段階を示したのが図表3である。

　コミュニティ・ビジネスがひとつの組織（事業形態）として立ち上がるまでには幾つかの前段階がある。最初は、ひとりの市民が地域生活に疑問や怒り、問題意識をもつ「個人レベル」から始まる。その個人が発意し周囲の仲間に呼びかけ、共感・賛同した人々が自発的に集まりグループを形成するか、或いは同じような問題意識をもった既存のグループに加入する。これが「集団レベル」である。そうしたグループが地域の人々の支援を得て、ひとつの組織として体裁を整えることで、ようやくコミュニティ・ビジネスがスタートする。これが「社会（地域）レベル」である。コミュニティ・ビジネスが「社会レベル」から「経済レベル」へと発展していく際には、組織の社会的使命と事業性とのバランスや、ステイクホルダー（行政や企業、寄付者、スタッフ、ボランティア、地域住民といった利害関係者）への説明責任や利害調整といった課題が出てくる。

　コミュニティ・ビジネスには、資本金や補助金・助成金、寄付金など多様な資金源があるものの、補助金や委託事業への依存度が高く、自主財源が少ないような場合は主体的な活動が満足にできなくなることがあ

る。かといって、自主財源の確保を目的とした収益活動が重視されれば、社会的使命がおろそかになる可能性も出てくる。活動資金が十分に集められない場合には、業務の充実・拡大が図れなかったり、スタッフの雇用自体が危うくなる。また、類似した商品やサービスを提供する民間企業と競合する場合には、その価格や品質、価値を説明する必要性が生じる。さらに、公的な資格や規格、或いはそれに代わる保証制度を設けることで、提供する商品やサービスの質を利用者に保証することも欠かせない。また、業務を展開する上では、有給スタッフとボランティアとで仕事や責任の範囲を明確に区別する必要性も出てくる。

このように、コミュニティ・ビジネスが地域社会の変革を促す存在として社会・経済的な地位が高くなるにつれ、社会的使命の達成と収益性、地域住民の共益と私益、地域の生活文化と経済的発展といった、相反するような課題や利害のバランスを保ちながら活動していくとともに、活動目標を再設定することで組織の再結束を図っていかなければならない。

4 まとめ

この章では、コミュニティ・ビジネスに関する基礎的な概念をとおして当該事業の全体像を明らかにしていった。コミュニティの概念、コミュニティ・ビジネスとソーシャル・ビジネス、NPOの概念とその存在意義、事業型NPOによるコミュニティ・ビジネスの意義、コミュニティ・ビジネスの発展プロセスについて論じていった。

コミュニティ・ビジネスとは、市区町村などの比較的限られた地理的領域において、市民が主体となって地域の課題にビジネスとして取り組むことで、行政や企業の役割を補填しながら社会的支持を得て発展していく事業活動である。そこには、地域の課題解決と同時に、市民自身の自己実現のプロセス——自らの能力を生かして地域の役に立つことで、地域の人々から感謝され、交流や支え合いの関係を育んでいく過程——が存在している。本稿で取り上げた食事サービスや障害者支援、地域活

性化のどれにおいてもこうしたプロセスは存在しており、それ故に人は生きがいを求めて地域に関わろうとする。コミュニティ・ビジネスには、商品やサービスの提供者だけでなく、受益者にとっても生きがいの場をつくりだす魅力が存在しているのである。

　この章では紙面の都合上、事業型 NPO に対象を絞って議論を展開したが、その他の組織形態で展開されるコミュニティ・ビジネスや、それに関わる行政や企業、大学、地域住民などとの連携活動については参考文献を参照されたい。そして何よりも、地域に一歩でも関わることこそが、コミュニティ・ビジネスだけでなく、地域で自らが生きること（生かされていること）の意味を理解する最善の方法であることを付記しておく。

注
1)　紙面の都合上、本稿では取り上げないが、子育て支援事業としては「NPO 法人びーのびーの（神奈川県横浜市）」http://www.bi-no.org/top.html、路上生活者の支援事業としては「NPO 法人さなぎ達（神奈川県横浜市）」http://www.sanagitachi.com/ などが代表的な活動事例として挙げられる。
2)　「NPO 法人 W.Co あいあい」「NPO 法人多摩食事サービス W.Co かりん」の活動概要は http://www.wco-kanagawa.gr.jp/index.html を参照されたい。また、ワーカーズ・コレクティブの詳細な活動内容については、「NPO 法人ワーカーズ・コレクティブ協会」http://www.wco-kyoukai.org/ や、「ワーカーズ・コレクティブネットワークジャパン」http://www.wnj.gr.jp/、「東京ワーカーズ・コレクティブ協同組合」http://www.tokyo-workers.jp/ を参照されたい。
3)　「港南台タウンカフェ」http://www.town-cafe.jp/kounandai/index.html、「c-Cafe」http://c-cafe-mitaka.jugem.jp、「タウンキッチン」http://town-kitchen.com/。「おとこの台所」など全国のコミュニティ・カフェについては「コミュニティ・カフェ全国連絡会」http://com-cafe.net/ を参照されたい。
4)　「NPO 法人ぱれっと」http://www.npo-palette.or.jp/、「おかし屋ぱれっと」の通販サイト http://www.palette-ss.net/。ぱれっとの設立経緯や運営内容などについては、谷口奈保子著『福祉に、発想の転換を！―NPO 法人ぱれっとの挑戦―』ぶどう社、2005 年を参照されたい。また、同様の障害者自立支援事業としては、「NPO 法人精神保健を考える会まいんどくらぶ」の「カフェ杜」http://www.

hikari-craft.com/index.html も挙げられる。
5) 「NPO 法人タブララサ」http://www.nporasa.or.jp/index2.php
6) 「リユース食器ネットワーク」http://www.reuse-network.jp/index.html
7) 「かさおか島づくり海社」http://www.shimazukuri.gr.jp/
8) Community Business Scotland Network によるコミュニティ・ビジネスの定義を参照　http://www.internation.co.uk/network
9) フェアトレードの詳細については、「NPO 法人フェアトレード・ラベル・ジャパン」http://www.fairtrade-jp.org/、および The World Fair Trade Organization (WFTO) http://www.wfto.com/index.php?lang=ja を参照されたい。
10) NPO 法人と認定 NPO 法人制度の詳細は内閣府 http://www.npo-homepage.go.jp/、および国税庁 http://www.nta.go.jp/tetsuzuki/denshi-sonota/npo/npo.htm を参照されたい。
11) Gregory J. Dees, 'Enterprising Nonprofits', *Harvard Business Review*, Jan.-Feb., 1998, pp. 55-67. 谷本寛治「企業システムのガバナンスとステイクホルダー」奥林康司編『現代の企業システム』税務経理協会、2000 年。
12) Gregory J. Dees, *op. cit.* 谷本寛治『前掲書』。
13) Burton A. Weisbrod, 'Modeling the nonprofit organization as a multiproduct firm: A framework for choice', Burton A. Weisbrod(ed.), *To Profit or Not to Profit-The Commercial Transformation of the Nonprofit Sector*, Cambridge University Press, 1998, pp. 47-64.
14) Dennis R. Young, 'Commercialism in nonprofit social service associations: Its character, significance, and rationale', Burton A. Weisbrod(ed.), *To Profit or Not to Profit-The Commercial Transformation of the Nonprofit Sector*, Cambridge University Press, 1998, pp. 195-216.
15) 山岡義典編著『NPO 実践講座(1) いかに組織を立ち上げるか』ぎょうせい、2000 年。Charles Leadbeater, *The rise of the social entrepreneur*, Demos, 1997.

参考文献

神原理編著 (2009)『コミュニティ・ビジネス―新しい市民社会に向けた多角的分析―』白桃書房

京都産業大学ソーシャル・マネジメント研究会編 (2009)『ケースに学ぶソーシャル・マネジメント』文眞堂

谷口奈保子著 (2005)『福祉に、発想の転換を！―NPO 法人ぱれっとの挑戦―』ぶ

どう社

谷本寛治編著（2006）『ソーシャル・エンタープライズ：社会的企業の台頭』中央経済社

細内信孝（2001）『コミュニティ・ビジネス』中央大学出版部

第3章
地域コミュニティの形成と「つながり」

福島義和

1 はじめに——地域コミュニティへのニーズの発掘

グローバリゼーションが進展するなか、我々のライフスタイルや価値観の多様化が浸透している。

その背景には、高度成長期以降の核家族化や少子高齢化の動き、そしてスリム化に向かう地方自治体の現実が見え隠れする。換言すれば、生活者の地域コミュニティへのニーズが増大するなか、基礎自治体による市民への行政サービスが追いついていないといえる。

1990年代に日本の各地でさまざまな地域通貨が発行され、注目されたことはまだ記憶に新しい。高齢者のケア、家事労働、子育てなどの分野を、地域コミュニティ内の住民間で地域通貨を媒介にして互いに助け合う社会を再構築する。裏を返せば、家庭や地域コミュニティが十二分に機能しなくなっているのである。地域コミュニティの重要な単位である自治会や町内会も、従来の機能を低下させている。このようにみてくると、地域コミュニティの活性化のために、脱「基礎自治体依存」の市民による自主的な動きを育てていくしか方途がない。我々市民は公助に余りたよらず、自助や共助がまずありきの姿勢が重要である。

2 現代の貧困と市民参加の街づくり——社会的つながりを求めて

街づくりへの市民参加の必要性が叫ばれて久しい。日常生活に追われている忙しい市民にとって、なかなか市民活動への主体的参加は困難である。また日常生活においても、助け合いの基盤すら未熟で、いわゆ

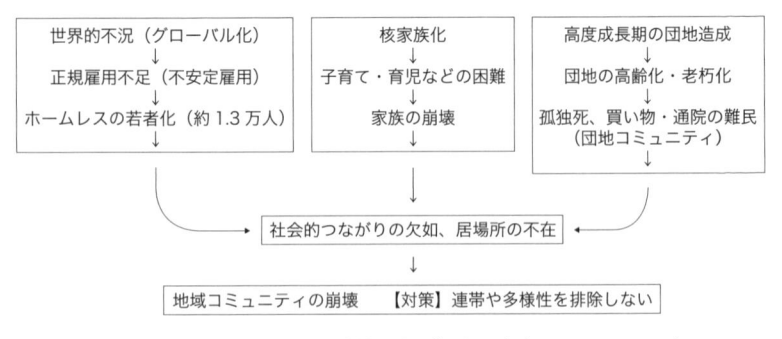

```
┌─────────────────────┐ ┌─────────────────┐ ┌─────────────────────┐
│ 世界的不況（グローバル化）│ │    核家族化      │ │ 高度成長期の団地造成 │
│         ↓           │ │      ↓          │ │         ↓           │
│ 正規雇用不足（不安定雇用）│ │子育て・育児などの困難│ │ 団地の高齢化・老朽化 │
│         ↓           │ │      ↓          │ │         ↓           │
│ホームレスの若者化(約1.3万人)│ │   家族の崩壊    │ │ 孤独死、買い物・通院の難民│
│                     │ │                 │ │   （団地コミュニティ）│
└─────────┬───────────┘ └────────┬────────┘ └──────────┬──────────┘
          │                      ↓                     │
          └──────────→ ┌─────────────────────────┐ ←───┘
                      │ 社会的つながりの欠如、居場所の不在 │
                      └─────────────┬───────────┘
                                    ↓
         ┌──────────────────────────────────────────────────────┐
         │ 地域コミュニティの崩壊　【対策】連帯や多様性を排除しない │
         └──────────────────────────────────────────────────────┘
```

図1　地域コミュニティの崩壊過程（個人・家庭・コミュニティ）

る「つながり」を欠如したままである。最近頻繁に指摘されるのは、現代社会の貧困は「経済の貧困」以上に「社会的関係の貧困」がより深刻である、と。特に高齢者や若者の「孤立化」を考慮する際、「助け合い」「社会とのつながり」「社会的関係」などの欠如に対して、どのような対策があるのだろうか。少なくとも対策の根本は、「地域コミュニティ」の形成であり、そしてそのコミュニティを形成する市民の「つながり」が発生しやすい「場」の提供であろう。もちろん、すでにボランタリーやNPOなどの活動によって「場」は存在する場合もあるが、その活動の持続性が一層重要であろう。図1は「つながりの欠如」を個人、家族世帯、地域コミュニティの各レベルで整理している。

　地域コミュニティの再生のためには、主体的市民が連帯を組み、なにびとも排除しない、多様性に富む地域コミュニティを構築する必要がある。まずは市民の参加・活動であろう。

　図2は日本における都市計画への市民参加の様子を表している。集中的な官主導の街づくりから、現在は数多くの主体的市民（個人、地域団体、NPO、企業など）が参加する分散型市民主導の街づくりに向かっている。その中間に官と民の協調的な街づくりの段階が入っている。それゆえ、さまざまな形で街づくりに参加する主体的市民と基礎自治体とのパートナーシップ（協働）の装置が必要になってくる。街づくりにおけるパートナーシップの一つのモデル（図3）をかつて提示したことが

第3章 地域コミュニティの形成と「つながり」 43

都市計画への
市民参加

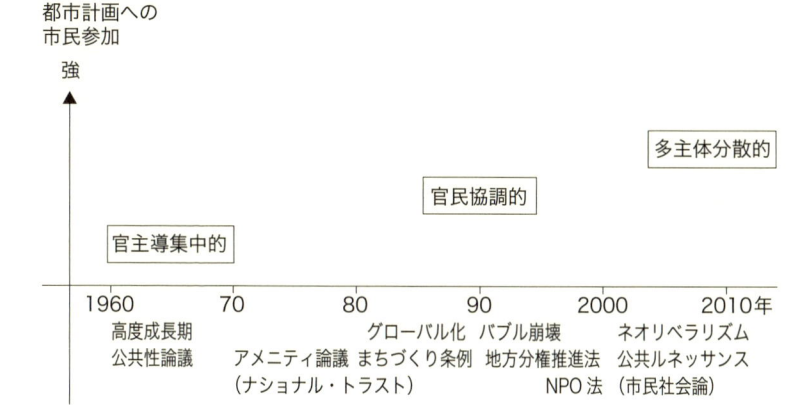

強

　　　　　　　　　　　　　　　　　　　　　　　多主体分散的

　　　　　　　　　　　　　　官民協調的

　官主導集中的

├─────┼─────┼─────┼─────┼─────┼─────→
1960   70   80   90   2000   2010年
高度成長期　　　　　　　　グローバル化　バブル崩壊　ネオリベラリズム
公共性論議　アメニティ論議　まちづくり条例　地方分権推進法　公共ルネッサンス
　　　　　（ナショナル・トラスト）　　　　　NPO法　（市民社会論）

図2　都市計画作成への市民参加の推移（日本）

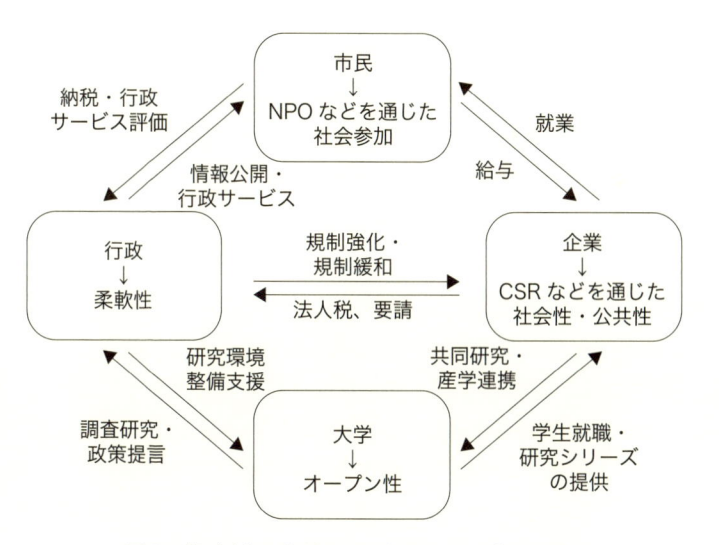

図3　街づくりにおけるパートナーシップのモデル

出典：拙稿（2007）「川崎臨海部地域の再編と地域的課題」『川崎都市白書』

ある。詳細は別稿[1]に譲るが、重要なことは、パートナーシップが豊かな公共領域（公共空間）を産み出す仕掛けの一つであることである。

2　社会的企業とコミュニティ・ビジネス――「新たな公」の担い手

　貧困や環境などのグローバルな問題、そして高齢者福祉、教育、長期失業者、知的障害者の就労などの地域問題。これらの問題の解決に対し、従来の基礎自治体だけでは不十分で、「新たな公」の担い手が必要となる。前者のグローバルイシューには、マイクロファイナンスなどの貧困対策が注目されている。その詳細は、別稿に譲る[2]。本稿では、後者の地域問題に焦点を絞る。まず、コミュニティに根ざしたサービスを供給する「社会的企業」を検討してみよう。

　イギリスでは、障害者や失業者らの労働市場への参加を促す「社会的包摂」という考え方が社会の根底にある。1990年代「小さな政府」路線を進めていたイギリスに[3]、財政難を理由に削られた公共サービスの一部を補う社会的企業が台頭した。その社会的企業とは、国や自治体の補助金に可能な限り頼らず、地域住民や社会貢献に熱心な企業が資金を自前で集めながら公共性の高い事業に取り組むものである。つまり、善意と私的利益の両者のモチベーションを持ち、使命感と市場原理による手法で行われる非営利事業である（表1）。もちろん、収益面の弱さ、資金・人材不足、基礎自治体の対応力（民営化）など、多くの課題を残しているが、安易に基礎自治体の下請け的サービスを担うものではない。「新たな公」の担い手として、身近な暮らしを支える問題から、広義には途上国の環境や貧困問題の解決にまで可能な社会的企業が有する「社会性」「公共性」の役割は今後ますます重要となってくる。

　日本における二つの代表的な社会的企業を紹介する（稲田信司、2008）。

　一つは、知的障害者の自立を促すための福祉作業所「ぱれっと」。障害者側から塀を取り除き、外に出ることで世の中の意識を変える。理念は「福祉から就労への転換」である。

表1 ソーシャルビジネスと公共性

	慈善事業	ソーシャルビジネス	純粋な私企業
モチベーション	慈善	善意と私的利益の両方	私的利益
手法	使命感先行	使命感と市場原理による	市場原理先行

出典：菅正広（2010）：貧困対策としてのマイクロファイナンス、朝日新聞 2010.4.30（夕）

　もう一つは、不登校の子どもを中心にインターネットで在宅学習の機会を提供する「アットマーク・ラーニング」。普通の学校を補完する公教育であり、社会貢献を重視する企業である。

　稲田は、このような社会的企業に公的機関がお墨付きを与える枠組みが現在ないことを指摘している。社会的企業のこの不安定さが日本において発展・普及しない理由の一つであろう。前節で触れたように（図2）、官主導のトップダウン型の地域づくりはすでに限界で、社会的企業や住民組織が政策立案に参加するネットワーク型の仕組みへの転換を筆者も期待したい。このように見てくると、市場経済社会のなかで、街づくりや福祉計画、教育さらには住宅建設、労働（特に働き方）などの分野で「社会性」「公共性」の具体的な導入を検討する必要がある。その際、前述した「連帯」「多様性」「排除しない」の3要素が重要となる。

3　日本型「地域戦略パートナーシップ（LSP）」の構築と地域コミュニティの形成

　かつては学校がコミュニティの中心の場所として機能していた。最近では福祉・医療関連施設がコミュニティの中心になっている（広井良典、2009）。そして1節で言及したように、社会的つながりや居場所がなくなった人々が確実に増加している。子ども達が授業終了後、学校からすばやく追い出されたり、高齢者がつながりを求めて医療施設に集まるのは、なんとしても悲しい。アウトソーシングに奔走する基礎自治体には、個人・家族世帯・地域コミュニティの多様なニーズがなかな

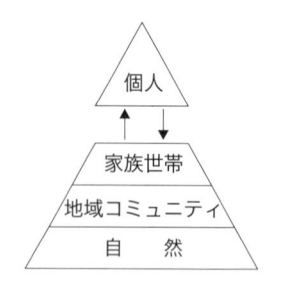

図4 個人の孤立化傾向
出典：文献 23（広井良典）の p. 220 を参考に作成

か届かない。とくに個人が家族や地域コミュニティから、そして自然からの孤立化・疎遠化する傾向がある（図4）。確かにトップダウン型の地域づくりには多くの課題が山積している[4]。

本章では、トニー・ブレア（イギリス）労働党政権が推し進めてきたコミュニティ政策のなかの地域戦略パートナーシップ（Local Strategic Partnership、以下 LSP）を紹介しつつ、日本の地域コミュニティのあり方を検討する。

この LSP（図5）はすでに図3で示した個別案件ごとのパートナーシップとは異なり、複数のコミュニティ間や、地域住民と様々な公的機関との良好な関係が前提である。つまり、広範な分野の地域課題の解決のために、複数のパートナー間の連携を統合強化する効率的かつ戦略的な活動である。もちろん、基礎自治体が中核になり、一種の場（プラットホーム）を提供することが基本である。以下に、この LSP がイギリスで有効に機能している背景を列挙する。

① LSP は具体的なサービスを提供しない。あくまでもコミュニティ戦略を通して地域全体の方向性を提示する。
② LSP は中央政府と協議しつつ、どの地域課題（雇用、教育、保健、犯罪、近隣づくり、住居、交通、文化など）を優先するかを決定する。
③ 中央政府は LSP からの提案を積極的に検討し、地域課題が達成されると資金援助をする。
④ LSP の活動は、資金、情報、施設、人材などの共有化を通して効率的に行われる。
⑤ LSP は地域協定（Local Area Agreement 以下 LAA）を通して（図6）、短期・中期の実施目標を設定し、行政のスリム化に貢献

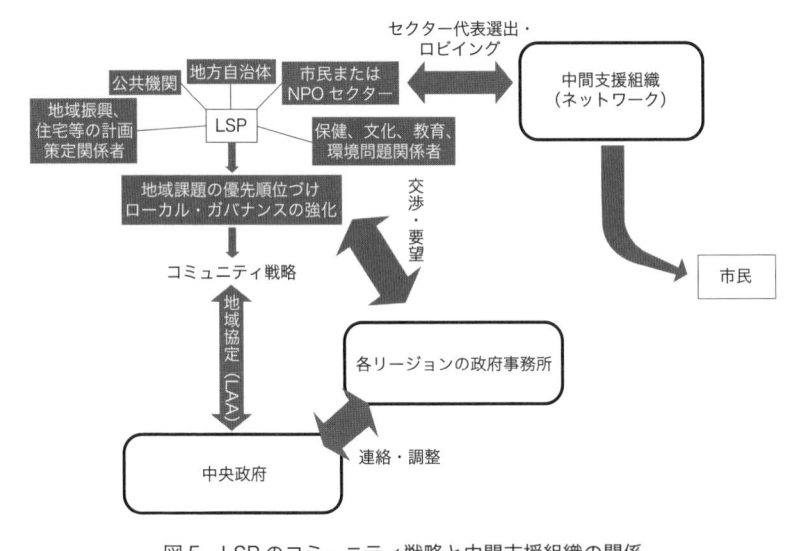

第 3 章 地域コミュニティの形成と「つながり」 47

図 5 LSP のコミュニティ戦略と中間支援組織の関係
出典：文献 14, 20 および原田晃樹氏からの研究会での配付資料などより筆者作成

する。

　以上のようにイギリスの LSP が地域課題の克服に有効に働くのは、多くの活発な住民組織の存在である[5]。それら住民組織の活動を支援するのが中間支援組織である（図 7）。この中間支援組織は、中核人物（公の精神を持ち、事業ノウハウとネットワークを有する自立した地域経済人）が地域経済団体と連携をとりながら、「新たな公の担い手」である社会的企業家（コミュニティ・ビジネスやソーシャルビジネスを創出）を育成する[6]。その一方で、中間支援組織が支援する NPO などは、LSP の重要な構成メンバーとして市民の多様なニーズに的確に対応できるように活動を行う。しかし日本の中間支援組織は、地域外からの支援に依存しすぎ、地域コミュニティの持っている資源（自然資源、人的資源、社会資源など）を最大限に活用できていないのが現状である。なによりも重要なのは、内部組織と外部組織との連携である。

　地域コミュニティの形成・持続性も、コミュニティの外部との連携の在り方が重要である。外部への依存ではなく、連携を通した地域資源循

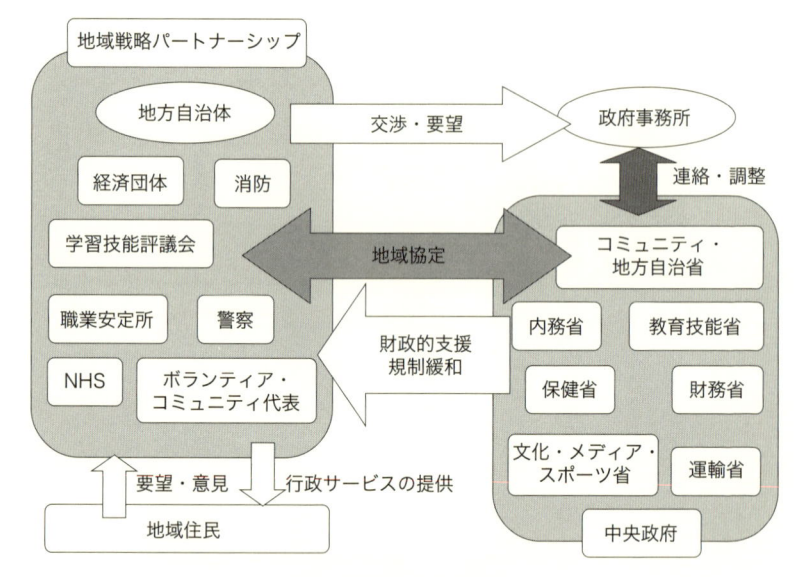

図6　地域協定の概念図
出典：文献14から引用

環型社会の構築である。LSPやNPO、社会的企業家などの主体的活動が、新しい地方自治を生み出す端緒になるだろう。KSコミュニティ・ビジネス・アカデミー[7]の受講生が多くのパートナー達と連携しながら、地域コミュニティのために主体的活動を展開されることを期待する[8]。

注

1) 拙稿（2007）「川崎臨海部地域の再編と地域的課題」『川崎都市白書』専修大学都市政策研究センター
2) 拙稿（2009）「世界の貧困層は救えるのか―ブラジル、インドの事例から―」（専大人文科学年報第39号）、pp. 43-55
3) 金森康（2001）によれば、「英国では、福祉国家の危機とよばれる財政逼迫と経済構造変化を主因とする不況対策として、1970年代後半より、Social Enterprise(SE), Community Business(BS), ボランタリー組織が地域の社会経済

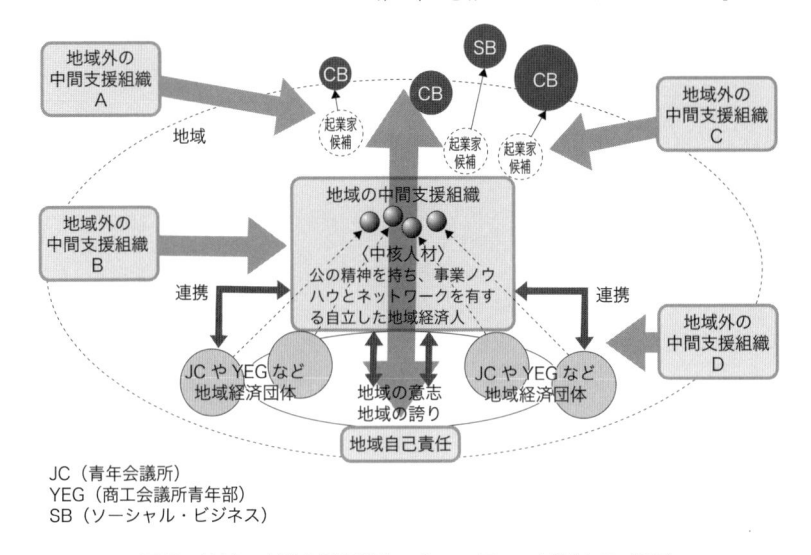

第3章 地域コミュニティの形成と「つながり」 49

図7 地域の中間支援組織とコミュニティ・ビジネス(CB)

出典：文献21（後藤健市）、p. 61から引用

JC（青年会議所）
YEG（商工会議所青年部）
SB（ソーシャル・ビジネス）

の再生や社会福祉の増進において重要な役割を担っている。なかでもSEの試みは、福祉多元主義という観点からだけではなく、事業収入により活動の安定化を志向するという点から非常に興味深いものである」(『国際公共経済研究』第12号、p. 107)

4) 単身世帯の増加や高齢化を背景に、孤独死は増加傾向である。現在調査の準備を進めている常盤平団地（千葉県松戸市）は50年の歳月が過ぎ、中沢卓実自治会長を中心に孤独死の対策では一定の成果を挙げている。団地が終の棲家になりえるか、地域コミュニティの形成・持続性の視点からの研究が必要である。

5) バーミンガム（イギリス）のインナーエリアの再開発で、住民組織やNPOの果たした役割が大きい。詳細は以下の文献に譲る。拙稿（2009）「地域からESDを考える――イギリスの地方都市における民族多様性」地理54-1 pp. 96-105

6) 実業家渋沢栄一は社会事業を通して富の再配分をすることで、社会が潤い、経済が循環する「道徳経済合一説」を唱え、実業・女子教育や学術文化まで支援している（島田昌和、2009）。

7) KSコミュニティ・ビジネス・アカデミーとは、「定年退職を迎える大量の団塊の世代や子育てを終えた主婦らを対象に、彼らの新たな活躍の場・職業獲得や起業支援のために、子育て・高齢者支援など地域の課題を解決するコミュニティ・

ビジネスへの参画の場を提供している事業である」。
8) すでに国内外を問わず NPO の活動を実践されている受講生も数多く見受けられる。日本版 LSP の門出が待遠しい。

参考文献

1. 大沢正義（1993）「これからの高齢者医療を考える──地域包括医療介護のために」『あすの三重 89 号』pp. 4-16
2. 川村健一・小門裕幸（1995）『サスティナブル・コミュニティ』学芸出版社
3. 三村浩史（1997）『地域再生の都市計画』学芸出版社
4. 細内信孝（1999）『コミュニティ・ビジネス』中央大学出版部
5. 鳴海邦碩（1999）『都市のリ・デザイン──持続と再生のまちづくり』学芸出版社
6. （財）自治体国際化協会（2000）「英国におけるパートナーシップ」『CLAIR REPORT No. 207』
7. 白石克孝・富野輝一郎・広原盛明（2002）『現代のまちづくりと地域社会の変革』学芸出版社
8. 古沢広祐・足立次郎・広井良典・佐久間智子（2004）『サスティナブル ウェルフェア ソサエテ 持続可能な福祉社会──税と貿易のシステムにおける環境と福祉の統合』「環境・持続社会」研究センター（JACSES）
9. 鈴木成文・上野千鶴子・山本理顕・布野修司・五十嵐太郎・山本喜美恵（2004）『「51C」家族を容れるハコの戦後と現在』平凡社
10. 鳥越皓之（2004）『環境社会学──生活者の立場から考える』東京大学出版会
11. 斎藤槙（2004）『社会企業家―社会責任ビジネスの新しい潮流―』岩波新書
12. 中川雄一郎（2005）『社会的企業とコミュニティの再生―イギリスでの試みに学ぶ―』大月書店
13. 中島恵理（2005）『英国の持続可能な地域づくり──パートナーシップとローカリゼーション』学芸出版社
14. （財）自治体国際化協会（2007）「パートナーシップを活用した地方自治体と政府の新たな関係」『CLAIR REPORT No. 306』
15. （財）自治体国際化協会（2007）「英国におけるエスニック・マイノリティ施策──多文化共生の観点から見た英国の取り組み」『CLAIR REPORT No. 307』
16. 柏雅之・白石克孝・重藤さわ子（2007）『地域の生存と社会的企業―イギリスと日本との比較をとおして』公人の友社
17. マット・カーター、的場信敬監訳（2008）「英国における地域戦略パートナー

シップへの挑戦」『龍谷大学地域人材・公共政策開発システム ORC（地域ガバナンスシステム・シリーズ No. 5）』公人の友社
18. 石原俊彦・稲澤克祐編著（2008）『自治体職員がみたイギリス』関西学院大学出版会
19. 内山哲郎（2009）「協同社会と雇用社会——労働機会創出への選択的回路」『専修大学社会科学研究所月報 No. 550』
20. 原田晃樹（2009）「コミュニティの持続可能性——非営利セクターと行政との協働による現場からの政策形成と第一線職員の役割」『自治研 特集「やっぱり地方自治」』pp. 35-42
21. 一橋大学イノベーション研究センター編（2009）「特集 ソーシャル・イノベーション」『一橋ビジネスレビュー 57-1』

　　特集の内容はムハマド・ユヌスのグラミン銀行の紹介を筆頭に、ソーシャル・イノベーション（渡辺孝）、ソーシャル・ビジネス（谷本寛治）、渋沢栄一（島田昌和）と論文が続き、後半は「ソーシャル・ビジネスと地域コミュニティ」の実践報告が続いている。
22. 金子郁容・玉村雅敏・宮垣元（2009）『コミュニティ科学——技術と社会のイノベーション』勁草書房
23. 広井良典（2009）『コミュニティを問いなおす——つながり・都市・日本社会の未来』ちくま新書
24. 中村雄一郎監修、非営利・協同総合研究所編（2010）『地域医療再生の力』新日本出版社
25. 宇沢弘文・鴨下重彦編（2010）『社会的共通資本としての医療』東京大学出版会
26. 嶋田暁文（2010）「公共サービス基本条例とは何か―その必要性・内容・意義―」『とうきょうの自治』No. 78 pp. 7-15

第二部
基礎編

コミュニティの課題発見・解決力を養おう

第4章
コミュニティ・ビジネスを始める
自分の強みを活かして地域に入る

為崎　緑

1　企業社会と地域コミュニティ

　高齢者支援事業の一つとして、いろいろな地域の団体が高齢者の為の昼食会を開いている。それら団体からよく聞かれるのが、「男性の参加者が少ない」という声である。この背景要因の一つとして、男性は都心にある企業などで働いている期間中、居住地域は「寝に帰る場所」であり、「居住地域では生活をしていない、人との付き合いがない」ということがあると考えられる。その結果、退職して「カバン、看板（企業の名前）」がなくなり、一個人に戻った時に、周囲の人との関わり方がわからなくなってしまう。企業を中心とした人間関係である「社縁」と、地域コミュニティにおける人間関係である「地縁」には大きな違いがある。その認識を持たずに、「看板」を引きずったまま地域コミュニティに入ろうとして、周囲との摩擦が生じてしまうケースもある。

　企業社会と地域コミュニティの違いを考えるために、それぞれにおける事業（活動）の視点の違いを整理すると図表1のようになる。

図表1　ビジネスとコミュニティ・ビジネスの視点の違い

従来型のビジネスの視点	コミュニティ・ビジネスの視点
利潤追求が最重視される	儲けは必ずしも重視されない
拡大を志向する	地域に根付こうとする
効率化が求められる	効率化がなじまないことが多い
関わる人の主なモチベーションは「報酬や昇進」	関わる人の主なモチベーションは「やりがい、喜び」
単独で事業を展開することが多い	地域の団体、人、行政等が連携するなど地域内ネットワークが重視される

企業社会のビジネスでは、従来、利潤追求のために、規模の拡大や効率化が志向されてきた。コンビニエンスストアなどは、フランチャイズチェーンという方式で、マニュアルに基づく定型的な経営とし、標準化された店舗形態をとることで、急速に店舗数の増大が図られた。しかしながら、地域内での課題解決を目的として地域に根付くことを目指し、多様な人が参加する中で、各人のやりがいが重視されるコミュニティ・ビジネスでは、拡大志向や効率化がなじまない側面も多い。地域に入りコミュニティ・ビジネスに参加しようとする時には、現在行われている事業や活動を見て「非効率だ」と批判する前に、そうした事業は、どのような人がいかなる想いを持って、何を目指して取り組んでいるのかといった、成り立ちを知ることから始める必要がある。

2 地域サイズに自分を変える

地域に入りコミュニティ・ビジネスを始める際の心構えを考えるために、平成二十年度〜二十二年度にかけて開催された KS（川崎・専修）コミュニティ・ビジネス・アカデミーの講座では、グループワークによって『地域に入るための心得三か条』というテーマでの検討を図った。その検討結果の一つが図表2である。

図表2 「地域に入るための心得」検討結果

グループ①
■職場用語を使わず、地域に根ざした言葉で話す
■地域の人の意見を聞くマインド
■過去の経歴を余り自慢しない
■間口を広く、垣根を低く、地域の人を巻き込む仕組みづくり
グループ②
■顔の見える、本音を言い合える関係（集まる場）を地域で作りましょう
■（遠くから）鳥の目、（近くから）アリの目で地域を見ましょう
■楽しく、にこにこ続けられるものを見つけましょう

グループ③
■自分が楽しいことが他人を楽しくする
■地域特性をとらえ、世代間の距離を埋める
■社会性を持つ
グループ④
■素直に仲間に入れてもらう謙虚さを持つ
■心がかようあいさつが誰とでもできる
■楽しくおもしろく行動する
グループ⑤
■ある程度の道具立て（人、モノ、カネ、情報）の目途をつける
■提供するサービス内容を利用対象者に理解してもらうこと、そして利用者の真のニーズの掌握
■独自性を追求し、利用者及びコミュニティ・ビジネスへの参加者の満足度を高める等の成果をねらう

この検討結果から、多くのキーワードを拾い上げることができる。まずは、グループ①の「地域の人の意見を聞くマインド」、グループ④の「素直に仲間に入れてもらう謙虚さを持つ」のように、地域で既に事業や活動を行っている先人達を理解することから始める。そうした中で、グループ②③④で共通して出されているように「楽しい」と思えることを探す。そして「地縁」の中では、グループ①にあるように、「過去の経歴に頼ることなく、間口を広く、垣根を低くすることで地域の人との輪を作っていく」といったことを念頭に置くことが必要である。さらに、実際のコミュニティ・ビジネスの組み立てにあたっては、グループ⑤の議論に見られるように、「道具立て（内部資源）」を確保し、「地域の真のニーズ」を把握し、「独自性ある事業によって、利用者と参加者の双方の満足度を追求する」といった点への留意も求められる。

3　自らの強みを地域課題の解決に活かす

「地域に入るための心得三か条」を議論する中で、よく出される論点が、地域コミュニティに入る際に、企業社会で生きてきたこれまでの自

分を全く捨てなくてはいけないのか、ということである。これへの回答を考えるにあたって、KSコミュニティ・ビジネス・アカデミーの講座において、既にコミュニティ・ビジネスを実践している人から出されたエピソードをあげてみる。それは、「長年研究者として試験管やビーカー、温度計などの中で過ごしてきた人が、そんな経歴などは、地域での事業に全く役立たないと考えていた。ところが、コミュニティカフェを手伝うようになった時に、職業の中で培われた『正確に分量や温度を計る』という行為が、毎回美味しいコーヒーを入れることに大いに役立つという思いがけない発見があった」ということである。

　これまで働いてきた中で、培われたノウハウや人脈などは、コミュニティ・ビジネスにおいても十分に強みとして活かすことができる。前に述べた「地域サイズに自分を変える」というのは、その出し方を間違えないということである。一方、仕事などに就いてこなかった人でも多くの強みはある。例えば、実際に主婦のグループが集まり、自分達に何ができるだろうかと検討した時に、「長年台所に立ってきたのだから、食事づくりはできる」という結論となり、地域内の独居の高齢者に対する配食サービスを開始した例もある。コミュニティ・ビジネスを始めるにあたって活かせる強みを考える際には、仕事、生活、趣味、好きなことなど、広い視野から自分を見つめ直してみる必要がある。

　同時に検討が必要となるのが、地域内で解決が必要とされている、いかなる課題（事業テーマ）に関わっていくかということである。これらを考える順番としては、強みを洗い出した後に、それらを活かせる地域課題を検討するという方法と、逆に、解決が必要であり関心が持てる地域課題を洗い出し、どのような強みが活かせるかを考えるという方法の2通りがあろう。いずれの順番でも構わないが、「自らの強みを地域課題に活かす」というニーズとシーズのマッチングを検討することが求められる。その例として、ここでも、KSコミュニティ・ビジネス・アカデミーの講座でグループワークによって検討した結果の二つを提示してみる。

　図表3のように、いずれのグループも、広い視野から強みを洗い出

第4章 コミュニティ・ビジネスを始める 59

図表3 「地域課題と強みの結び付け」検討結果

地域の課題	つなぐ	活かせる強み
○一市民として地域に貢献しているビジネスマンが少ない（奥さんに任せている） ○地域内の高齢化→日常生活が気になる。しかし糸口が見つからない ○地域の坂道→駅までの送迎の仕組 ○高齢者の諦め（旅行等）→外出の手伝い　集える場所 ○少年の非行の増加の防止 　→親などの愛情不足を補完するもの ○ひとりで食事をしている子どもや高齢者の問題→高齢者カフェ ○地域情報に対する共有化の不足 　→地域に対する愛着の醸成	⇔	・企業に対して複雑なことを簡単に説明する能力を持っている ・解決したいという気持が強い ・運転はできる ・家事、物づくりができる、支援に参加してくれる人脈がある ・行政や地域の人に対する人脈がある ・学校をコミュニティの問題解決の中心拠点にする ・自宅を場として開放できる、イベントについてのノウハウがある ・情報発信のノウハウを持っている

```
地域の課題                              活かせる強み
○知的障がい者のことを知ってほしい ─── ・人脈（元保母さん、人材会社、教
○コミュニケーション活性化により信頼関      師、精神科病院、公的機関）
　係回復（団地内スーパーの活性化）     ・認知症の家族がいる
          ↓                          ・フットワークが軽い（行動力・車
　高齢者の買物支援 ◀                     の運転）
○小さい子供を遊ばせる場               ・高齢者の介護経験がある
　がない                              ・とにかく健康である
○ニート・引きこもり対策               ・経理のスキルがある→NPO法人
○世代が違う人との交流の場               立ち上げ
　がない                              ・聴く・調整することが得意（カウ
                                       ンセラー）
                                     ・子育て経験がある
```

しているが、地域課題については具体的な細かなことのレベルから、すこし引いて眺めたテーマレベルまで、多様なものが混在している。コミュニティ・ビジネスによる取組みを検討するにあたっては、周囲で起きている気になる現象を、事業テーマのレベルに置き換える必要がある。わかりやすくするために小売業を例に挙げるなら、「化粧品を売る店」ではなく、「美と健康を提供する店」というレベルでストアコンセプト（目指す方向性）を設定するということである。これによって、展開方法の幅が広がり、事業に行き詰まるといった事態が回避される。少し広い視野から事業テーマと強みを検討し、これが有効に結び付けられた時に、楽しく持続可能なコミュニティ・ビジネスが立ち上げられる。

4　多様なネットワークを構築する

現実には、自身が持てる強みだけで、必要な資源が賄えることは少ない。この時に必要となるのが、地域内ネットワークの構築である。地域にしっかりと根付いて安定したコミュニティ・ビジネスを展開している団体は、「外とつながる、多様な機関・団体や人を協力者として得ていく」ということに長けているところが多い。例えば、地域内に集いの場を作ろうと考えたが場所が確保できないという時に、商店街との連携によって、空き店舗を活用し、これに関連する公的助成を受けるといったように、地域団体や行政との連携を図るケースがある。さらに、コミュニティ・ビジネスの特徴として、当初は利用者（顧客）として来ていた人が、事業の担い手側に回り、必要な人材が確保されていくといった構図がある。子育て支援のスペースに来ていたお母さんが、子どもが大きくなって手が離れたところで、自身の子育て経験を活かし事業スタッフとして活躍するといった例である。図表4のように、ここでも広い視野から連携できる先の探索が必要である。

図表 4　多様なネットワークの構築

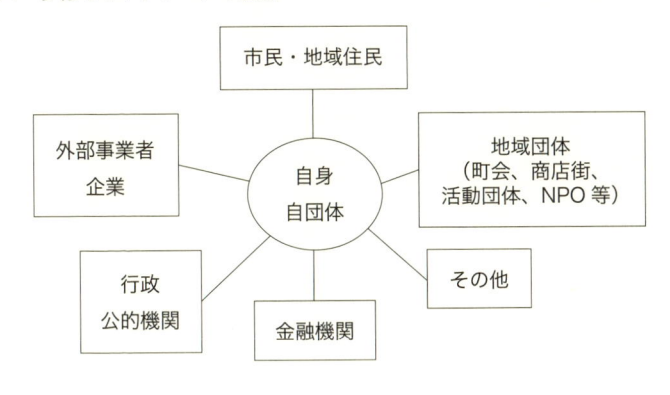

```
              市民・地域住民
                  │
外部事業者         │         地域団体
企業 ──────── 自身 ──────── （町会、商店街、
              自団体          活動団体、NPO 等）
       ┌──────┼──────┐
     行政          その他
     公的機関
              金融機関
```

5　行動するための計画書を作る

　頭の中で考えているだけでは、色々な要素が整理できず、行動に移すきっかけがつかめない。従って、ある程度の段階で計画書に落とし込むことが必要である。書くことは、頭の中の整理につながる。文章化するためには、具体的に決まっていることが必要とされることから、計画書の作成段階で、何があいまいなのかを発見することもできる。図表5に行動するための計画書の例をあげた。これは、行動を起こす際の第一段階の計画書である。実際に事業化を図るにあたっては、より具体的な事業計画の立案が必要となるが、これについては「コミュニティ・ビジネスの戦略的展開―マーケティング発想で計画を作る―」の章を参照されたい。

図表5　行動するための計画書例

事業名			
取り組みたい地域課題		その理由	
地域に関わる時の心得	① ② ③		
課題解決に活かせる強み			
不足している資源			
上記資源を補完する為のネットワーク構築方法			

具体的な事業の進め方	
いつ頃	どのような行動を起こす

第 5 章

NPO とは？
働く場所として、コミュニティにとって

大室悦賀

1 解題

1995 年阪神・淡路大震災の発生は、政府の無力を露見させたことと、ボランティアの有効性を改めて見せ付けた。その後全国各地でボランティア活動に対する関心の高まりと同時に、NPO（Non profit organization; Not for profit organization: 非営利組織）に注目が集まるようになっていった。

日本のさまざまな組織が 1995 年後半から 1996 年にかけてアメリカの NPO 活動を調査し、日本においても NPO に関する制度が必要であるという議論が高まっていった。その成果が 1998 年特定非営利活動促進法（通称「NPO 法」）の成立に結実する。特定非営利団体の認証数はその後増加し 4 万団体を超えた（2010 年 5 月 31 日現在）。しかし、2004 年をピークに認証数が減少傾向になってきた。この傾向を表したのが図表 1 である。

一方で、2000 年代初頭から、事業（市場で非営利のビジネスを展開する）を利用する NPO が増加し、独立行政法人中小企業基盤整備機構（2009）によれば、NPO の約 4 割が事業をベースとした NPO となっている。この事業をベースとした NPO の登場が、コミュニティにとっても欠かせない存在になってきているということと、働く場所としての役割を担うようになってきた要因でもある。このような事業をベースとした NPO を中心に、NPO の役割についてみていこう。

図表1　特定非営利活動法人（NPO法人）認証数の推移

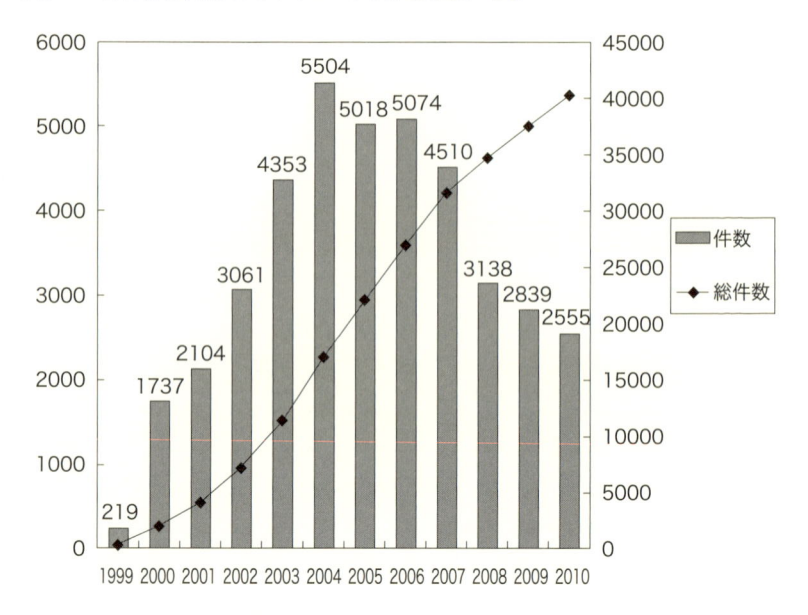

年	件数	総件数
1999	219	
2000	1737	
2001	2104	
2002	3061	
2003	4353	
2004	5504	
2005	5018	
2006	5074	
2007	4510	
2008	3138	
2009	2839	
2010	2555	

出典：内閣府（毎年5月末の認証数をカウントし、前年度のとの差を表示）

本稿の目的

これまでNPOに関する議論は1970年代後半から市場の失敗・政府の失敗といったシステムの非効率性を補完する側面のみを取り上げ議論されてきた。しかし、近年増加傾向にある事業をベースとするNPOは、ほとんど説明されてこなかった。本章では事業をベースとするNPOの存在理由を明らかにすることを通して、社会やコミュニティの課題解決、そして働く場としてのNPOの役割について説明していく。

NPOの要件と形態

まずNPOの要件を確認していこう。Salamon（1987）によれば、次の7つがNPOの特徴とされている。第1に公式に定義されていること、第2に民間であること、第3に利益配分しないこと、第4に自己統治、第5に自発的であること、第6に非宗教的であること、第7に

非政治的であること、である。基本的には、非政府であり非営利である。ただし、非営利は利益分配をしないという意味であって、利益を上げないという意味ではない。この「非営利」の意味を間違って解釈している人がいまだ存在するので、注意が必要である。

NPOの形態については、次項でその変化の推移を見ていくが、最初に3つの形態を確認しておこう。谷本（2006）によれば、NPOの形態は、慈善型NPO、監視・批判型NPO、事業型NPOの3つに区分できる。これらの3つの形態を比較したものが、図表2である。

図表2　NPOの3つのパターン比較

	（伝統的）慈善型NPO	監視・批判型NPO（アドボカシー型）	事業型NPO
活動	チャリティ（無償）	政府や企業の監視と政策提言（無償）	社会的事業（有償）
スタッフ	ボランティア	ボランティア/プロ併用	プロ
組織運営	アマチュアリズム	アマチュアリズム	ソーシャル・アントレプレナーシップ
行動原理	博愛主義	問題意識と批判	効率性（市場競争、コア・コンピタンスへの意識）
マーケティング活動	受動的、マーケティング意識はない	マーケティング意識の萌芽（資源獲得において）	顧客志向、マーケティング（資源提供、サービス提供において）
主な資金源	寄付・会費中心	寄付・会費中心	事業収益中心
企業・政府との関係	独立的	独立的	コラボレーション

出典：谷本（2006），p.9を一部修正

2　既存のNPOの存在理論

既存のNPO理論は、社会背景、基礎理論、そして焦点を当てているNPOの形態による制約によって、3つの世代に分けることができる。それらは、第1世代が、1970年代中頃から1980年代中頃までの慈善型NPOに関する議論、第2世代が、1980年代中頃から1990年代前

半の非市場と市場の境界領域で活動する NPO を対象とした議論、第3世代が 1990 年代中頃から現在までの事業型 NPO に関する議論である。本項では形態の変遷を存在意義から見ていこう。

慈善型 NPO 理論の類型

1970 年代中頃から 1980 年代中頃までの NPO に関する議論は、主に慈善型 NPO に分類される形態を対象とし、政府の失敗、市場の失敗に分類し検討する。この理論は NPO の存在理由の中心をなしていることは今も変わっていない。

①政府の失敗

政府の失敗を補完する議論には、Weisbrod（1975）がある。彼は，政府の意思決定メカニズムが中位投票者[1]を満足させる供給であり、それ以外の人々にとって不満足な供給メカニズムであるということを出発点としている。不満足な人の中でも、市場から供給される財・サービスで補完できる裕福な階層の人々は問題とならないが、補完できない低所得階層の人々は市場から調達することができないので過小供給（ニーズとの不一致を含む）状態にあるので[2]、彼はそれらを問題視する。

このとき、Weisbrod は、NPO が地方政府の効率性を補完する存在であると捉えている。それは Tiebout（1956）の「足による投票モデル」[3]を地域内投票版に変更した競争モデル、つまり NPO を小さな特定目的の地方政府として描き、政府の一部の財・サービスを供給する NPO が複数存在することによって競争が発生し、政府の失敗の非効率を補完すると考えている。たとえば社会サービス分野などは、個人のニーズが微妙に異なり、画一的に供給すると何らかの不満が生じる可能性が高く、NPO が存在すればそれらのニーズを充足できる。つまり彼は、既存の政治システムを変えることなく、多様な NPO が異なったニーズに対応したサービスを供給することによって、住民に選択余地が発生し、住民満足を向上させる、と考えた。

②市場の失敗

市場領域の問題を補完する議論には、情報の非対称性からの契約の失

敗に焦点を当てた Hansmann（1980）と、その理論を補完する形で企業家の機能を重視した Young（1983）の議論がある。これらの理論は、市場の非効率性を補完する存在として描いた。Hansmann は、非分配制約が機会主義的行動を抑制するため、社会的側面をもつ財・サービス供給に NPO の存在意義を見いだそうとした。ゆえに、Hansmann は、機会主義的行動によるサービスの低下や非効率な財・サービスの排除などを回避する必要のある教育・社会サービス分野では NPO の組織形態が必要であると指摘した。

Young は、非分配制約だけでは機会主義的行動を回避できるものではなく、社会的なミッションをもった企業家の存在がその信頼性を高めると指摘した。Young は社会的ミッションの守護者としての企業家の機能を重視し、企業家の存在が機会主義的行動を回避するものとして結論付けた。

境界領域の理論の類型

第2世代は、1980年代中頃から1990年代前半の議論で、運営形態が慈善型で非市場と市場の境界領域で活動する NPO[4] を対象とした議論である。それら議論は市場の失敗とサプライサイドに分類できる。

①市場の失敗 mark II [5]

ここで紹介するのは、消費者が自ら市場の失敗の問題にアプローチする Ben-Ner（1986）、取引費用の関係性からアプローチする Krashinsky（1987）、プリンシパル・エージェント関係からアプローチする Ostrom and Davis（1993）である。

これらの理論は、経済的交換と社会的交換を意識したものである。Ben-Ner は、市場と非市場の境界上で、消費者の論理に基づいた供給（社会的交換）と市場メカニズムの供給（経済的交換）を通したステイクホルダー支配理論を展開した。Krashinsky はウイリアムソンの取引費用理論を使って NPO の存在（経済的交換）を示し、水平的統合で家族やコミュニティの関係性から社会的交換関係を見いだした。Ostrom and Davis は、たとえば教育は個人の経済的交換と地域や国家の発展と

いう社会的交換関係の上に、財・サービスの性質によって2重のプリンシパル・エージェント関係が成立していると指摘した。

②サプライサイド：供給側の論理

非市場的領域主導の議論も存在するので簡単に見ておこう。James (1987) の議論は、供給者側の論理として、宗教団体が教育や社会サービスを供給するNPOを利用した信者の拡大であると指摘した。これらは市場の論理ではなく、供給者の意図を拡大するためにNPOが存在している、と考えた。これは市場の失敗を理由としながら、供給側の論理として、宗教系の資金を利用したNPOの展開を明らかにした。

事業型NPO理論の類型

第3世代は、1990年代中頃から現在までの議論で、補助金や寄付金などの非市場的資源に依存せず、有償・有料のサービス等の事業収益で活動する事業型NPOが登場する時代である。そして、監視・批判型NPOについても、企業やNPOの評価情報を一部販売したり、企業とのコラボレーションなどによって事業収益を得る新しい事業展開が見られる。これらの議論は、事業化理論と財の性質変換理論に分類することができる。

①事業化理論：社会的ミッションと市場的経営のダブルボトムラインから

1990年代後半に議論されたのが、Dees (1998)、Emerson and Twersky (1996) のNPOの事業化理論である。これは主に補助金の縮小などから市場からの資金調達、企業・政府との競争、人的資源の確保などのマネジメント強化が議論される中で、社会的ミッションと市場的経営のダブルボトムラインを提唱したものである。また、シュンペーターの企業家の機能を利用し、新しい市場の発見、創造などの機能を付与し、社会的ミッションの守護者と市場への革新者という2つを融合させ企業家の必要性を指摘した。

②財の性質変換理論：社会経済システムの変化から

財の性質変換理論では、テクニカル・イノベーションによる財・サー

ビスの性質変換からアプローチする Ben-Ner（2002）である。Ben-Nerは、公共財の非排除性、非競合性に着目し、インターネットの普及などの情報革命によって、公共財の性質が徐々にあいまい（特に社会サービス分野が市場で成立するような）になり、また情報の非対称性も減少傾向にあると指摘した。この2つの要因によって、準公共財の供給と機会主義の回避から説明される NPO の存在意義が薄れていると指摘した。財・サービスの性質や情報の非対称性が必ずしも NPO の存在意義を明らかにするものではなくなっていると主張し、テクニカル・イノベーションによって、NPO が市場に飲み込まれると考えている[6]。

3　日本における事業型 NPO の登場背景と NPO の事業化

既存の NPO 理論は、社会背景に大きく影響された組織形態に依存している。ここでは、日本における事業型 NPO の登場背景を概観した後、なぜ NPO が事業化するようになったのか、その理由を探求しておこう。

社会的背景

社会的背景では経済基本主義、新しい公共の2つが影響力をもってきている。

①経済基本主義とグローバリゼーション

経済基本主義に基づく市場システムが、グローバリゼーション、グローバルスタンダードの普及、社会主義の崩壊によって、政治主導の社会経済システムから企業主導の社会経済システムに変えつつある。その結果、それぞれの主体が小さな政府化や社会保障の効率化、コミュニティへの個人主義の浸透のように、経済基本主義に基づくシステムへ移行している。これらは、交換、権力、共生[7]という社会経済システムの組織原理に基づいて成り立ち、多くの合理的な人は既存の社会経済システムに適応する行動をとることがもっとも効率的になり、市場システムに依存する人々を作り出している。

一方で、効率性基準に基づく社会経済システムの中では、如何に資源

を効率的に経済的価値に変換するかということが問題になる。その結果3つの生産要素市場がさまざまな問題を発生させた。労働力では、効率性基準から、能力の高いもの、能力を獲得するために投資できる高所得者などの強者を尊重することとなった。能力が制限される障害者・高齢者や能力獲得に投資できない低所得者は市場から排除され、貧困の拡大、犯罪の増加、所得格差の拡大などの社会問題を発生させる。また、安価な労働力を求め生産拠点を海外に移転する企業が増加し、国内の雇用環境は厳しいものになってきている。土地は、生産されるものではないし、自由に取引できるものではない。そのような財に対して、効率性を持ち込むことは、開発による自然破壊を起こしたり、投機によって地域を崩壊させたり、環境問題や地域の荒廃をもたらす結果となった。資本は交換の手段であったが、貨幣の商品化によって投機に利用されるようになった。その結果、資本は利益の生む国や企業に流れ、一転利益が生まなくなると一挙に流出し、国家の経済機能の破綻や株価の暴落などによって、大量の失業者を発生させるなどの経済問題を発生させる。

②新しい公共の登場

上記の経済基本主義を中心としたシステムが導いた社会的問題と日本の財政赤字が新たな局面を導いている。財政赤字は 2009 年度末で 800 兆円を超えた。この金額は日本の国内総生産（GDP）474 兆 9240 億円（2009 年度）の 189%にも上り財政再建はまったなしの状況にある。一方で、このような状況にあっても国民の社会福祉を向上させることが求められている。

この相反する事柄を解決しようと持ち出された概念が、「新しい公共」である。新しい公共とは、「支え合いと活気のある社会」を作るための当事者たちの「協働の場」である。そこでは、「国民、市民団体や地域組織」、「企業やその他の事業体」、「政府」等が、一定のルールとそれぞれの役割をもって当事者として参加し、協働する。その成果は、多様な方法によって社会的に、また、市場を通じて経済的に評価されることになる。その舞台を作るためのルールと役割を協働して定めることが「新しい公共」を作る事に他ならない[8]。

もっと単純化すれば、政府等の様々な補助金で支えられた社会福祉が、市民団体、地域組織、企業などの民間組織と民間資金によって支えられていく場を構築しようとするものである。このような視点から事業型NPOが必要とされるようになってきている。

NPO事業化の理由

ここでは上記の社会的背景を踏まえて、NPOの事業化について3つの視点から説明しておこう。この3つの存在が、コミュニティに貢献したり、働く場としてNPOの存立基盤となる。

①継続性

社会的ミッションは簡単に達成できるものではなく、最終的には制度変革なども行わなければならないケースが多々ある。そのために必要なことは継続的な組織運営であり、組織運営のための資金獲得である。これまで多くのNPOは政府・行政・地方自治体や企業・財団の資金に依存してきた。自立したNPOになるためには独自の資金と多様な資金源の組み合わせが必要性となる。これは事業型NPOといっても、すべてを市場から調達できるものではなく、多様な資金の組み合わせ（資金ポートフォリオ）が必要である、ということである。NPOが使える資金には5つの資金源が想定でき、それを使途の自由度と獲得コストでプロットしたものが図表3である。事業型NPOに関していえば、事業収入をベースに不足分をどの資金源から獲得するか、を考える必要がある。特に日本のNPOは寄付金収入が少ないため、マーケティング戦略を踏まえた資金の獲得や認定NPO法人制度の活用といった側面に着目する必要がある。

さらに継続性を担保するためには資金に加え、優秀なスタッフが必要になってくる。これは大企業のように高額な給与が支払えない状況にあるが、事業収入を確保し生活を保障するということと、いかに社会的なインセンティブを与えることができるか、という2つの側面に着目する必要がある。社会的インセンティブとは、個々人によって異なるが、やりがい、生きがいといった「社会に役に立っている」という側面を

図表3　資金ポートフォリオ

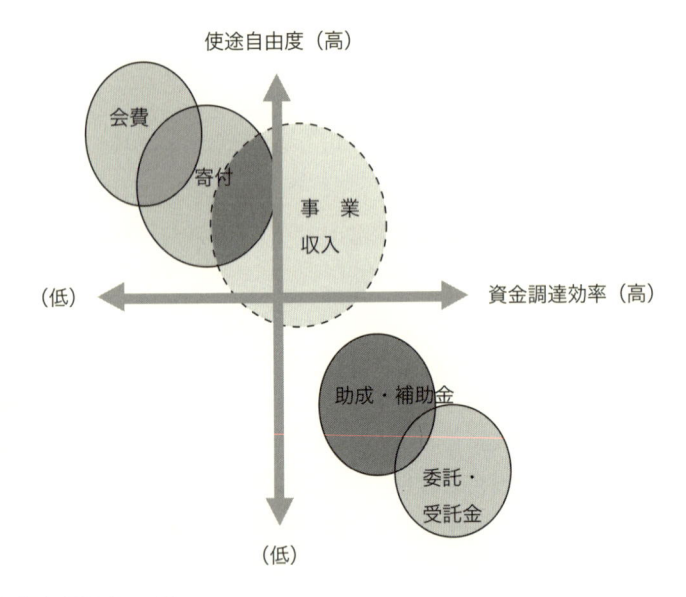

使途自由度（高）／会費／寄付／事業収入／（低）／資金調達効率（高）／助成・補助金／委託・受託金／（低）

出典：坂本（2004），p. 90

しっかり見せることによる「やりがい」や「やるき」である。スタッフの貢献も従来の啓発活動と違って、ビジネスを利用することで、一般の人々に認知される可能性が高まりより広く認められる可能性を開いていく。その理由は社会的ミッションの普及のところで詳しく説明する。

②手法の多様性

　慈善型NPOは、基本的に行政サービスを代替したり、社会課題を認知してもらうイベントなどの啓発運動などを展開してきた。しかし、イベントなどは一時的なものであることと、関心や時間のある人にしか届かないシステムであるというところに課題があった。

　一方でビジネスモデルは100年以上に亘って発展してきた。そこにはステイクホルダー（利害関係者）が様々に参加できる方法と継続的に関われるシステムなどこれまでのNPOに存在しなかった新しい手法・商品が存在している。例えば、(有)ビッグイシュー日本は、ホームレス

にしか販売できない雑誌を販売するが、そこには購買などの市場システムを通した社会的課題への認知・参加のシステムが内在されているということである。具体的には、雑誌を購入するだけでホームレスの支援に参加し、その行為がホームレスを認知する機会となっている。

また、ビッグイシュー日本の手法は、雑誌の販売を利用したホームレス支援という新しい解決手法も提示している。このほかにも風車の建設、映画館、FM 放送、リユース食器、リサイクルショップ、農園、セントラルキッチン、タクシーなどの多様なビジネス手法を社会的課題の解決に利用している。

③社会的ミッションの普及

この視点は、先の継続性と手法の多様性と密接なかかわりあいをもっている。それは市民活動やそれに付随するイベントが一部の関心ある人々にしか認知されていないが、ビジネスを利用することですべての人々が日常生活の中で社会的ミッションに触れる機会が作れることになるということである。冒頭で述べたように市場が社会経済システムの中心になっているのなら、市場システムを利用し、NPO の役割を認知してもらい、社会的課題に関わってもらい、そして社会的ミッションの普及に使うことが必要である。

NPO や社会的課題に関心のない人々は、従来の慈善型 NPO の手法ではなかなか関わることができない。しかし、日常生活の中で使われているビジネスを活用することで、関心のなかった人を参加させることができる。しかも、参加が継続すると、その参加者が社会的ミッションに貢献することになっていく。たとえば、NPO 法人北海道グリーンファンド（札幌市）は、市民の出資を利用し全国各地に風車を建設している。この出資動機は、必ずしも社会的ミッションに共鳴した人のみならず、配当が良いからという動機で出資した人もいる。このような人々が継続的に関わることによって、省エネ行動をとるように変容していく[9]。このようにビジネスは社会的ミッションの普及に貢献するシステムとなっている。

4　事業型NPOの特徴

しかしながら、NPOがビジネスを活用することは簡単ではない。そこで、事業型NPOが置かれている経営環境を解説すると共に、その問題を解決した多くの成功事例の特徴をまとめておこう。

厳しい経営環境

はじめにNPOの経営環境について、3つの制約を説明しておこう。その制約は一般企業と比較して特に事業型NPOにみられる制約である。

①市場の制約性

市場の制約性は、市場規模が小さいこと、商品やサービスの対価を得られない場合があるという2点である。第1には、利益が上がる程の市場規模をもたないことが多いということである。対象となる社会的課題が市場規模を持っていれば、企業はもちろんのこと、行政においても十分対応できる。しかし、社会的課題を抱えている人々はそれほど多くないことがほとんどである。たとえば、高齢者が65％以上の限界集落では、スーパーが撤退したり、公共交通による移動手段がなくなったり、介護保険サービスも社会福祉協議会の独占状況といったことが起こっている。このように対象とする市場が小さいあるいは存在しないという制約がある。

第2には、NPOの提供するサービスの特徴でもあるが、ホームレス、障害者といった人々に対するサービスは基本的に多くの対価を得ることが難しい状況にあるということである。これは低所得者層に対するサービスや商品の販売にも同様の制約が存在する。この場合には他の資金や他の利用者を獲得することが必要である。たとえば、安全センター㈱は一人暮らしの高齢者に対してもしもの時に緊急通報バッジを事業化したが、当初高齢者自身がもしもの時を考えることを嫌がったため事業化に苦戦した。しかし、大都市にいる子どもや地方自治体にターゲットを変更して見事に成功を収めた。

②経営の自由度の制約性

経営の自由度の制約性は、社会的課題の解決という仕組みによるコストと、利益配分できないことの制約性が存在する。先に述べたように社会的課題は市場を中心とした社会経済システムから発生しているので、企業と同じ経営をするではなく、社会的課題を噴出しないような経営が求められる。たとえば、フェアトレードのように、生産者が生活できるレベルでこうすることが必要で、そのような場合には通常のコストより原料費が高くなる。具体的には、大室（2009）によれば南米の日系人農家を支援する㈱ギアリンクスでは、大豆の価格を通常の1.5倍で購入している。これらは社会性と経済性の両立という側面が経営を難しくしているということである。

また、NPO法人は出資を受けられないなどの制度的な制約をもっており、この制度が経営の自由度を制約している。具体的にはNPO法人は、建物とか大きな資金が必要な機械類を購入する場合には出資を集めることができず、融資や社債などといった手法を使うしかなくなる。しかし、融資も、NPOへの金融機関の無理解を原因として、なかなか認められていない。このように、NPO法人は、資金調達に苦労する場合が多くある。

③多様なステイクホルダーの参加ツールの拡大

NPOは効率性だけではなく、社会的ミッションを普及させるために多様なステイクホルダーが参加できる仕組みをもっていることが必要である。企業においてもCSRが叫ばれる中ステイクホルダーとの関係が重視されるようになってきているが、ステイクホルダーランドスケープ（風景画）をつくり、ステイクホルダーごとにかかわりの度合いを決めているので、多様なステイクホルダーをターゲットとした戦略はとっていない。しかし、社会的ミッションを普及し社会変革するためには多様なステイクホルダーを巻き込むツールが必要となっている。

成功するNPOの秘訣

ここからは上記の厳しい経営環境を乗り越え、活発に活動するNPO

からその秘訣を紐解いていこう。ここでは企業家と組織の視点に絞って紹介していこう。

①企業家

　企業家は一般企業の企業家と類似する点がほとんどであるが、上記の経営環境に即して3つの異なった視点が確認できる。第1には、社会性と経済性を両立するために複数の企業家によって構成される企業家チームが存在していることである。ベンチャー企業においても異なった知識やネットワークが存在し成功の確率を高めるという側面がある。NPOの場合にはそれに加えて、社会的ミッションに直接かかわる企業家と事業をおこなう企業家という役割分担が両立の秘訣である。たとえば、NPO法人北海道グリーンファンドは、代表の杉山さかえ氏が社会運動団体などとかかわり、社会的ミッションを堅持する役割をもち、事務局長の鈴木亨氏が事業全般をみている。このような役割分担は、経済性と社会性をなるべく矛盾なくおこなうためである。

　また、このように役割分担をすることは、社会性を堅持しながら経済性を実現するばかりではなく、ステイクホルダーを引き付ける際にも有効である。ステイクホルダーがNPOに参加する場合には必ず組織内の人と相互関係を構築する必要がある。しかし、人には単純に合う人合わない人が存在し、一人の企業家でNPOを担っているとその企業家に合わない人は参加できなくなり、ステイクホルダーの参加や知識の多様性に関する機会損失を高め、組織発展や社会的ミッション普及の可能性を低減させる。しかし、複数の企業家で構成されたNPOであれば多様なステイクホルダーの参加可能性を高める効果がある。

　第2の視点は、多様なステイクホルダーと出会うために企業家の視点を変化させることである。この点は企業も同様だが、企業よりも厳しい経営環境にあって成功の確率を向上させるために多様な知識が必要であり、その知識との出会いを促進するのが企業家が自己の視点を転換することである。具体的には、隣にいる人も企業家の見方によっては不要な人材かもしれないが、視点を変化させることによって必要な人材となる。その視点の変化には、企業家そのものが変化する自己変容が必要で

ある。

　第3の視点は異質なステイクホルダーが参集すればするほどまとめることが難しくなり、組織運営やイノベーションにとってリスクになる可能性があるということである。そこで、ステイクホルダーをまとめたり、選択する役割を担うプロデューサー機能が必要である。企業家は、管理者としての役割だけではなく、ステイクホルダーをまとめ、時には選択をし、イノベーションにつながる知識創造をプロデュースすることが求められる。ただし、企業家のみならず、北海道グリーンファンドのように外部にプロデュース機能をもつことも考えられるので、企業家の機能としてのみ考える必要はない。

②組織ポートフォリオ戦略

　企業家に合わせて組織戦略も重要になってきている。ここでは社会的ミッションの堅持と希薄化の防止、多様なステイクホルダーを引き付けるという視点から組織ポートフォリオ戦略（社会的ミッションを達成するために異なった組織形態を組み合わせること）を検討しておこう。

　社会的ミッションと事業の両立は非常にむずかしい。それは、事業を展開することで社会的ミッションとは関係のない方向に進んだり、事業に経営資源をとらえてしまい社会的ミッションが希薄化する可能性が高くなるからである。それを防ぐ方法として、事業を株式会社等の営利形態に移行する方法である。それによって社会的ミッションはNPO、事業は株式会社という外部からみてもわかりやすい事業形態になる。ただし、株式会社もNPOの統治下に置くことは必要である。現在このような形態が増加傾向にある。これと類似するようなパターンとして、社会的ミッションの希薄化を防止するためにNPOがNPOを設立するパターンも存在する。たとえば、NPO法人ねおす（札幌市）は、NPO法人北海道山岳サポートを併設している。

　一方で、これは多様なステイクホルダーを集めるために有効な戦略でもある。慈善型NPOは、寄付、ボランティア、会員、イベントへの参加といった限られたツールしか存在していなかった。しかし、事業を展開することで、時間を作って参加する必要のないサービスや商品の購入

などの参加形態が加わり、さらに株式会社を併設することで出資という形態が追加される。特にNPOやその手法に不信感を持っている人には株式会社を併設することが有効である。このように市民のライフスタイルに合った参加の形態が組織ポートフォリオ戦略をとることによって可能になるというメリットをもっている。

このように組織ポートフォリオ戦略は厳しい経営環境を乗り越える1つの手段となっている。ここでは紹介しなかったが、NPOが社会福祉法人や学校法人を併設している場合さえあり、NPOが出資を受けられないから株式会社を併設するパターンと同様、制度をうまく活用し社会的ミッションを達成しようとしている（谷本、2006）。

5 結語

本章では、事業型NPOを中心に「NPOとは何か」を説明してきた。NPOの要件にもあるように自立したNPOを構築することが「新しい公共」のもとで望まれていることである。そのようなNPOがあってはじめて、働く場として認知されるだろうし、コミュニティにとっても必要な存在となる。もちろんコミュニティ・ビジネスの中心的な担い手として今後も期待される存在であることには間違いがない。今後多くの事業型NPOが起業されることで「元気な地域」の構築が望まれている。

注
1) 単峰型（縦軸に効用、横軸に選考をとったとき、各投票者の順序集合が1つだけ頂点を持つ状態）の選考が見られる場合に、多数決選考という政府の意思決定メカニズムは中間領域の選考によって決定され、それらの人々に対してのみ満足を提供するというもの。
2) 政府の供給は公正で公平であるために画一的となり、中位投票者のニーズに一致した供給になっている。その結果、それは個人の多様なニーズに応えることができないし、フリーライダーを発生させるシステムとなってしまっているので、さまざまな不満足がでてくる。

3) 地方政府間で供給する財・サービスがそれぞれ異なっているとすれば、人々はそれぞれ個人のニーズに合った財・サービスを選択するために地域を移動する。地域間の選択という競争モデルを提起する。
4) それらは主にナーシングホーム、病院、大学、社会サービスなどを対象として議論している。
5) 新制度学派経済学をベースに議論し、基本的には新古典派のホモエコノミカスを踏襲するので、新古典派経済学のmark IIと呼ばれるということと、市場の失敗に関する第2期という2つの意味である。
6) Zimmerman and Dart (1998), p. 39 の言葉を借りれば、市場による非営利の植民地化が起こっている。
7) 谷本（2002）、pp. 236-237
8) http://www5.cao.go.jp/entaku/shiryou/22n8kai/pdf/100604_01.pdf（2010年7月9日確認）
9) 大室ほか（2010）を参照のこと。

参考文献

Ben-ner, A. (1986), "Nonprofit Organizations: Why do they exit in market Economies?", *The Economics of Nonprofit Institutions*, Oxford University Press.

Ben-ner, A. (2002), "The Shifting Boundaries of the Mixed Economy and the Future of the Nonprofit Sector", *Annals of Public and Cooperative Economics 73(1)*, pp. 5-44.

独立行政法人中小企業基盤整備機構（2009）『事業型NPO法人・支援型NPO法人の現状と課題』

Dees, J. D. (1998), "Enterprising Nonprofit", *Harvard Business Review January-February* 1998, pp. 55-67.

Emerson, J. and F. Twersky (1996), *New social enterprise*, REDF.

Hansmann, H. B. (1980), "The Role of Nonprofit Enterprise", *The Yale Low Journal*, 89, pp. 835-898.

James, E. (1987), "The Nonprofit Sector in Comparative Perspective", Powell, W. W. (ed), *The Nonprofit Sector: a Research Handbook*, pp. 397-414, Yale U. P.

Krashinsky, M. (1986), "Transaction Costs and a Theory of the nonprofit Organization", *The Economics of Nonprofit Institutions*, Oxford University

Press.

大室悦賀＋大阪 NPO センター（2011）『ソーシャル・ビジネス　地域活性化の視点』中央経済社（近刊）

大室悦賀（2009）「行政の限界と市民企業」京都産業大学ソーシャル・マネジメント研究会編『ケースに学ぶソーシャル・マネジメント』文眞堂

大室悦賀（2003）「事業型 NPO の存在意義：ソーシャル・イノベーションの主体として」社会・経済システム学会『社会経済システム』(24), pp. 131-143

Ostrom, E. and G. Davis (1993), "Nonprofit organization as Alternative and Complements in a Mix economy", Hammak, D. C. and D. Young (eds), *Nonprofit Organizations in the market Economy*, pp. 23-56, Jossey-Bass Ink.

Salamon, L. M. (1987), "Partners in Public Service: The Scope & Theory of Government-Nonprofit Relations", in Powell, W. W.(ed.), *The Nonprofit Sector: a Research Handbook*, Yale U. P.

坂本文武（2004）『NPO の経営』日本経済新聞社

谷本寛治（2006）『ソーシャル・エンタープライズ──社会的企業の台頭』中央経済社

Tiebout, C. (1956), "A Pure Theory of Local Government Expenditure", *Journal of Political Economy* October: pp. 416-424.

Wiesbrod, B. A. (1975), "Toward a Theory of Voluntary Nonprofit Sector in a Three Sector Economy", Edmund, S. P.(ed), *Altruism, Morality, and Economic Theory*, Russell Sage Foundation.

Young, D. R. (1983), *If Not for Profit, For What?*, D. C. Heath and Company.

Zimmerman, B. and Dart, R. (1998), *Charities Doing Commercial Ventures: Societal and Organizational Implications*, Trillium Foundation.

第6章
地域の活性化と学生の潜在力
コミュニティ・ビジネスへの一つのヒント

池本正純

1　地域と大学

　大学と地域とのつながりとしてすぐ思い浮かぶのは、地域住民を対象にした大学側のサービスの提供である。公開講座、公開講演会、図書館・スポーツ施設・食堂などの地域住民への開放は、大学が地域とのつながり（共生）を追求しようとする一つの方法である。大学がもっている人的・物的教育資源によって提供できるサービスを地域住民にも利用可能なように開放するというものである。もちろん本来のユーザーである学生や教員の利用と競合したりしてその本来的利用を妨げないような配慮は行われる。

　このような大学側からのサービスの提供についてはそれなりの背景がある。それは地域との「共生」という差し迫った要請である。大学が立地する地域周辺には多数の学生が通学し生活するゆえに、その消費活動や居住空間確保のニーズ面で地域にプラスの経済効果がもたらされる反面、一部のマナーを踏み外した若者の行動がもたらす地域へのマイナスの外部効果も現れる。その迷惑を耐え難く感じている地域住民は少なからず存在しているし、実際、住民との間でトラブルは絶えない。上記の地域に対する大学のサービスの開放は、いわばこの地域への負の外部効果の償いの意味も併せ持っていると見ることができる。つまり、大学の地域との「共生」に伴う避けられないコストという側面がある。しかし、このような意味でのサービスの開放は、我々がここで問題にしようとしている大学と地域との積極的な意味でのつながりではない。

2　文系大学の産学連携の模索

　大学の地域（経済・社会）への貢献という場合、じつは別の可能性が考えられる。それは、大学の教育プロセスの側面に注目することによって生まれてくる。つまり、教育の成果や教育プロセスを産学連携・地域連携のための潜在的資源として活用できないかという発想（仮説）である。その一つの試みが専修大学キャリアデザインセンターで取り組まれてきた「課題解決・地域密着型インターンシップ」である（以後文脈によって「地域密着型」とか「課題解決型」と短縮して表現するが内容は同じものをさす）。つまり大学が立地する川崎市の中小企業や商店街、あるいはNPO法人などの様々な地域の団体や組織が抱えている課題解決に、学生たちが社会人と一緒に取り組むというキャリア教育プログラムである。

　もちろんこのような仮説は演繹的に発想されていきなり現在の形で生まれてきた訳ではない。そこに至るまでには、一つの方向性を模索しながらも何段階かの「発見のプロセス」があった。まず、最初に川崎市経済局工業振興課（当時）の職員の方々との対話と一つの実験的試みがあった。話のきっかけは、専修大学のような経済系（経済・商学・経営）学部の比重の高い大学においても産学連携の可能性が何か考えられないかという議論であった。その議論の中から生まれたのが一つの実験であった。川崎市内のある部品製造を営む中小企業の経営者が、将来的構想として部品製造だけでなく、社内の知識や技術を生かしてエンドユーザー向けの製品を作ってみたいという希望をもっていた。ところが御多分にもれず、中小企業経営者はみずからマーケット調査を手掛けられるほど時間的余裕はなく、本格的な調査を外部に依頼できるほど資金的余裕があるわけでもない。であれば、その調査を、マーケティングを学んでいる学生に試しにやらせてみてはどうかという話となった。学生たちにとってもチャレンジングな課題に取り組むチャンスである。そしてその話にのってくれる教員がいたので、そのゼミナールの学生たちにその調査の仕事をお願いすることとなった。

結果は、経営者が感心するような調査レポートができ上がったのである。経営者も喜んでくれたと同時に、学生たちの方も大変モチベーションの高まる取り組みであったと報告を受けた。筆者も川崎市の職員の方も、これは「いける！」「文系の学生も結構やれる」と思った次第である。つまり、文系大学の産学連携の新たな可能性の発見である。

3　地域密着・課題解決型インターンシップ

その実験的試みで得た一つの自信が、専修大学キャリアデザインセンターの特色のあるプログラムである「地域密着・課題解決型インターンシップ」プログラムの立ち上げにつながってきたのである。課題を与えていただく企業や団体は川崎市からの紹介による。市の協力で計6つのプログラムがとりあえず準備された。平成18年の4月のことである。

このプログラムのねらいは以下の3点に集約される。
1）大学の教育資源を地域の課題解決に活用
　　各自治体は、それぞれ地域の産業振興、商店街の活性化、社会貢献活動の支援等の課題解決に努力しているが、このプログラムは、大学の教育資源をそのような地域の課題解決のために活用しようとするものである。自治体は地域の課題に関する情報を幅広く持っているがゆえに、地域の企業・団体と大学とを仲介し結びつける上で要の役割を担うことになる。
2）実践的教育・研究とキャリア教育の場の創出
　　大学には、理工系学部以外にも、人文・社会系、情報系といった広い分野において、実践的な課題解決に関わる研究分野が存在している。それらを専門的に学ぶ学生達が、地域の中小企業や商店街、あるいはNPO法人が抱えている課題を経営者と共に考え、その解決策を実践的に講じていくというのは、きわめてチャレンジングであり、高いモチベーションが与えられる。ゼミナール単位でチームとして取り組めば、教員の指導やアドバイスも得られ、研究成果と

しての質の高さも期待できる。またチームワークの訓練にもなる。
　学生にとっては、経営者や代表の方々と直接対話をする機会が得られるのみならず、その方々の思いや志を感じるきっかけとなる。当然、仕事やビジネスの感覚を磨き、組織や社会の在り方について考えを深めるきっかけともなる。つまり効果的なキャリア教育の場となる。

3) 若い世代の感覚やエネルギーの活用

　地域の中小企業や商店街あるいはNPO法人にとって、若い世代の感覚や行動力は貴重な資源である。マーケティング戦略を練ったり、商品開発を行ったりする上で、経営者にとって思わぬ発見や新鮮な着想に出会うことも期待される。イベントの企画・立案をする際にも若者らしい発想を活用することが可能となる。また学生達との対話の中から、これからの人材育成と開発のヒントが生れることも考えられる。

6つのプログラムを具体的に紹介すると、以下の様なものであった。

① 「子どものキャリア教育」のファシリテーター

　子どものキャリア教育を手掛けるNPO法人のお手伝いをするのが主な目的であるが、ファシリテーターとしての役割を果たしながら、「教えることが学ぶための最高の方法となる」という効果を狙っている。

② 商店街のイベントの企画・運営

　「イベント企画力」は、広告会社のみならず、今いろいろな企業で、「モチベーションを高める腕前」として要求されている能力である。

③ 商店街のホームページ作成

　商店主の思いを聞き出しながら、それをどう形に表現するかを考える。情報技術のみならず、コミュニケーションの力と情報発信能力が鍛えられる。

④ 空き店舗を活用したビジネスモデルの提案

NPO の経営を支援するという難しい課題であるが、まさに新事業・新商品の企画力を試す絶好の機会を提供する。
⑤　地元食品メーカーの新商品開発・マーケティング戦略
　　経営者のそばで、その息づかいを感じとることは、ビジネスの最高の学びの場である。社長と一緒にマーケティング戦略を考えるのは、きわめてチャレンジングな仕事となる。
⑥　「川崎市の中小企業経営者の軌跡」取材レポートの作成と発表
　　川崎市の中小の製造業を率いる経営者たちは、厳しい状況の中で戦ってきた。その軌跡を直接経営者にインタビューしながらレポートにまとめ、全国の中小企業経営者たちのある集まりの前で発表する。

　1番目の子供のキャリア教育プログラムのファシリテーター役については、学生が大活躍し、学生も高く評価されると同時に NPO 法人から喜ばれた。その後、この NPO 法人では活動力を補充する為に、学生インターンシップを他大学からも幅広く積極的に受入れることになった。ファシリテーター役を通じて子供達に接し、また志をもって NPO 法人に参加している社会人の方々と付合っていくうちに、学生達自身がみずから社会的使命感に気づき、たくましく成長していく姿がそこにあった。
　2番目の商店街のイベントに対する学生達の手伝いについては、もともと手足となって働いてくれる若い人達が不足している状況の中で、商店街にとっては大変有難い助っ人となった。
　4番目の高齢者の健康に配慮した養生食弁当の配食サービスを手掛けている地元の NPO 法人にインターンシップとして協力した学生は、その代表者の方のいわば片腕となるくらいまでに活躍した。その学生自身、地域に根付いた仕事への志を育てたようである。
　6番目の川崎市の製造業を営む中小企業経営者のある団体は、ちょうどその年、日本の主要な工業都市に存在する同じような経営者団体の全国的な集いを 10 年ぶりに主催することになっていた。与えられた課題

は、10年間の間に川崎市の中小企業経営者が困難な途を経ながらも格闘してきた軌跡を、学生達が工場視察や経営者インタビューをしながらレポートにまとめ、経営者団体の新しい時代の役割も含め、その全国大会の場（川崎全日空ホテル）で提案し発表するという課題であった。多くの中小企業経営者達から、大変興味深い報告であったとの評価を得ることができ、学生達の達成感は大きかった。

　この年の地域密着型インターンシップで特筆すべきは、何といっても5番目の地元納豆メーカーの依頼による冬季限定商品の商品開発であろう。納豆のたれの味を新しく考え、それにふさわしいパッケージデザインも考えるという課題であったが、このときほど学生達の持っている潜在的能力の高さを見せつけたものはない。参加した二つのゼミナールが競うように、それぞれが独自の調査を進め、それにもとづいて新商品案を練ったが、納豆メーカーの経営陣が舌を巻く斬新なアイディアが提案された。学生達の意欲的な取組みに刺激を受けたメーカー側もどうにか商品化したいとの思いが強まり、学生とメーカーとの共同開発になる新商品が実現した。それが「冬味ピリ辛ネギ味噌だれ」であった。マスコミにも面白い話題として大々的に取り上げられ、ヒット商品となった。メーカーにとっても喜ばしい結果に結び付いたが、学生達の達成感とそれによって得た自信は大きかった。かくして、課題解決型インターンシップは導入の最初の年から期待以上に大きな成果を生む結果となった。

4　新たな発見

　滑り出しの平成18年度の成果を受け、また、川崎市の地域への働きかけの効果もあり、次年度以後のプログラム数は飛躍的に増えた。数が増えただけでなく、バラエティも増えた。詳しくは専修大学ホームページ（キャリアデザインセンター）を参照されたい。大きく分類すると、①中小企業のマーケティング戦略立案、②地域商店街のホームページ作成やイベントの企画立案・運営、③NPO法人の事務・営業の手伝い、

イベントの企画立案・運営、将来構想の立案、といったものである。

　学生達による地域の課題解決への取り組みという実践的な活動体験から明らかになってきたことをまとめよう。

　第一に、当初、地域に貢献できそうなものとして想定してきたところの「学生達が日ごろ学んできた専門知識の応用」という捉え方が狭すぎるという点である。課題解決の内容と学生達の学んでいる専門分野との間にはそれほど密接な関連を想定する必要はない。納豆の新商品開発を行ったのは、決してマーケティング専攻のゼミナールではないし、商店街のイベントの企画立案に携わったのは商業や地域問題を専門に勉強している学生ではない。和菓子屋の掛け紙のデザインにチャレンジした一つのゼミナールは文学部であった。デザインということになると学部間の固有な優位性の差はなくなる。むしろ、個々の学生のもっている感覚や趣味の力が発揮される度合いが大きいし、周りの学生達も友人のもっている隠れた能力について改めて見直すことにもなる。

　逆に言うと、これらの課題解決に必要なのは、大学で学んでいる専門知識というよりも、何か社会に役立つことを具体的にしてみたいという願いやそれに挑戦する心、あるいはそうなれるように少しでも成長したいという学生たち自身の思いなのである。そして実際にその取り組みに参加してみて、改めて地域の人々（大人や子供を含む）とのコミュニケーション、参加する学生たち同士でのチームワークの必要性に気づくのである。つまり、ごく一般的な人間力の果たす役割が大きいということ、また、その人間力がこのプログラムによって大いに磨かれるという点の発見である。

　第二に分かってきた点は、学生の力を借りたいという地域の方々（社会人）の側にも、学生とつき合っているうちに、「若者に対する教育」について社会人の立場から関心を抱くようになる方々が多いという点である。「若い力」を頼りにしたいが、「若さ」ゆえ、今一つ「頼りない」と思う瞬間が多々ある。場合によっては、言葉遣いやマナーについても指摘したくなる。この地域密着型インターンシップを通じて、学生達は大学の先生とは違う立場から、地域の大人達によって「教育される」機

会を持つ。親や先生と違うから聞く耳を持つ。彼らは素直に気づきの機会を得、成長していくのである。また、地域の方々も学生たちの活動を見守っていく中で、学生一人一人が成長していく姿を目撃し感動を覚えるのである。「よくやったね。頑張ってくれてありがとう！」という一言が学生達の達成感を支えている。地域には、明らかに我々が想像していた以上の「教育資源」が眠っている。それを実感したのはまさに学生たち自身であった。

　第三に、これが一番重要なことであるが、学生達は我々が期待した以上の能力とエネルギーを社会に対して発揮してくれるということである。それは、我々が大学における専門知識という狭い尺度でしか学生達を評価して来なかったということにも起因しているが、もっと言うと、チャレンジし甲斐のある実践的な課題を与えれば、学生達はモチベーションを高め、幅広い潜在能力（人間力）を発揮してくれるということである。その結果、社会から高い評価を受ければ、達成感は大きく、それが自信につながる。

5　コミュニティ・ビジネスへの一つのヒント

　一般的に言って、新しいビジネスが成立するためには、①いまだ満たされていないニーズの発見、②いまだ活用されていない資源の発見、③その二つに架橋するノウハウの開発、の三つの条件が必要となる（池本正純著『企業家とはなにか』八千代出版・2004年　を参照されたい）。上で紹介したキャリア教育プログラムは、地域が抱える多様な課題（満たされていないニーズ）を発見しその解決を、学生達の潜在的能力（未利用の資源）を活用することによって図ろうとするものである。ニーズと資源を結びつけるノウハウの開発は川崎市と専修大学キャリアデザインセンターで行ったことになる。

　ただし、学生達の潜在能力を「隠れた資源」と理解するためには、少し説明が必要である。それは単なるアルバイトの発想とは違うからである。

まず、日本の大学にはキャリア教育が欠落しているということを理解する必要がある。学生達は大学で知識は授けられるが、それだけでは社会人として巣立っていく自信に今一つつながらない。それを補うのがキャリア教育である。学生達は成績がいいだけではだめだということは知っている。どうしたら人間として成長するのか、今真剣に模索している。このプログラムに参加することによって何か自分自身が成長できそうだと思えば、学生達は一所懸命に取り組むのである。

　次に、学生の潜在能力を活用するためには、学生のそのような期待にこたえる活動や取り組みを用意する必要がある。学生の能力を活用しようとする社会の側に、若者の教育に対する理解や関心や志がなければならないし、何よりも社会に役立つ仕事をしている団体なのだという学生の使命感に訴えるものが必要である。それでこそ学生にとって挑戦し甲斐のある、モチベーションの上がる取り組みとなる。

　上記2点さえ押さえておけば、地域の課題解決にとって、学生達（あるいは一般的に若者たち）は極めて能力の高い潜在的資源となる。ペイの額よりも学生達にとっては、自分が成長できる機会を得るということのほうがよほど重大だからである。

　コミュニティ・ビジネスにとっては、解決すべき課題（社会的ニーズ）をどうとらえるかということ、それを解決するための資源をどう確保するかというのが出発点となるが、最後にものを言うのは、両者をいかに橋渡しして永続可能な活動にしていくかのビジネスモデルの開発である。しかし、その資源（特に人的資源の場合）を有効に活かせるかどうかは、ビジネスモデルに秘められた社会的な志の高さであることを忘れてはならない。

第 7 章

景観の保全と創造
行政と市民の協働

土岐　寛

1　はじめに

　美しいまちづくりが大きな潮流となっている。わが国の都市は電線電柱や派手な屋外広告物、そで看板、垂れ幕、不ぞろいな建築物、放置自転車、自動販売機などなど、ドイツやフランス、スイスなど欧米諸国に比べて都市美、景観の点で大きな遅れをとっている。ごく一部を除いて都市構造に計画性や合理性がほとんどなく、自然発生的に市街地が増殖してきたことが大きな原因である。そのため、多くの日本人がヨーロッパ諸国の美しい街並みや、景観に接しては、日本との落差を痛感してきた。

　日本では景観に関する公的規制はないに等しかったが、ようやく景観法が制定され、魅力あるまちづくり、街並みへの関心が高まってきている。景観法には種々の仕組みが用意されており、活用次第でさまざまな改善が期待できる。市民と行政の協働がキーワードのひとつである。

電線電柱の街（東京都内）　　　電線電柱のない街（ベルギーのブルージュ）

2　風景と景観

風景とは何か。フランスの歴史学者、アラン・コルバインは「風景とは空間を検証し、評価するひとつの方法である。個人や集団によって異なるこの解釈は時とともに絶えず変化してきた。したがって風景というテーマに取り組むときは、その歴史性を自覚しなければならない」「風景とは諸解釈の錯綜である」という[1]。ここには客体としての風景と評価する主体（人間）との相関関係が暗示されている。

広辞苑では簡潔に風景とは「景色、風光、その場の情景」と説明される。景色を引くと、「山水などのおもむき、眺め、風景」とある。こう見ると、風景の主体は自然山河のように思われるが、ヨアヒム・リッターやアラン・コルバインの定義に感じ取られるように、それだけで風景が構成されるわけではない。「特定の社会集団あるいは特定の文化圏内で暮している人びとのあいだには、ある種の風景的イメージが共有されているのがふつうである」[2]といわれるように、そこには一定の美的評価基準が挿入されている。風景百選などはその好例である。

たとえば、日本三景といわれている松島と厳島（宮島）、天橋立は古来、和歌に詠まれ、絵画に描かれ、江戸時代に儒学者林春斎によって書物に書かれて確定した。春斎はそれらがすでに国民意識に受容されていると判断したわけである。近江八景や鎌倉の金沢八景などの地域版も少なくない。それらはその地域で大方の住民意識に受容されて確立した風景ブランドである。

風景には本来、枠がない。これに対して、景観はもう少し狭域の風景をニュアンスしている。景観はとくに工学的要素を加えた風景とも説明される。風景に類する用語は、風光・光景・情景・景色・景観などきわめて多いが、景観は、日本が西洋の科学を本格的に導入した20世紀初頭に、英語の Landscape、ドイツ語の Landschaft を植物学者の三好学が和訳したことに始まった。風景は不確定な心的要素が強く関わるのに対して、景観はフィジカルな工学的用語と考えられ、とくに土木工学

系の研究対象になった、といわれる。

　都市景観や市街地景観、自然景観というように景観は、ある程度限定された空間を指すことが多い。ここでは都市生活を営むために造り上げた種々の装置や構造物を包含した都市景観を考察の対象とする。

3　日本人の都市景観認識

　さて、日本人はどのような都市景観を形成してきたのだろうか。そもそも都市景観形成に関して、共有されたイメージがあったのだろうか。

　江戸時代以前には京都の町屋や日本各地の宿場町、城下町・武家町、商家町、門前町、茶屋町などに見られるような建築物の高さや様式、色彩、配置などを含めて、美的に調和した都市景観が存在した。多くの西欧人が賞賛した「美しい日本」があった。これらのうち保存されて残ったものの一部が今日の伝統的建造物群保存地区となっている。

　問題は明治以降に形成された都市景観である。伝統的建造物群保存地区の指定を受けている80いくつの地区の中で、明治以降の近代化過程で形成されたのは、和洋混在の街並みがある函館市元町末広町と、洋館群を抱える神戸北野町山本通、長崎市東山手・南山手の4地区しかない。明治の東京もお雇い外国人コンドルが三菱1〜3号館や岩崎邸、古河邸などの優れた洋館を造ったが、それらが都市建築物の主流になったわけではない。点の存在で面の存在にはなっていない。

　政府レベルでも美しい都市を創る試みがなかったわけではない。1872（明治5）年の銀座の大火を契機に建設された銀座煉瓦街は、諸事情で計画通りには完成しなかったが、ロンドンをモデルにした秩序のある都市空間だった。明治政府はパリをモデルに都市整備を望み、東京市もロンドン、パリ、ベルリン、シカゴ、ローマなどの都市政策、都市計画を研究して東京市建築条例案を検討した。しかし、その実現化のための課題や障壁を克服することができず、東京市の条例も陽の目を見ることはなかった。

　個人的に奮闘したのは、橡内吉胤（とちない・よしたね、1888〜

1945年）と石川栄耀（ひであき、1893～1955年）である。橡内は岩手日報記者として、都市美運動の先頭に立った。石川も内務省役人として「町全体を一つの芸術品たらしめ様」と努力した。『都市美と広告』という本のあとがきでは、「美しい都市に住むことが、人生の幸福の極めて基礎的なものであるということは、認めてもよいのではなかろうか」とさえ書いている[3]。しかし、戦時行政下、戦後の混乱した社会では、景観が真剣に顧慮されることはなかった。

4　景観の公共性認識の不在

明治以降、全体としては、生産優先思考に立った道路や橋梁、鉄道、港湾などの個別都市インフラの整備、設計に追われ、公園やオープンスペース、住宅、下水道などの生活基盤整備には向かわなかった。まして美的な都市景観の形成に都市エネルギーが本格的に割かれることはなかった。こうして、効率と機能、個人の建築自由・土地の細分化、商業主義が支配する不統一で乱雑な都市景観が蓄積されていくことになった。

日本では、都市建設、都市生活が公共秩序のために規制される「約束事の世界」はついに形成されなかった。都市は栄達や実利を追求する仮

看板と広告の洪水（新宿歌舞伎町）

の場所であり、精神的基盤は出身地の農村共同体に置かれてきたのである。西欧諸国が都市に精神的、物理的基盤を置き、堅固な生活・精神共同体を創り上げてきたのとは対照的である。

そして、近代化過程で農村共同体が変容、崩壊した後は、都市住民も精神的基盤の喪失に遭遇せざるを得なかった。伝統的な町並み保全の大きな流れは、日本人全体の精神的危機感の慰撫、あるいは先祖伝来の農村共同体への代償的な回帰現象とも見られる。

日本に伝統的な内と外の区別は、家屋の内部空間・床の間や庭園に美的洗練と精神的価値を置く一方で、外への無関心を生み、内と外を無粋なブロック塀などで遮断する生活様式を一般化した。街並みや景観の公共性はついに確立されなかったのである。観光や行楽の対象である山河風景には一定の配慮が払われたのに対して、人為の所産である都市景観は個人の自由意思のルールなき集積とならざるを得なかった。

西欧では歴史的に都市景観の公共性はまず領主などの権力者が担った。たとえば、イタリア・シエナのカンポ広場に入って周囲を見渡したときに感じられる各建物の構造的、景観的調和には素晴らしいものがある。この背景には世界最古の景観条例といわれる 1297 年の通達がある。この通達で周辺の建物の高さや屋根、窓、扉の形や素材が厳密に規制されたのだが、それは市庁舎との美的かつ構造的な均衡を保つためだった[4]。

さらに注意されるべきことは、1309〜10 年のシエナの都市条例に、都市統治の要点は美にあり、その主役のひとつが広場であると記されていることである。1346 年頃にカンポ広場の石舗装が完成し、当時のシエナの年代記には、カンポ広場はイタリアで一番美しい広場という記述がある。その後、広場はほとんど変わらず、保全されてきているが、保全の主体は封建領主ではなく、市民と近代国家に移行している。そこでは権勢の誇示が目的ではなく、美的芸術的な街並み、景観を生活に不可欠なものとして保全したのである[5]。

5 都市の記憶と都市景観

　永く保全されている風景・景観はその社会、地域の集団的評価を得た財産である。これはそのまま都市に当てはめて考えることができる。ワルシャワやミュンヘンやドレスデンが第二次大戦で徹底的に破壊されたにもかかわらず、想像もできない努力と費用と歳月をかけて元の姿に復元したのはなぜか。ごく最近でもクロアチアの古都ドブロヴニクが市民総出で短期間に戦災による破壊から回復した市民意識とエネルギーはどこからきているのか。

　日本なら元の姿にこだわることはなく、より効率的、経済的な新都市、新建築の建設にとりかかっただろう。古いものを未練なく脱ぎ捨てて、新しい装いをこらすのが日本の近代化だった。それも結局は皮相な表面の近代化に過ぎなかった。日本の近代化は都市景観に関しては、西欧の文化哲学と市民意識を吸収せず、つぎはぎ細工に終始した。

　ワルシャワやミュンヘンは長い歴史を経て形づくられた都市に誇りを持ち、その都市空間が市民の精神的基盤となっていたから、元の姿に復元しなければならなかった。そうでなければ、ワルシャワやミュンヘンではなくなるからだ。人間と同様に都市も記憶が保たれなくてはならない。記憶を失うと、人間も都市も外界に対して自分の位置を確認でき

破壊から再生したポーランドのワルシャワ

ず、漂流するよりなくなるからである[6]。

　ヨーロッパ諸都市にはそうした「歴史の厚み」や「記憶の重層性」「過去と現代のつながり」が感じられる。それが景観に反映している。景観が共有され、蓄積されて、文化そのものとなる。経済的契機に左右される新陳代謝の場でしかない消費都市には、共有され蓄積される景観がない。いわば顔のない、どこにもある無個性の都市になってしまう。あるのは都市機能だけである。使い勝手がいいだけで、文化の香りや歴史の厚み、深みがない。次々にアトランダムに超高層ビルが建設され、新たな一極集中の様相を見せている沸騰都市東京の特質が「増殖」と「新陳代謝」にしかないとすれば、それは都市といえるだろうか。

　都市は何のためにあるのか。都市の存在理由は何かということを突き詰めていくと、文化の集積と持続にたどり着く。それがかけがえのない都市景観、街並みそのものとなって立ち現れる。地球に優しいまちづくりや犯罪のない都市づくりは、都市が存在するための必要条件ではあるが、都市をつくる目的にはならないのである[7]。

6　美しい都市景観は可能か

　現在の日本にベルギーのブルージュやドブロヴニクのような美的統一的な街並みを持った都市は存在しない。しかし、日本の都市がブルージュやドブロヴニクのようでなければならないというのではない。日本には日本独自、地域独自の景観があって然るべきである。絶え間ない変化を前提にした刹那的都市景観より、後世まで保全する価値がある美的で落ち着いた景観を残すことを考えるとすれば、その合意形成と基準や手法、技術の検討を開始すべきである。そこでは景観法のバックアップを活用するのも有効である。

　イタリアの都市保全システムのように、都市景観を保全するためには厳しい公的規制が必要になるだろう。そこには厳しい公的規制を受け入れる市民意識もなければならない。内に対する価値観と外に対する価値観の調和が必要である。この内外空間の同一視、つまり公益を私権と同

等あるいはそれ以上に優先する意識によって、目に見える外的空間、街並みの美的秩序が保たれるのである[8]。

　今までの日本の大勢がそうだったように、家の中がよければ、外の世界は関係ないという公共を優先しない私権中心の市民意識からは、望ましい景観と街並みは生まれない。戦前の都市美化運動で応募されたスローガン「わたしのおうちも景色のひとつ」という考え方である。個人の私的空間は自由に設計できる代わりに、外部の目にさらされる壁面や屋根や窓や植栽や建物の高さ、色彩などは公的規制に従うことが必要である。このような意識・理念とシステムで美しい都市づくりが進み、歴史を経て、愛着のある望ましい景観と街並みが生まれるのである。

　フランスの建築に関する法律の第1条には「建築は文化の表現である。建築の創造、建築の質、これらを環境に調和させること、自然景観や都市景観あるいは文化景観の尊重、これらは公益である」とある。さらに、望ましい景観があっても、周辺に乱雑な広告や看板があれば、美観は損なわれてしまうが、フランスでは1979年の法律で、都市・農村を問わず、厳しい規制が行われており、世界に誇る景観や歴史的環境が保全されている[9]。景観形成は長い道のりを要するのである。

7　町並み保存と行政・市民の協働

　景観法の制定で景観問題がまちづくり全体の中で議論し、合意形成を図るシステムが用意されたことで、今後は問題が未然に解決される可能性は広がったといえる。そのためにも、行政・住民・事業者の協働体制を早期に作り上げることが望まれる。自治体が景観行政団体になり、そこでNPOや市民団体が「景観整備機構」としての認定を受ければ、景観計画の策定や景観政策への参加の道が開かれている。市民が行政とともに景観形成の主役になれる時代になっているのである。

　最後に住民主体の宿場町保存で著名な木曽路・妻籠宿のケースを振り返ってみよう。木曽路は古くから重要な街道だったが、江戸時代には参勤交代制度もあり、妻籠は中山道の代表的な宿場町として栄えた（江戸

時代は11の宿場があった)。幕末には65軒の家屋が街道沿いに建ち並んでいた。住民は馬役、歩行役、水役を負担し、旅籠や茶屋を経営し、賑わった。

公用旅行者の休泊施設の本陣、脇本陣が並び、貨客の輸送、伝馬、人馬の供給でも栄えた。しかし、明治に入り、宿駅制度が廃止され（明治5年)、中央本線からも外れて、妻籠宿の宿駅機能は失われ、さびれた。産業は林業くらいしかなかった。

昭和30年代には高度成長の波を受け、若者たちの流出で過疎化が進んだ。昭和40（1965）年に国道256号線道路拡張のため、移転かバイパス建設かの問題が発生し、地域振興としての集落保存論議が高まり、保存の方向へ少しずつ進んでいった。1967年頃に長野県明治百年記念事業の一環として、計画が具体化した。旧脇本陣奥谷の郷土資料館としての開館が契機となり、予算3600万円が付けられ、家屋の調査、修復が行われた。

基本方針とされたのは、1）観光も目的とするが、基本は歴史的景観の保存を第一義とする、2）地元住民の生活環境の整備、維持を十分考慮する、3）木曽路地域計画の一環として構想する、の三点である。

これら一連の保存に関する合意形成は住民主体で行われた。当時東京大学工学部教授で長野県文化財調査委員でもあった太田博太郎氏の学問的調査による妻籠宿の評価とアドバイスが原動力となっているが、それを具体化する基本的政策、クルマの乗り入れ禁止・本陣の復原・電柱撤去・看板の統一などは住民全体の合意がなければ進まないことであった。

行政もバックアップし、1967年1月には南木曽町観光協会が設立され、地元の態勢固めとなり、1968年9月の妻籠を愛する会設立で有名な「売らない・貸さない・壊さない」の基本ルールが確認されている。1971年7月の妻籠を守る住民憲章制定で保存の目的を再確認し、行政も1973年8月の町独自の条例「妻籠保存条例」の制定で一応の制度面の整備が行われている。

そして、1975年10月の文化財保護法の改正で、妻籠は伝統的建造物群保存地区第一号となり、以降は、国や県の補助により、自然や街

道、宿場景観の充実をはかって今日に至っている。日中、地域と家庭を守る女性たちは消火訓練などもしており、住民自治とネットワーク、行政との協働の好例となっている。

注

1) アラン・コルバン、小倉孝誠訳『風景と人間』藤原書店、2002年、9、11ページ
2) 中村良夫『風景学入門』中公新書、1982年、60ページ
3) 石川栄耀『都市美と広告』日本電報通信社、1951年、130ページ
4) 池上俊一『シエナ――夢見るゴシック都市』中公新書、2001年、57ページ
5) 同上
6) 民岡順朗『「絵になる」まちをつくる――イタリアに学ぶ都市再生』NHK出版、2005年、48ページ
7) 中村良夫『都市をつくる風景』藤原書店、2010年、30〜31ページ
8) 芦原義信『街並みの美学』岩波現代文庫、2001年、6〜14ページ
9) 和田幸信『フランスの景観を読む――保存と規制の現代都市計画』鹿島出版会、2007年、2〜3ページ

注以外の参考文献

芦原義信『東京の美学―混沌と秩序―』岩波新書、1994年
土岐寛『景観行政とまちづくり』時事通信出版局、2005年
土岐寛「美しい街並みをめざして」土岐ほか『現代日本の地方自治』北樹出版、2009年
南木曽町『木曽妻籠宿保存計画の再構築のための妻籠宿見直し調査報告書』1989年3月
西村幸夫編著『都市美』学芸出版社、2005年
中村良夫『風景からの町づくり』NHK出版、2008年
NHK総合テレビ「新日本紀行」2006年10月7日放送

第三部
応用・実践編

あなたもコミュニティ・ビジネスのプロになれる

第8章

成長戦略をどう組み立てるか
プロフェッショナルの奥義

犬塚裕雅

1 コミュニティ・ビジネスの成長経営

コミュニティ・ビジネスを起業したあと、経営者のあなたは何をしなければならないか。それは事業を成長させること。事業を成長させ地域課題を解決するのが経営者のあなたの責務である。ここでは、起業したコミュニティ・ビジネスを成長させるのに必要となる成長モデルに関するマネジメントについて論じる。

最初にコミュニティ・ビジネスの考え方を述べておく。図表1に示すようにコミュニティ・ビジネスには4つの大切な要素がある。それは「売り手良し」「買い手良し」「世間良し」「子孫良し」。近江商人の三方良しの理に将来世代に対する視点を加えている。コミュニティ・ビジネスはビジネスとして「売り手」(事業者)、「買い手」(お客様)がともに長続きする取引の関係になることが基本だが、コミュニティ・ビジネスの経営者はそれに加えて、ビジネスの効用として「世間」(地域や社会)に価値をもたらし、かつ「子孫」(将来世代)にも良い成果を生み出すことを考え実行することが大切となる。見方を変えると、「世間良し」「子孫良し」のためにどうするかを考え実行する人がコミュニティ・ビジネスの経営者である。

空き店舗の活用、子育て支援、介護・福祉充実、環境問題の解決、安心できる食べ物の販売など、身の回りの課題に取り組むコミュニティ・ビジネスが各地で創業されているが、この四方良しの理を以て成長することがコミュニティ・ビジネスの醍醐味である。成長するコミュニティ・ビジネスの経営の基本は、①数字にもとづく経営分析を行い、②

図表1　コミュニティ・ビジネスの要素

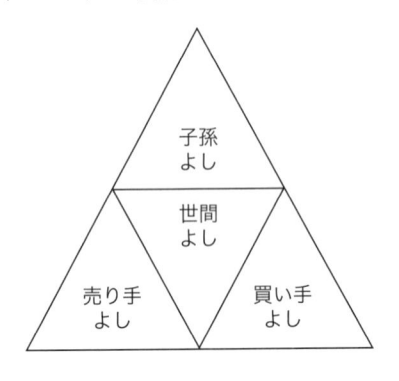

```
         子孫
         よし
      世間
      よし
  売り手      買い手
  よし        よし
```

事業成長をもたらす収支の確保しながら、③収益性と社会性とのバランスも大切にすること。それを経営の流れで示したのが図表2である。経営者はコミュニティ・ビジネスを創業した際の経営理念とビジョン（このビジネスによりどのような価値を生み出すのか明確にしたもの）から経営方針（事業を継続・成長させるやり方）を具体化し、それに基づいた経営計画（一定期間で実施すること）とその目標（経営評価の指標になるもの）を定める。

　図表2を見て判るようにPDCAマネジメントサイクルの流れと重なっている。定例の経営会議において経営者は経営方針に基づく事業が計画に則して進んでいるかどうか目標を管理し、自社のコミュニティ・ビジネスの市場性と社会性を点検する。例であげている事業体では月例の役員会議を開催し、事業の大黒柱である自治体から請けている指定管理業務の進捗と品質の管理、従業員・パートの労務管理、売上と経費の管理、資金繰りの点検、リスクの発見などの日常的な経営のほか、起業時のビジョンにあるコミュニティ・ビジネスとしての「あるべき姿」に現状を照らし合わせて歩む方向がブレていないか間違っていないかの大局を時折確認している。コミュニティ・ビジネスを一人でやっているところ、複数人の仲間と一緒にやっているところ、また従業員を雇用してやっているところなど、ビジネス規模の大小はあるが、図表2で示す経営の流れを実践することが起業したコミュニティ・ビジネスを成長さ

第8章　成長戦略をどう組み立てるか　105

図表2　コミュニティ・ビジネスの経営マネジメントサイクル（ある事業体のケース）

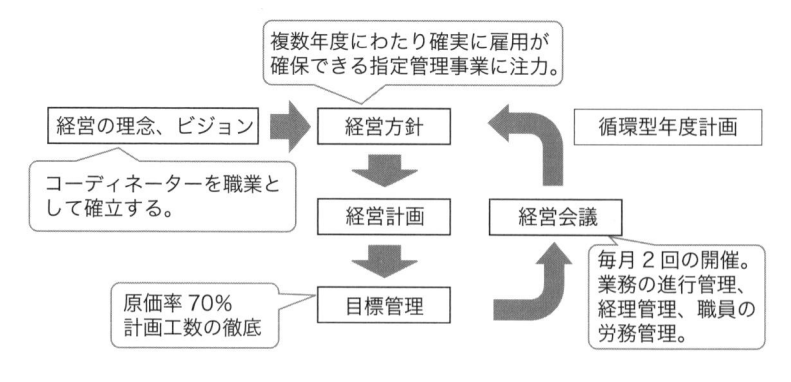

- 経営の理念、ビジョン → 経営方針（複数年度にわたり確実に雇用が確保できる指定管理事業に注力。）
- コーディネーターを職業として確立する。
- 経営方針 → 経営計画
- 経営計画 → 目標管理
- 原価率70%　計画工数の徹底
- 目標管理 → 経営会議
- 経営会議（毎月2回の開催。業務の進行管理、経理管理、職員の労務管理。）
- 循環型年度計画

せていく基本のモデルだと考える。

2　健全な経営

売値をつける

　忍者遊びで目が輝く子どもたちが街中に増える、一人暮らし高齢者の会食サロンで笑顔の高齢者が増える、0～3歳の子どもと親のための育児支援サービスで安心な子育て環境を生み出す、などのコミュニティ・ビジネスの「売り」（提供する価値）を価格で表現する。いわゆる売値をつける話である。一般的に売値は原価と利益で成立し、コミュニティ・ビジネスも同じだが、コミュニティ・ビジネスの場合、収益性と社会性のバランスの中で売値をつけることになる。例えば高齢者向け会食サービスの場合、食事提供にかかる経費、食堂の維持費、従業員の人件費などの諸要素から成る原価、ビジネスを継続するための利益といった経済的要因に加えてサービス対象者の所得状況とサービス目的など社会的価値を考慮して最終的な売値を経営者が判断する。

　コミュニティ・ビジネスの中でも、教育訓練、介護サービス、相談支援など人的労力やノウハウがほとんどを占める場合、原価となる人件費をどのように設定するのかは、働く人が提供する価値をどう評価するのかと表裏の関係になる。しかし現実にはなかなか難しく、「この程度の

人件費を設定するのが良いと思うけれど、そうすると売値がサービスを受ける人に負担をかけてしまい、地域課題の解決にならないし、もともとお金をそんなに頂くつもりはなかったのだから」と自制する場合があったりする。そのようにコミュニティ・ビジネスの中には社会性を強調するあまり健全な利益を生み出せず、その結果、地域の最低賃金を保障できないまま働く人がいるとの話を聞く。ビジネスなのかボランティア活動なのか曖昧な経営に陥る危険が潜んでおり、そこは避けるべきところである。ボランティア活動でなくビジネスを行うわけだから、経営者は、人件費はサービスを継続し品質を維持する原価だと定め、コミュニティ・ビジネスの「お客様」は誰なのかを整理し、「お客様」のニーズ（課題）と経済力に適したサービスを用意する組み立てが必要となる。もし売値だけで賄える程度の価格が設定困難な状況であれば、売値で回収できない分の経費を補てんする手段を並行して用意するのが経営者の責務である。

コストを管理する

コストは、数量（物量、作業量）、単価、効率を掛け合わせたもの。仕事をすれば自ずとコストは発生する。したがって発生するコストと売値のバランスを取ることが経営の要点となる。一般的にコストは効率の程度で左右されることが多い。例えば、同じ業務で、Ａさん５時間、Ｂさん１０時間かかったとする。ＢさんはＡさんよりも仕事の効率が悪く、会社に対してＢさんはコストを発生させていることになる。一般的なビジネスではそのように評価し、Ｂさんへ仕事効率を高めるように指導するか、配置換えするかなどの措置を講じる。しかしコミュニティ・ビジネスではコストの管理は単純でないと考える。コスト構造を基本に置いた上でコスト管理をする必要がある。

フリースクールの経営において、不登校問題に悩む家族や当事者などの相談者一人ひとりの話を丁寧に聴くことが重要な場合、それによって生じるコストをどのように処理するか、経営者は考えなければならない。相談業務の工程を点検・評価して合理的な相談時間量を設ける、相

談員の効率を高めるなどの改善のほか、生じた（生じると予想される）コストを売値に反映させ吸収する、別の形で補い回収するなどのいくつかの方策を検討・準備する。このようにコミュニティ・ビジネスにおけるコスト管理は業務工程を改善しコスト発生を合理的に抑えることのほか、業務の特性上どうしても発生するコストを吸収または回収する方策を用意することも選択肢にある。

品質を定め、維持、改善、向上する

コミュニティ・ビジネスは経営者が社会的価値あるサービスやモノなどを提供していると如何に自負していても、それを利用するお客様の満足を充足させているかどうかがそもそものビジネスの基本となる。それを見る鍵が品質である。

品質とは、製品やサービスがもっている特性の集まりが、お客様の要求事項を満たす程度のこと。例えば、一泊3万円のホテルが提供するサービスは、その宿泊客が求めるサービス（室内の広さや清潔さ、調度品の程度、接客態度など）を満たしていることが品質となる。ちなみにグレードは等級のことで、同じホテルの3万円の部屋と1万円の部屋の違い、飛行機だとファーストクラス、ビジネスクラス、エコノミークラスの違いとなる。それぞれのグレードに要求されるサービスごとの品質がある。

これをコミュニティ・ビジネスに置き換えるとこうなる。コミュニティレストランの経営者は提供するランチを500円の価格設定（グレード）にするのなら、そのランチをどういうお客様に食べて貰いたいのか、求めるサービス（食事内容、配ぜんの仕方、食堂のテーブルの広さや高さなど）をよく研究し、500円で満足する品質（食事のほか食堂全体の雰囲気）を備えれば常連客が増えていく。その結果、無理のない利益構造を生み出すことが可能になる。

どういうお客様へ、どのようなグレードのサービスやモノを、どの程度の品質で提供するかを準備し、お客様の満足を高めて、リピーターをつくる経営が成長するコミュニティ・ビジネスの鍵である。

図表3　コミュニティ・ビジネスの商品ライフサイクル

	導入期	成長期	停滞期	衰退期
商品 A				●
商品 B			●	
商品 C		●		
商品 D		●		
商品 E	●			

商品のライフサイクルを知る

あなたが起業したての頃、設計したサービスやモノなどいわゆる商品は地域課題に即し人々のニーズを充足させる価値を持っていた。あなたが起業し数年が経つ中で、地域課題の解決につながる成果を得るとともに、人々のニーズが変化し結果的にその商品の価値が劣化する場合もあり得る。このように商品には、導入期→成長期→停滞期→衰退期のライフサイクルがあると言われている（図表3）。

あなたのコミュニティ・ビジネスが用意している商品のライフサイクルを知っておくのは経営上大切なことである。停滞期や衰退期の商品が多く、成長期の商品が少ないと、その事業は伸びないからだ。ただし停滞期や衰退期の商品があるのは悪いことではない。コミュニティ・ビジネスとして地域課題に向き合い人々のニーズを充足させてきたからこそ、その商品の役目が終わったという証である。大切なことは、コミュニティ・ビジネスの成果のおかげでマーケット（地域課題や人々のニーズ）が変化している状況を調べ分析し、そこからビジネスチャンスを見つけて次の商品を設計することである。

手持ちの商品のライフサイクルを点検し、マーケットニーズ×ビジネスチャンス＝ビジネスプラン（収益構造とビジネス規模）の流れをつくるのが経営者の仕事である。

3　資金調達

　経営者の大切な仕事に資金調達がある。資金調達は起業したコミュニティ・ビジネスの事業体が会社法人かNPO法人かにより状況が異なる。そのほか有限責任事業組合や合同会社で起業する場合もあるかもしれないが、ここでは一般的な法人形態で述べることにする。会社法人では、関係者に出資を募ることのほか銀行の融資、中小企業を対象とした国の公的融資や自治体の制度融資などいくつかの手段が用意されている（図表4）。一方、NPO法人の場合、寄付や会費のほか助成金があり、川崎市に関しては図表5に示すような制度がある。しかし融資に関して言えばNPO法人を対象にした銀行の融資実績は希少で、また法的には中小企業でないので制度融資の対象にならず、融資にかかる環境は厳しい状況にある。経済産業省ソーシャルビジネス研究会報告書（2008年3月）を参考にすれば、コミュニティ・ビジネスの事業体の多くがNPO法人であると推察される。そのことを踏まえると、資金調達の環境整備がコミュニティ・ビジネス成長の大事な課題であると考える。

　そうした中、最近になって着目されている資金調達の事例がある。「擬似募債」というやり方である。

　千葉県船橋市にある前原団地で50年あまり子育て支援活動をしているNPO法人まえはら子育てネットワークが自前の園舎建設を2004年

図表4　コミュニティ・ビジネスの資金調達（その1）

・川崎市中小企業融資制度
・日本政策金融公庫〔新規開業ローン、事業資金融資など〕
・商工中金〔創業・新事業進出支援（イノベーション21）、女性の社会進出・少子化対策支援など〕
・信用金庫、信用組合※法人のみ

図表5　コミュニティ・ビジネスの資金調達（その2）

・川崎市コミュニティ・ビジネス支援融資制度
・かわさき市民公益活動助成金制度
・各区の協働事業提案制度

に決めた。建設資金5,000万円が必要で、自己資金1,500万円の足りない分を「まえはらすくすく夢基金」で集めることにした。そこに擬似私募債のやり方を導入した。一口が30万円（5年債）と50万円（7年債）の私募債を発行したところ4,000万円を超える資金が集まった。債権を買ったのはこれまでNPO法人まえはら子育てネットワークの活動でお世話になってきた母親や家族たちだった。この擬似私募債は、少人数私募債が原型にある。少人数私募債は企業の資金調達（直接金融）の手法で、無担保で発行できる非公募社債の一種。発行額が1億円未満で、社債権者が特定少数の50人未満（縁故者、役員、取引先等）などの条件がある。いわば会社の信用を絆に社債を発行するやり方。少人数私募債が発行できるのは会社法人でNPO法人は発行できない。その代替が擬似私募債で、NPO法人と個人との貸し借りとなり、また人数制限がないなどの特色がある。先のNPO法人まえはら子育てネットワークは建設資金の大半をこの擬似私募債で調達した事例である。こうしたやり方は資金だけの話に留まらず、これを通じて地域の人たちがコミュニティ・ビジネスに関心を持って参加する副次的効果があり、いわばコミュニティ・ビジネスを応援するすそ野が広がることに結び付くと期待できる。

4 リスクマネジメント

　四方良しを目指すコミュニティ・ビジネスは、そのバランスを取りながらビジネスとしての価値を創出するたいへんやりがいのある仕事だが、一方で経営判断の要素が複合的になる分だけ経営リスクが高まるとも考える。先ほど述べたコストの問題は見方を変えればリスクである。地域の個別具体な課題に取り組む際に発生するコストは会社経営にもたらす経済的な損失だが、あらかじめリスクとして把握しておけば、リスクを軽減したり、回避したりする対策を用意できる。

　リスクはビジネスの遂行と価値創造に対して影響を与える不確実な出来事で、それによって発生する結果と影響度である。リスクは不確実性

図表6　リスク対応

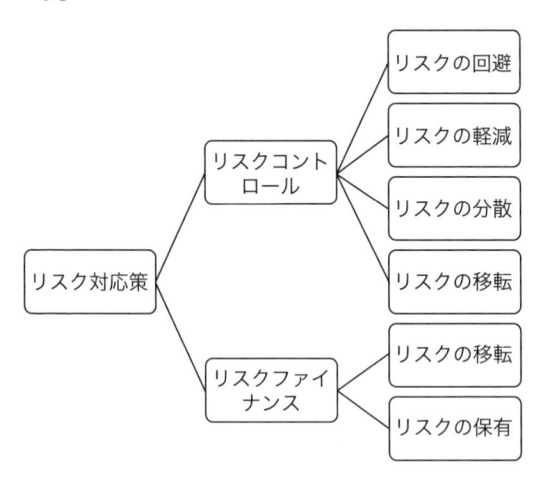

```
リスク対応策 ┬ リスクコントロール ┬ リスクの回避
           │                  ├ リスクの軽減
           │                  ├ リスクの分散
           │                  └ リスクの移転
           └ リスクファイナンス ┬ リスクの移転
                              └ リスクの保有
```

を伴っているが、「ある」ことを前提に、それが何であるかを可能な限り合理的に特定し、分析、評価して対応を準備する（図表6）。例えば冬季における自動車の運転に伴うリスクを見れば、スピードの出し過ぎ（直接危機）、道路の凍結（リスクを発生させる環境要因）の重なりがスリップによる事故を引き起こすと常識的に予測・判断できる。

　リスクは見方によって性格が分かれる。経費増減や従業員の増減などコミュニティ・ビジネスの経営者が統制し影響を及ぼすことのできる範疇のリスクもあれば、市場動向、技術革新の急激な変化、政策の変動など統制し影響を及ぼすことができないリスクもある。また会社に対して損害ばかりで利得の機会がないリスクの一方で、損害とともに利得の機会をもたらすリスクもある。経営者はどのような原因から、どういうリスクが発生し、その対策をどう講ずるかの視点を持ち感度を磨きあげることが大切である。

5　ビジネスモデルの点検と評価

　あなたのコミュニティ・ビジネスが成長するために、いまのビジネス

図表7　コミュニティ・ビジネスのビジネスモデル要素

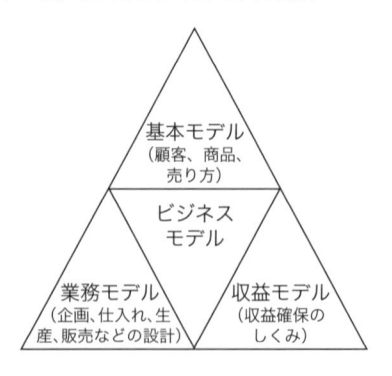

```
         基本モデル
        (顧客、商品、
         売り方)
       ビジネス
       モデル
    業務モデル      収益モデル
  (企画、仕入れ、生   (収益確保の
  産、販売などの設計)    しくみ)
```

モデルについて正しいやり方か（戦略）、売れる商品か（市場性）、組織に力があるか（実践力）などのいくつかの視点から点検・評価する（図表7）。健康診断や人間ドックのようなものだ。現状をよく知り、悪いところがないか点検し、もし悪いところが見つかればその対処を講じ、ビジネス成長の基本である黒字決済になるよう経営を変えていく。それを補完するやり方で、現状を分析し、次の経営戦略を考え成長シナリオを描く点検・評価の仕方がある。ここで紹介するのはSWOT分析。その名前は、Strength（強み）、Weakness（弱み）、Opportunity（機会）、Threat（脅威）の頭文字をとった名称である（図表8）。この分析方法は自社から見た「強み」「弱み」「機会」「脅威」を洗い出し考えるやり方で、そのために主観や感覚で判断するのでなく、客観的なデータが手元にあるのが大切となる。また一人で分析することよりも複数の人数でデータを読んで意見を出し合ってSWOTの中味を深めることの方が良い。

　さて、例題でSWOT分析をしたのが図表9である。あなたのコミュニティ・ビジネスを「有機野菜をたっぷり使ったおばんざい屋」とする。これまで順調に売り上げを伸ばしてきたが、類似サービスを提供するチェーン系列の店舗が近くに開店することが判った。経営者であるあなたは、その事態を受けて何らかの方策を講じようと考える。そこでSWOT分析を行って、店の状況を整理した。店の強みは、地元と他地

第8章 成長戦略をどう組み立てるか　113

図表8　SWOT分析の基本枠

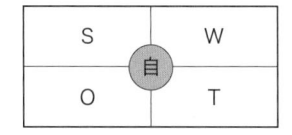

S	W
O	T

中央：自

Strength（強み）　自社の強み
Weakness（弱み）　自社の弱み・課題
Opportunity（機会）　外部環境にあるチャンス
Threat（脅威）　外部環境にある自社にとって都合の悪いこと

図表9　コミュニティ・ビジネスのSWOT分析（例）

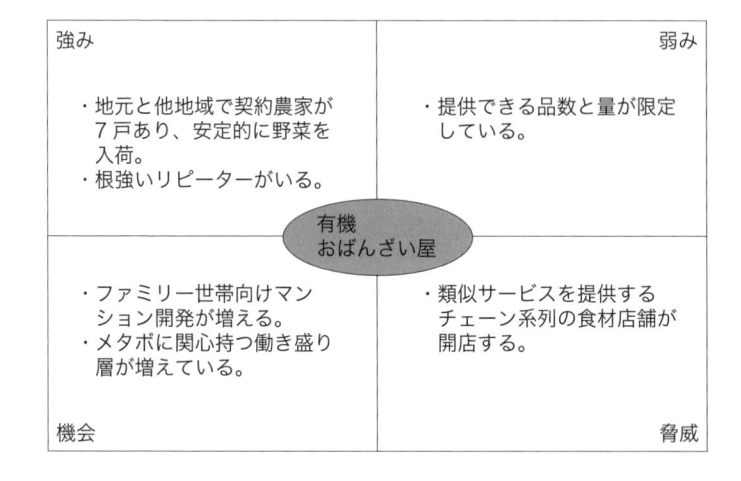

強み	弱み
・地元と他地域で契約農家が7戸あり、安定的に野菜を入荷。 ・根強いリピーターがいる。	・提供できる品数と量が限定している。
・ファミリー世帯向けマンション開発が増える。 ・メタボに関心持つ働き盛り層が増えている。	・類似サービスを提供するチェーン系列の食材店舗が開店する。
機会	脅威

中央：有機おばんざい屋

　域で契約農家が7戸あり、安定的に野菜を入荷していること、そして根強いリピーターがいること。一方、弱みは提供できる品数と量が限定していること。機会はファミリー世帯向けマンション開発が店の周辺で増えており、メタボに関心持つ働き盛り層が増えていること。そして脅威はチェーン系列店の進出。ここまでがSWOT分析で判明した。経営者はそこで終わってはいけない。分析結果を活用し、戦略を立案するのが仕事である。図表10は「強み」「弱み」「機会」「脅威」を組み合わせて戦略を検討する視点を示したもの。「強みを活かしてさらに優位に」「チャンスにのって」「強みを利用してダメージ対応」「逆転の発想で」

図表10　SWOT分析の応用による戦略検討の視点

	機会	脅威
有機おばんざい屋	ファミリー世帯向けマンション開発が増える。メタボに関心持つ働き盛り層が増えている。	類似サービスを提供するチェーン系列の食材店舗が開店する。
強み	強みを活かしてさらに優位に	強みを利用してダメージ対応
地元と他地域で契約農家が7戸あり、安定的に野菜を入荷。根強いリピーターがいる。	戦略検討	戦略検討
弱み	チャンスにのって	逆転の発想で
提供できる品数と量が限定している。	戦略検討	戦略検討

の4つの視点で戦略を考える。

現実の世界はもっと複雑な要因があって例題のような単純な話にならないが、自社を取り巻く状況を分析し、そこから4つの視点で戦略を考えるこのやり方は有用だと経験的に認識している。起業したコミュニティ・ビジネスに生じる壁を乗り越えて成長し、四方良しの理を実現していくことを期待する。

第9章
コミュニティ・ビジネスモデルの創り方
理論と現実の往復運動

大室悦賀

1 コミュニティ・ビジネスモデルとは何か

本章の構成

本章ではコミュニティ・ビジネスモデルの創り方について、既存の一般企業のビジネス・モデルを基本に解説する。本章は4つの節から構成している。第1にビジネス・モデルとは、第2にビジネス・モデルを構築する上で考慮すべき課題、第3に厳しい経営環境を乗り越えるためのツール、第4にコミュニティ・ビジネスのビジネス・モデル、である。最終的には、コミュニティ・ビジネスモデルを創れるように配慮した構成となっている。

ビジネス・モデル

国領 (2004) によれば、ビジネス・モデルとはビジネスの設計図で、「ビジネス・モデルとは、経済活動において (1) 誰にどんな価値を提供するか、(2) その価値をどのように提供するのか、(3) 提供するに当たって必要な経営資源をいかなる誘引のもとに集めるのか、(4) 提供した価値に対してどのような収益モデルで対価を得るのか、という4つの課題に対するビジネスの設計思想である」と定義される。

本書の関係で言えば、ビジネスを通じて社会的課題をどのように解決するのか、という全体像あるいは設計思想を明らかにすることである。コミュニティ・ビジネスの成功は、このビジネス・モデルがどのように社会的課題とかかわっているかをシンプルに明示できるかにかかっているといっても過言ではない。

コミュニティ・ビジネスにおけるビジネス・モデル

コミュニティ・ビジネスにおいてこの考え方を単純に適用することはできないが、この考え方を基本にコミュニティ・ビジネスに必要な要素を加えながらコミュニティ・ビジネスと一般企業のビジネス・モデルの違いを概観しておこう。

ビジネス・モデルを考える上では、上記の定義からわかる「価値」がキーワードになっている。コミュニティ・ビジネスもビジネスであるので、顧客に提供できる価値は通常のビジネスと同様に、(1) 顧客のコストを下げる、(2) 顧客にビジネスチャンスを与える、(3) 直接的な消費の対象として魅力的なものを届けることの3つが存在する。しかし、コミュニティ・ビジネスは社会的課題の解決という視点が重要になってくるので、社会的価値を提供することと、あわせて顧客に社会的課題を学習してもらうことも重要である。ここでの社会的価値とは、具体的に社会的課題（たとえば環境問題、少子高齢化問題、過疎化、商店街の衰退）を解決できる可能性をもつ商品やサービス、あるいはその仕組みということである。

ここで注意が必要な点は、コミュニティ・ビジネスの場合には、商品やサービスを提供する人とその対価を払ってくれる人が異なる場合があるということである。それは、だれにその価値を提供するのかという点で、場合によっては消費者と資金提供者の両者に価値あるサービスを提供しなければならないということもある。

また、社会的価値は、単一ではなく、複数できれば3つ以上もつようにビジネスモデルをつくることが大切である。その理由は、差別化と多様なニーズをもっているステイクホルダーを引きつけるためである。後者の意味は、1つの社会的価値に引きつけられるステイクホルダーが限られているので、それを複数もつことで多様なステイクホルダーをまきこむことができるからである。

次に経営資源の獲得には大きな課題がある。それは、経営資源が人、モノ、金、情報といわれるが、利益獲得を目的としないコミュニティ・ビジネスは潤沢な資金をもっていないため、経営資源を獲得する場合

に、経済的要素のみでは他の企業に太刀打ちできない。さらに、現在社会の経営資源獲得システムは、経済的要素のみで評価されるシステムになっているので、経済的要素以外の社会的要素を加味することが難しい。たとえば銀行の融資は、経済性のみを問われ、社会性を考慮されない。

また、社会的課題を根本的に解決するために、既存の制度（法制度、志向、習慣）を変革する必要があるが、このためには多くの人々の賛同が必要であり、多様な人々の知識が必要である。このような人々を参集させるシステムをビジネス・モデルに内在させる必要がある。

最後に収益モデル、つまりプロフィットセンターをどのように作るのか。詳しくは後述するが、社会性をもったプロフィットセンターを構築するという点で、一般企業のビジネス・モデルとは異なっている。

2　ビジネス・モデルを構築する上で考慮すべき課題

まずコミュニティ・ビジネスが直面する3つの制約を説明しておこう。その制約は一般企業と比較して社会的ミッションを実行する上でみられる制約である。

市場の制約性

市場の制約性は、市場規模が小さいことである。対象となる社会的課題がビジネスとして成立する市場規模を持っていれば、企業はもちろんのこと、行政においても十分対応できるが、社会的課題を抱えている人々は日本全体で見れば多くない。ゆえに社会的課題を中心とした市場は、市場として成立しにくいということである。たとえば、高齢者が65％以上の限界集落は、人口減少に伴ってスーパーが撤退したり、バスが廃業し移動手段がなくなったり、介護保険サービスも社会福祉協議会の独占状況といったことが起こっている。このような中でビジネスの活用は制限される場合が多い。また、コミュニティバスのような事例は、すでに行政が投資しそれでも立ち行かず廃業した場合も多く、単純

なビジネスでは継続しないこともある。

経営の自由度の制約性

経営の自由度の制約性は、社会的課題の解決という仕組みによるコストの増加と、利益配分できないことの制約性が存在する。先に述べたように社会的課題は市場を中心とした社会経済システムから発生しているので、企業と同じ経営をするではなく、社会的課題を噴出しないような経営スタイルが求められる。たとえば、フェアトレードのように、生産者が生活できるレベルで購入することが求められ、そのような場合には通常の仕入費用より原料費が高くなる。具体的には、大室（2009）によれば南米の日系人農家を支援する㈱ギアリンクス（岐阜県中津川市）では、大豆の価格を通常の1.5倍で購入している。これらの社会性と経済性の両立という側面が経営を難しくしている。

また、NPO法人は出資を受けられないなどの制度的な制約をもっており、この制度が経営の自由度を制約している。具体的にはNPO法人は建物の購入や大きな資金が必要な機械類を購入する場合には出資を集めることができず、融資や社債などといった手法を使うしかなくなる。しかし、融資も金融機関のNPOへの不理解を原因として、なかなか認められない。このようにNPO法人は、資金調達に苦労する場合がある。

多様なステイクホルダーの参加ツールの拡大と地域の変化

コミュニティ・ビジネスは効率性だけではなく、社会的課題を解決するため社会的ミッションを普及させる多様なステイクホルダーの参加の仕組みをもっていることが必要である。企業においてもCSRが叫ばれる中でステイクホルダーとの関係が重視されるようになってきているが、ステイクホルダーランドスケープ（風景画）をつくり、ステイクホルダーごとにかかわりの度合いを決めているので、多様なステイクホルダーをターゲットとした戦略はとっていない。しかし、社会的ミッションを普及し社会変革するためには多様なステイクホルダーを巻き込むツールが必要となっている。この参加のツールがコスト増加させる原

因となり、経営を難しくしている。

　もう一つ重要な視点は、地方自治体、自治会、地域などの既存のシステムを変化させなければならないことである。カリスマ経営者が存在する場合には良いが、一般の経営者の場合には出る杭は打たれ、なかなかビジネスを展開できない。その最大の理由は既存システムが構造化していて変化できないからである。ゆえに地方自治体などの変化も同時に必要となる。このようにステイクホルダーを巻き込み、さらに変化させるツールを内在する必要がある。

3　厳しい経営環境を乗り越えるためのツール

　ここからは上記の厳しい経営環境を乗り越え、コミュニティ・ビジネスを活発にするために必要な視点を明示しておこう。

派生的革新

　3つの制約を乗り越えるために、既存のシステムを利用することが必要である。それには3つの視点が存在する。第1には、日本あるいは海外ですでに存在するコミュニティ・ビジネスを模倣することである。例えば、㈲ビッグイシュー日本（大阪府大阪市）は、1991年にロンドンで創刊された「ビッグイシュー」のモデルを日本に導入したものであり、NPO法人北海道グリーンファンド（北海道札幌市）の「市民風車」は、デンマークなどで展開されている市民風車の協同組合をモデルとしている。また、㈱スワン（東京都中央区）が展開する障害者の就労を可能にする「スワンベーカリー」はチェーン店が全国に24店舗存在する。このように最も効果的なモデル構築には国内外ですでに成功しているモデルを活用することである。ただし、地域によって制度もステイクホルダーとの関係も異なるので、それにあわせて変化させることと、ステイクホルダーとの関係を1から作ることが必要であるので注意が必要である。

　第2には、既存の営利型ビジネス・モデルの活用である。国内外に

模倣するモデルが見つからない場合には、営利企業が展開しているビジネス・モデルを利用できる。たとえば、㈲ココファームワイナリー（栃木県足利市）はワインの製造販売というプロセスに知的障害者が働ける環境を作ったり、㈱フォーラム運営委員会（山形県米沢市）は人口減少する地域に質の高い文化を導入するために市民から出資を経て市民映画館を建設したりしている。これは、社会的課題の解決にビジネスを利用する理由ともなっており、このような発想は既に存在する様々なビジネス・モデルを活用できるので、従来の行政などによる非市場的な解決手法に比べ多様な解決手法を生み出すことができる。

　第3には、既に行政がおこなってきた事業を変化させることである。簡単には行政のモデルを効率性などの企業的経営の視点で変化させることである。たとえば、NPO法人フローレンス（東京都千代田区）は、行政にできなかった低コストで病児保育事業を展開する。行政の病児保育モデルがいつくるかわからない病児に建物と常時専門スタッフをスタンバイさせるという高コストなシステムであったのに対して、フローレンスは病児専用の保育所を持たず、病児の自宅あるいは病児をみる子どもレスキュー隊員の自宅で保育をおこなうことで解消する。さらに、システムを安定的に運用するために利用者全員で負担する共済制度を構築している。このように既に存在する行政モデルを改修する視点も必要である。

社会経済エコシステム

　厳しい環境を乗り越えるために、コミュニティ・ビジネス単独で社会的課題を解決しようとするのではなく、行政、企業、慈善型NPO、地域などが協力して1つの生態系を形成することで解決をはかる必要がある。これを社会経済エコシステムと呼ぶことができる。

　これらの主体はそれぞれ強みと弱みをもっており、これらが同一の目的に協力することによって相互補完あるいは相乗効果を生み出すことができる。これを整理したものが図表1である。

図表1　各アクターの強み・弱み

	強み	弱み
行政	税金などの資金・人材	画一性・非効率性・公平性
企業	ビジネスノウハウ・人材	小規模市場には対応できない
自治会	面のネットワーク	変化できない・間接的社会的課題への関与
NPO	社会的ミッション	資金に乏しい・人材難
CB	社会的価値と経済性	人材不足・小規模

　このようにそれぞれ強みと弱みをもっているが、既存のシステムにとらわれない関係性が保持できれば面としての生態系を形成することができる。このような相互補完的・相乗的な関係を構築することが求められる。

　これは社会的課題が複雑になればなるほど、その解決主体も複雑になっていかなければならない。一方でその複雑さが解決を困難にしていることはいうまでもなく、全体をコーディネートする企業家の存在が必要になってくる。

複合型プロフィットセンター

　プロフィットセンターは、集計された収益から費用を差し引いた利益を極大化することが目標となる。収入と費用の差額を大きくすること、つまり収入はできるだけ多く、費用はできるだけ少なくすることが目標となる。しかしながらコミュニティ・ビジネスの場合には、先に示した様々な制約によって簡単にプロフィットセンターが構築できるわけではない。

　そこでコミュニティ・ビジネスにおいては、小さなプロフィットセンターを複合的に組み合わせ、小さな収益の合算から持続的な組織運営を図ることが必要になってきている[1]。また、コストセンター（管理部門などのコストのみを発生させる部門）を最小化すると共に、コストセンターをプロフィットセンターに変換することによって複合的なミニプロフィットセンターモデルが構築できるようになる。たとえば組織が集め

た情報を統計的にまとめ、企業や行政などに販売することで、情報収集するコストセンターからプロフィットセンターに生まれ変わる。

また複数の事業を展開することはもちろんのこと、会費・寄付・補助金（助成金）・委託などの他の収入も組み合わせる必要がある。例えば、北海道グリーンファンドは市民風車事業の他に、グリーン電力証書の販売、環境配慮型商品を集めた通販カタログ『えこに』事業を展開しているとともに、補助金や会費などの資金も組み合わせている。

このように、コミュニティ・ビジネスの場合には、しっかりとしたプロフィットセンターを構築できればそれに越したことはないが、そうでない場合には複数のミニ・プロフィットセンターからなるビジネス・モデルの構築や資金ポートフォリオ（第8章を参照）を検討する必要がある。

4 コミュニティ・ビジネスのビジネス・モデル

ここまで、ビジネス・モデル、コミュニティ・ビジネスモデルで考慮すべき点、厳しい経営環境を乗り越える視点について述べてきた。ここからはこれらを踏まえて、コミュニティ・ビジネスモデルをどのように創っていくか、を概説する。

想いを整理しよう

最初にコミュニティ・ビジネスをやってみたいという想いを整理する。コミュニティ・ビジネスをやってみようと考えている人々は、熱い想いをもっている。しかし、この熱い想いがビジネス・モデルの構築に邪魔になる場合が多々ある。

この想いの整理がビジネス・モデルの構築のみならず、複合的なミニ・プロフィットセンターの構築、複合的な社会的価値の構築に大きく貢献するので、しっかり整理することが重要である。

①社会的課題にかかわろうとしたきっかけ

まず、コミュニティ・ビジネスをやってみようと考えたきっかけを整

理する。最初にコミュニティ・ビジネスをやってみようと考えたきっかけを徐々に過去にさかのぼりながら、できれば手書きで書きだしていこう。このとき注意すべきことは、文章にはせず、頭の引き出しにある出来事を１つ１つ書き出してイメージをもつことである。絵を描いても、単語を並べるだけでも、なるべく多くのことを頭の中から引っ張り出す。ここでは、妙な縁を感じるモノ、気になる人、体験、過去にこんなことをしたかったなどを書くようにすると比較的簡単に思い浮かぶ。

　ここでは整理しようとしないことが大切である。頭の中にあるものを書き出すというイメージでおこなっていくこと。そして、キーワードとなるような言葉を５つ以上見つけ出していくことも忘れずにやってみて欲しい。

②どのような地域や社会を実現しようとしているのか

　次に、コミュニティ・ビジネスによってどんな社会、地域を構築したいと考えているのか、イメージを膨らませることが重要である。このときには上記で書き出した想いやキーワードを大まかな視点、マクロ的な視点でまとめることである。具体的には出てきた言葉をカテゴリーに分類してみるとよい。そこから具体的な映像をつかんでいく。例えば、女性が生き生きと女性らしく暮らせる社会、失敗しても再度挑戦できる社会、安全で安心して暮らせる地域といった感じで考えよう。ここで重要な視点はあまり細かいところまで決めないことである。

　なぜこのような視点で考えるのかというと、ビジネスは思い通りに進まないことがあり、そのたびに修正しないで済むように大きな枠組みで考えることが必要である。また、具体的な行動や意思決定の方向性を間違わないためにも、なるべく具体的に記しておこう。

③気になる事例

　次に上記を実現するツールを考えよう。その第一歩が気になる事例を探すことである。上記の作業で方向性を見つけ、先行事例をあたっていく作業を実施する。このときのポイントは、気になる事例のプロフィットセンターがどのように作られているのか、アウトプットの商品やサービスにはどのような社会的価値が組み込まれているのか、どのような経

営資源、特に資金が使われているのか確認することである。先に述べたように複数の社会的価値を持っていることが重要で、それが差別化する視点ともなる。

たとえば、障害者施設がカフェやパン屋をやるケースが多々あるが、これは障害者が作って自立を促進するという社会的価値しか持っておらず、多々ある同業者との競争の中で差別化ができない。そこで、単に障害者が作るだけではなく、地産地消であるとか、耕作放棄地の解消といった他の社会的課題の解決に貢献する事例を探そう。ただし、自分の想いとのフィット感が重要であるので、①の作業をしっかりやることがこの複合的な社会的価値の創造にもかかわってくる。

ビジネス・モデルの創り方

このような3つの段階を経てビジネス・モデルの構築に取り掛かっていく。最初に説明した国領のビジネス・モデルの4つの視点から説明していこう。

①誰に

ビジネス・モデルは誰に商品やサービスを提供するのか決めなければならない。しかし、最初からターゲットを絞らないことが重要である。この理由は絞りすぎると複合的な社会的価値をもったモデルが創りにくくなったり、サービスや商品を提供する人から料金や使用料をとれなかったりする場合があるからである。

ここでは、どのような人に対して商品やサービスを提供すれば最も効果的に社会的ミッションを達成できるのかを考えることと、誰からその対価を得ればよいのか考える。たとえば、日本で初めて独居老人向け緊急通報バッジを展開した㈱安全センター（東京都大田区）では、当初独居老人に直接販売しようとしたが「もしものときのこと」を考えてサービスを購入するという視点でプロモーションしたので、あまり評判がよくなかった。その後、都会に住む子どもや地方自治体にターゲットを絞り販売するようになって成功している（谷本、2006）。このようにサービス提供者と資金提供者が相違するビジネス・モデルも構築可能である

ので、その視点を選択肢の中に残すことが必要である。

②どんな価値をどのように提供するか

コミュニティ・ビジネスの場合には社会的価値を提供しなければならない。ただし、先に触れた消費者に対するコスト、ビジネスチャンス、ニーズという3つの視点は同時に対応しなければならない。

社会的価値は、伝えることが難しい価値でもある。それはその商品がどのような社会的価値であるかを伝えようとすれば、前者の3つの用件を満たさなくなってしまう。それは社会的意義を理解してもらおうとすればするほど説明が多くなってしまうからである。そのような説明に頼ると、商品やサービスの質がさがってしまう。その理由は、コミュニティ・ビジネスの商品やサービスといっても、社会的価値に関係なく単純な市場の商品やサービスとして消費されなければ、ビジネスにならないからである。

社会的価値を伝える場合には、ストーリーマーケティングが有効である。ストーリーマーケティングとは、商品に「モノ」としての価値に加え、「世界観」や「物語性」といった情緒的な付加価値を添加するマーケティング手法である。つまり、社会的価値を生み出すストリートやその背景を伝える手法である。そして、この物語が世界と個人を結びつける役割を持っている[2]。福田（1990）によれば、ストーリーマーケティングは、従来のマーケティングと5つの点で異なっている。第1に点ではなく時間の流れを重視する、第2に生理的・経済的な欲求よりも文化的欲望を重視する、第3に個々の消費よりも、消費者の集合体を重視する、第4に意識よりも無意識を重視する、第5に分析と表現の一貫性を重視する。

ここで考えなければならない視点は、一回のかかわりで社会的価値を理解してもらうのではなく、複数回のかかわりで理解してもらう方法をとることが必要であり、そのような視点からもストーリーマーケティングを活用できる。その理由は、一回のかかわりで理解してもらおうとすると誇大広告になりかねないことと、継続的なかかわりがあって行動が変化する（大室他、2011）からである。

結果として、継続的にかかわってもらえるような商品やサービスを提供することに主眼を置くことが求められる。そして、商品やサービスの質からこれまで社会的課題にかかわってこなかった人々を引き付けることも重要である。

③どんな経営資源を組み合わせるのか

コミュニティ・ビジネスモデルの経営資源を考えるうえで重要となるのが、組織形態の選択と組織の組み合わせ（組織ポートフォリオ）である。組織形態の選択は、NPO法人、株式会社、社団法人、社会福祉法人、学校法人、LLPなどが考えられ、社会的ミッションをもっとも効率的に達成できる組織形態を選択することが重要である。

例えば、行政とのかかわりから経営資源（補助金や委託など）を獲得したい場合にはNPO法人の方が優位、融資や出資といった市場システムおよび企業から経営資源を獲得したい場合には株式会社の方が優位、その他制度的な補助金を使う場合には社会福祉法人が優位な状況にある。

また、われわれは法人形態に対して意味づけをし、かかわりを決めるので、選択に当たってはそのような視点も視野に入れる。たとえば、NPO法人に対しては、非営利だから信頼がおけると考える人もいれば、何をやっているかわからないので怪しい、営利を目的としないので非効率といったことがある。一方で、株式会社であれば、これまでも関係があるので信頼ができる、配当をあげようとするので効率的に経営しようとする、一方利益のみを追求するので信頼できないといった具合である。また、NPO法人よりも社団法人の方が企業人にとっては馴染みやすい。このように、組織形態によって経営資源の収集コストが異なってくるので、組織選択が重要な要素になっている。

また、組織形態を単独で考える必要はない。複数の組織形態を組み合わせることで、それぞれの組織形態とかかわる経営資源をうまく組み合わせるようにすることができる。例えば、(有)ビッグイシュー日本では雑誌の販売事業を担い、NPO法人ビッグイシュー基金では会費や寄付あるいはボランティアの支援を受けて、福利厚生や教育などを行っている。

一方で、コミュニティ・ビジネスは、十分な利益を上げることができ

ないために、従業員や取引先に対する十分な給与や対価を支払えない場合がある。このような場合にも組織あるいは商品・サービスのもつ社会的価値というものを利用し、社会的な報酬（たとえば満足感など）を提供し、インセンティブを高めることが重要である。このように経営資源を獲得する場合にも社会的価値が重要な要素となっている。

④収益モデル

ここがもっとも重要な部分である。先に述べたようにコミュニティ・ビジネスモデルには様々な制約が存在するので小さなプロフィットセンターを複合的に組み合わせ、最終的に社会的ミッションを達成できるような持続的なモデルとするほうが成功の確率が高くなる。ただし、大きな利益を上げるプロフィットセンターを否定するものではない。

また、プロフィットセンターは直接的に社会的課題とかかわることを必須としない。例えば、NPO法人安心院いやしの里（大分県宇佐市）は、地域のおいしい水に着目しその水を販売する㈱あじみーのを設立し、その収益金をNPO法人に提供している。そのほかにも駐車場の収益金でNPOを運営している場合もある。この場合にはプロフィットセンターと社会的課題の関係あるいはお金の流れを明示することが重要になってくる。

一方で、複合的なミニ・プロフィットセンターを作る場合にも、一挙に作るのではなく、歯車のように徐々に増やしていくことが理想である。例えばNPO法人北海道グリーンファンドは2001年から市民の出資によって建設される「市民風車」を建設し、風力発電事業の事業主体となっている。当初は風車を建設することのみであったが、そこからグリーン電力証書（風力発電など環境にやさしいエネルギーで発電した自然エネルギーの確かな「環境価値」を証明書として証書化し、誰でも購入できる仕組み）を販売したり、カーボンオフセット（CO_2の相殺＝排出したCO_2を自然エネルギーなどのCO_2を排出しないものと相殺すること）を販売するようになっている。このように1つの中核となるビジネス・モデルをつくり、その事業を中心に歯車のように増やしていくことが重要である。

チェックしてみよう

　最後に以下の3つの項目についてコミュニティ・ビジネスモデルをチェックしてみよう。それは1）ステイクホルダーの参加の多様なツールが備わっているか、2）社会的ミッションを表現したビジネス・モデルになっているか、3）社会的価値の連鎖の可能性があるか、である。

　1）は、社会的課題に貢献したり、社会的ミッションを学習するために様々な参加のしくみが組み込まれているかどうかというものである。これは商品やサービスの購入あるいは出資といった市場のツールのみならず、イベントへの参加、ボランティア・寄付といった非市場のツールも備わっていることが必要である。

　また先にエコシステムとして説明したように、行政、企業、NPO、自治会などの多様な組織との協働で社会的課題を解決するようなオープンな参加システムが整っているかということである。

　2）は、社会的価値が表現された商品やサービス、あるいは仕組みかどうかで、コミュニティ・ビジネスモデルに社会的価値がストーリーとして表現され、しかも複数の社会的価値が表現されているかどうかである。ただし、ここで注意が必要な点は、ビジネスである以上経済的価値（使いやすさ、コストなど）が優先される必要があり、社会的価値は、さりげなく説明する程度でよい。たとえば、(株)フェリシモは、障害者施設とのコラボレーション商品を販売しているが、経済的価値が全面に出ており、よく見ると障害者がつくった商品だとわかる程度である。

　3）は、社会的価値が連鎖しているかどうかで、ビジネス・モデルなどがオープンになっているかどうかということである。近年イノベーションはクローズドイノベーションからオープンイノベーションに変化している。その理由はオープン化することによってその事業が普及しイノベーションを創発したビジネスのクオリティをあげることにもなるからである。同様に社会的課題の根本解決のためには1つの組織だけがビジネスを立ち上げればよいわけではなく、多数の参加者が必要となるので、このような視点が重要となる。ここではビジネス・モデルが社会的価値の連鎖が作られるように、様々な仕組みをオープンにしているか

どうかということを確認する必要がある。ただし、オープンといっても企業秘密となる部分まで公開する必要はない。

5 結語：地域の変容と創発性

コミュニティ・ビジネスモデルは優れた、カリスマ的、そしてヒーロー的な企業家だから生まれるだけではなく、一般の志があれば創業できるようにしなければならない。そのためには先に述べたように地域も同時に変容しなければならない。つまりコミュニティ・ビジネスの創出には、社会経済のエコシステムを構築することがもっとも重要な視点となる。さらにこのエコシステムは、1つのコミュニティ・ビジネスが歯車となって、次から次へとコミュニティ・ビジネスを誕生させたり、そのコミュニティ・ビジネスの誕生に呼応し地域そのものも創発的な発想を重視する自立した地域になることが重要である。

近年大きな政府から小さな政府への転換が求められているが、小さな政府にするだけでは地域社会に必要な商品やサービスがなくなって疲弊してしまう。そこで、小さな政府と同時に大きな社会を構築することが求められている（図表2）。この大きな社会の担い手こそがコミュニティ・ビジネスであり、大きな社会の設計図がコミュニティ・ビジネスモデルに集約されていなければならない。

図表2　大きな社会へ

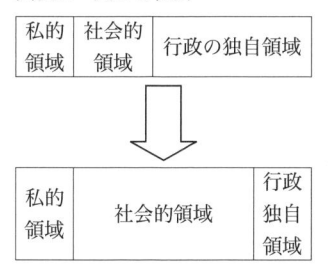

私的領域	社会的領域	行政の独自領域

⬇

私的領域	社会的領域	行政独自領域

注

1) 近年では京セラ式アメーバ経営（小集団部門別採算制度）をミニ・プロフィットセンターと位置づけ、小規模な集団で損益管理を実行する組織構造が議論されている（三谷、2003）。しかしこれは既存のビジネスをどのように分割し、コストセンターをプロフィットセンターにどのように変換するかに焦点を当てているので直接的にはなじまないが、ミニ・プロフィットセンターという視点は参考になる。
2) 詳しくは福田（1990）を参照。

参考文献

福田敏彦（1990）『物語マーケティング』竹内書店新社

Inaba, Y. (2009), *Japan's New Local Industry Creation: Joint Entrepreneurship, Inter-organizational Collaboration, and Regional Regeneration*, Alternatives Views Publishing.

国領二郎（2004）『オープンソリューション社会の構築』日本経済新聞社

三谷裕（2003）『アメーバ経営論：ミニ・プロフィットセンターのメカニズムと導入』東洋経済新報社

大室悦賀＋大阪NPOセンター（2011）『ソーシャル・ビジネス―地域活性化の視点』中央経済社

大室悦賀（2009）「行政の限界と市民企業」京都産業大学ソーシャル・マネジメント研究会編『ケースに学ぶソーシャル・マネジメント』文眞堂

大室悦賀（2006）「ソーシャル・イノベーションが変える社会」谷本寛治編著『ソーシャル・エンタープライズ――社会的企業の台頭』中央経済社

谷本寛治編著（2006）『ソーシャル・エンタープライズ：社会的企業の台頭』中央経済社

第 10 章
人材マネジメントをどうするか
NPO を中心として

廣石忠司

はじめに

コミュニティ・ビジネスとは何か。定義として確たるものはなく、本書でも論者によって使い方はまちまちであろう。筆者として、この本稿では「当該地域の独自の問題を解決するために住民自らが組織した団体」としておこう。従って形態としては会社として設立することもあろうし、NPO 法人として法人格を有するもの、「権利能力なき社団」としての団体等、様々なものが想定される。

しかしながら、形態は違えども、その中のマネジメントとしては良く似かよっている。特に人材に関してはいわゆる営利企業と異なった共通点が多い。本稿ではその共通点を示し、コミュニティ・ビジネスの特殊性を考える一つの素材を提供したい。

1 組織には必ず目的がある

バーナードは組織の特徴として、相互にコミュニケーションがあること、協働を行うこと、そして共通の目的があることを示した。単なる人間の集団では烏合の衆にすぎない。意思疎通があり、共通の目的のために共に働く（行動する）ことがあってはじめて組織という。

さて、営利企業ではこの「目的」は何であろうか。創業者が確立した「経営理念」があれば、その達成ということが目的となるであろうし、雇用など社会的責任が生じた企業においては「生き続けること」自体が目的ということになろう。ただし両者ともその目的達成のためには適正

な利潤を上げ続ける必要がある。こうした点からは営利企業の目的の第一歩としては利潤である、といっても差し支えない面がある。

しかしコミュニティ・ビジネスではそう単純にはいかない。多くのコミュニティ・ビジネスでは理念が先行するからである。共通の目的の下に集まった者はまず役割の分担を行う。組織の基本は分業だからである。その後の行動が問題となる。2つのケースをみてみよう。

2　ケース1

NPO法人Aでは理事長甲野氏（大企業OB）のもとで「明るい社会はやさしい介護から」を基本方針として介護サービスを行っていたが、給料を出す余裕はなかったため、事務担当職員にはほとんど最低賃金ぎりぎりしか払うことはできなかった。これに心を痛めた甲野氏は事務担当の乙山氏に利用客を増やすよう、営業活動を行うことを求めた。乙山氏はある商社を定年後A法人に入職したが、それまでは営業担当として長いキャリアを持っていた。

乙山氏は奮起してエリア内の家庭を一軒一軒訪問し、介護ニーズの有無などを調査し始めた。当初は甲野氏もよくやってくれると思っていたが、そのうち、乙山氏に対する苦情の電話がかかり始めた。内容はほぼ同一で「何度断っても訪問してサービスを勧誘しにくる」というものであった。乙山氏にそのことを甲野氏が注意すると「営業は断られてからが勝負なのです。1、2回足を運んで断られたからといってあきらめていては、商売は成り立ちません」との答えであった。

これに対して甲野氏は「うちのA法人は『やさしい介護』をモットーとしているんだ。強引な営業はそれと反するのだが」と反論すると、「だから甲野さんたちは甘いんですよ。利益をあげないとこのNPOも先行きわかりませんよ。つぶれちゃったら、A法人も何もあったものじゃありません。つぶれないことが先決なんです」と言われた。たしかに一理あるのでその場は甲野氏も「行き過ぎないでやってくださいよ」と述べて面談を終わらせた。

ところが乙山氏は自分の正当性を立証するためか、以前にもまして積極的な活動を行い、地域住民からは「またＡ法人がやってきた」と悪評が立つようになってしまった。ここにいたって、甲野氏は理事会のメンバーに意見を求めた。

甲野氏「もう乙山さんにはこのＡ法人を辞めてもらおうと思うのですが、皆さんのご意見はどうでしょうか」

丙川氏「私は企業で人事を長くやってきましたからわかるのですが、人を辞めさせるのは大変です。法律や裁判例で『正当な事由』が必要とされているからです。自分から退職を申し出れば別ですが、法律的には『解雇』にあたりますからね」

甲野氏「乙山さんは裁判に訴えるでしょうか」

丙川氏「今のところ何とも言えませんが、可能性はあるでしょうね。勝つにしても負けるにしても裁判となれば証拠集めや弁護士さんとの打合せなど精神的な負担は大きいですよ」

　あなたが甲野さんの立場だとすればどのような意思決定をするだろうか。

〈ケース１の分析〉

　まず、乙山さんは乙山さんなりの「善意」で「一生懸命」行動していることはふまえておこう。乙山さんは決してＡ法人に敵意を持っているわけではない。ただしＡ法人の理念とははずれた行動をしているのである。程度問題であるが一般企業であれば懲戒処分の対象となるか、配置転換として対処することになろう。

　こうした場合にはコミュニティ・ビジネスでは一般企業と異なった取り扱いを考えても良いと思われる。コミュニティ・ビジネスは地域から支持されねば存在意義が失われるからである。その存立に係わるような行動を行うスタッフは排除されても仕方がない面もある。この点に関する裁判例は寡聞にして聞かないが、一般企業と異なった基準が適用される可能性がある。もっとも、基準はともかくとしてその手続きは逆に慎重に吟味されねばならない。指揮命令という機能で結合している組織で

はなく、共通の「目標」で結合しているいわば「同志」の関係だからである。本来ならば「除名」であって「解雇」ではないのだろうが、コミュニティ・ビジネスでは事務局を担当する人とは労働契約関係にならざるをえない。政党の「党員」と政党内で事務などを担当する「党職員」との関係に似ているといえばわかりやすいだろう。

　乙山さんの場合は一方的に理事会決定で解雇を決めて良いだろうか。筆者の感覚ではやはりもう一度理事長以外のメンバー複数と乙山さんとで、A法人の理念の再確認を行うべきだと考える。その結果意見が決裂したり、一応合意をみても乙山さんの行動が変わらなかったりした場合には、A法人の全員総会を招集し、そこで解雇の決定をすべきではなかろうか。ただし、「全員総会」で解雇提案が否決されたらどうなるか。理事会総辞任、結果としてA法人の活動の事実的中止となるかもしれない。「理念中心の組織」といえば格好は良いが、その基盤は極めて軟弱なものなのである。

3　ケース2

　NPOであるB法人の丁山理事長（65歳）は悩んでいた。丁山さんが10年前、企業を早期退職して地域の仲間と立ち上げたB法人は、「地域のために」を合い言葉とし、実際に駅前の自転車整理、公園の管理委託など自治体と協力して地域に根ざしつつあった。創立当初の仲間は70歳を超え、第一線を退いており、若手のボランティアが活動の主力となっていた。

　ところが丁山さんがある日人間ドックに入ったところ、様々な点を医師から指摘され、「お仕事は辞めて療養に専念なさった方がいいですね」とアドバイスされた。丁山さんは思い当たる節もあり、B法人の理事長職を後継者に譲ることを考えた。後継者の要件を書き出してみたが、あれもでき、これもでき、などと列挙すると何でもできる「スーパーマン」になってしまった。これでは該当者がいないと、丁山さんは「十分条件」ではなく「必要条件」に絞って再考することとした。

あなたは丁山さんです。後継者のポイントをどこにおき、いつごろバトンタッチしますか。

〈ケース2の分析〉
　これもケース1と同様、理念の共有と継承がポイントとなろう。まずは同じ理念をもつ「仲間」であることが必須条件である。その後は周囲をひきつける人間的魅力・リーダーシップなど多くの要素があればそれに越したことはない。
　問題は時期である。該当者がいて、ただちにバトンタッチできる状況であれば問題は少ない。しかしなかなか要件を満たす人材は存在しないのが通常である。理念は共有できていても、自分が理事長になるという自覚はないことも多いし、ボランティアだとなおさらである。
　一般企業であれば経営者候補者への教育はOJTをはじめとして階層別教育などそれぞれに工夫がされている。昨今では通常の階層別教育以外に、20歳代後半から30歳代前半期に選抜を行い、海外の大学院留学、関係会社への出向による経営経験など「実際に経営の現場を体験させる」ことがよく見受けられる。「修羅場」を体験させるということであろう。それによって金井のいう「一皮むける体験」（金井、2002）ができるのである。
　ただし、NPOの場合はこれほど悠長なことはできない。何十年も継続することが予想できるNPOならいざしらず、必要があればすぐにバトンタッチせねばならないのである。万全な教育をなし、引き継ぎ体制を構築することは困難である。偉大な創業者の後を受け継ぐ経営者のようなものである。
　そこでNPOでは理念を共有できる人材をもとめることが一番重要なポイントであり、それ以外のリーダーシップなどはある程度目をつぶらざるを得ない面がある。もっとも、こうしたリーダーとして足りない部分については、適切なサポート役が存在することが望ましい。ひとりにリーダー役を任せるのではなく、グループによる集団指導体制（リーダーとしての役割分担）を行わせるのである。

このケース2では、やはり理念を共有できる人物を中核とし、足りない部分を他のメンバーで補うという方法（集団指導体制）が一番無難であろう。時期としても本人らの自覚を促し、またメンバーの認知を定着させるためには数年をかける必要がある。NPOといえども後継者の育成には時間がかかるのである。

4　一般メンバーの育成

NPO等のコミュニティ・ビジネスで働きたい、あるいはボランティアを行いたい、といって加入してくる新メンバーや新規採用を行った際、どのようにマネジメントをしていくかは企業と同様、大きな問題である。研修担当者を専任で置く余裕はないだろうし、基本は既存のメンバーがOJTを行うしかないであろう。

その際、新人教育担当者の共通認識としては、理念の再確認と、ことあるごとにその理念を新人に伝えていくことがポイントである。何のためにそのNPOがあるのか、他のNPOとはどこが違うのか、自分たちの活動にどれだけの意味があり、地域から支持があるのか、こういったことを自分たちも振り返りつつ、新人に教育していくのである。一番の教育は逆説的であるが、他人に教えることである。

そして新人としては理念に共感すればそのNPOで引き続き活動していくだろうし、理念と自分の考え方があわなければ去って行くであろう。良くも悪くも「出入り自由」なのがボランティアであり、NPOの本質なのである。

とはいえ、職員としてNPOのマネジメントに携わる人材の場合は別に考えねばならない。良い人材は引き留め、そうでない人材は去ってもらうのは一般の企業と同様である。問題は引き留め策である。NPOでは高給を支払うことは難しい。かといってNPOからの給与を考えなくて良い定年退職者達だけでマネジメントをするのは「ケース2」のような後継者問題や新しい発想の導入といった面から問題も大きい。

理念で人材を引きつけることができるか、そしてそれがマズローの

いう「自己実現」（Maslow、1943）につながるかが大きなポイントになろう。それとともに、NPOとしても、給与は低くて当たり前である、という感覚があるとしたらそれは修正すべきである。マネジメントに携わる専任の事務局員が必要な規模になってきたら、適正な額の収入を得るべく努めねばならないし、同時に専任職員に適正な賃金を支払わねばならない。

5 最後に――「規模が大きくなること」は必要か

　一般企業は成長を目標とすることも多い。規模の大きい企業の方が安定し、さらに高給を支給することができるからである。しかしNPOやコミュニティ・ビジネスではどうであろうか。規模が大きくなること自体を目標にしてよいのか。それとも理念の実現の方が先決なのではないか。

　いわゆる老舗企業ではあえて規模を大きくしないことを選択したところも多い。京都の漬け物屋や東京の刃物屋の中では規模の拡大を追わず、本業一筋の企業がある。NPOでも同じである。もし有能な人材が豊富に集まり、しかも規模を拡大してもよいような新規事業開発の余地があれば、規模の拡大も考えてしかるべきであろう。しかし、このような外部環境や内部の経営資源が存在しないところではあえて適正規模に抑えることも選択肢の一つである。

　またケース2のような場合に、適当な後継者がいなければ、一代でそのNPOを解散することも考えられるであろう。無理をする必要はない。自ら、あるいは創業者グループの思いが継承されなければNPOは形骸化するだけであることをここで再度強調しておきたい。

参考文献

金井壽宏（2002）『仕事で「一皮むける」』光文社新書
田尾雅夫・吉田忠彦（2009）『非営利組織論』有斐閣

廣石忠司 (2009)『ゼミナール人事労務』(補訂版) 八千代出版

Maslow, A. H. (1943) "A theory of human motivation", *Psychological Review*, Vol. 50, pp. 370-396.

第11章
ソーシャル・ビジネスとベンチャー企業

加藤茂夫

1 BOP（ボトム・オブ・ザ・ピラミッド）

「世界中の最も貧しい人々に対して、我々は何をしているのだろうか？ 優れた技術や、経営のノウハウ、投資する力を持ちながら、世界中に広がる貧困や公民権剥奪の問題に少しも貢献できないのはなぜなのか？ あらゆる人々に恩恵をもたらす包括的な資本主義をなぜ作り出せないのか？」[1]

C. K. プラハラードは、1日2ドル未満で生活をしている地球上の40億人のために何ができるのだろうかという。その解決策は、BOP (The Bottom/Base Of The Pyramid) の貧困層を「個人として尊重」し、「無限の能力・可能性」を持ち「自分の人生を自ら切り開く」ことができる存在として認識することから始まるという。大企業、ベンチャー企業（後述）、NPO (Non Profit Organization 非営利組織)、NGO (Non Governmental Organization 非政府組織)、ODA (Official Development Assistance 政府開発援助)、政府機関等と共にピラミッドの底辺にいる人々は消費者であり生産者であり生活者である。また、その人々は問題解決に欠かせない重要なプレイヤーであり、イノベーティブな存在として役割を担う必要があるという[2]。貧困層からの脱出はまさに多くの組織の共創精神（spirit of co-creation）の結果であり、その中心のミッションは貧困層の自立である。ピラミッドがダイヤモンドに変化し、ボリュームゾーンが拡大することによって企業、社会（人類を含む）、地球環境の WIN,WIN,WIN の 3WIN が実現するのである。収益を上げつつ貧困問題を解決する、逆に言うと、社会問題を解決する

図表1　ピラミッドからダイヤモンドへ
BOP40億人のうちアジアが28.6億人　市場規模は3兆4700億ドル

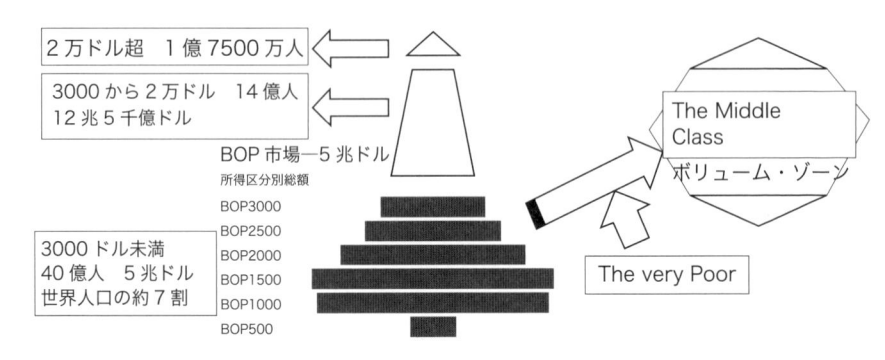

2万ドル超　1億7500万人

3000から2万ドル　14億人
12兆5千億ドル

BOP市場—5兆ドル
所得区分別総額

BOP3000
BOP2500
BOP2000
BOP1500
BOP1000
BOP500

The Middle Class
ボリューム・ゾーン

The very Poor

3000ドル未満
40億人　5兆ドル
世界人口の約7割

出典：The Next 4Billion, 世界資源研究所、国際金融公社、2007より筆者作成

ために利益を上げるというビジネスモデルである。それがソーシャル・ビジネスなのだ（図表1）。

　マイクロソフトの創設者であるビル・ゲイツは上記した体制を実践するために「創造的資本主義（creative capitalism）」を提唱している。人間は「自己の利益の追求」と「他人を思いやる心（利他心）」をもっており、それらに働きかけるシステムとして一つは収益を上げるインセンティブ（従来型）、もう一つは今日の市場原理から十分な恩恵を受けられない人々の生活を良くするというミッション。それは収益に直結しないが「社会的評価」を得ることになり、そこには素晴らしい人材が集結する可能性を秘めている。収益と社会的評価を包含したシステムを構築し、市場原理の及ぶ範囲を拡大することである、という[3]。多くの人々の意識を変え、それを実践する必要性については、グラミン銀行創設者のムハマド・ユヌスは、リーマンショックが利益の最大化を求め、強欲に稼ごうとし、資本主義がギャンブルのようにカジノ化した砂上の楼閣であったという。実質経済からかけ離れた、なれの果てであると酷評している。資本主義は収益をあげるという半分とソーシャル・ビジネ

スという貧困層の自立と人類の幸せに寄与するという半分の統合したシステムとしてオペレーションすべきであると提言している[4]。

以上のことは最近言われているトリプルボトムライン（Triple Bottom Line）につながる考え方であろう。それには3側面がある。①経済（売上高、損益等の収支）、②環境（大気、水、土壌等の汚染に対する収支）、③社会（貧困、雇用、コンプライアンス等の収支）を総合的にコンパウンドした評価基準策定と経営者、株主、多くの人びとの意識革新の必要性である。

このようなBOPに働きかける存在としてソーシャル・ビジネス、ベンチャー企業が重要な使命を担うこととなる。

2　ソーシャル・ビジネス

ソーシャル・ビジネスで一躍有名となったのがグラミン銀行創設者ムハマド・ユヌス（Muhammad Yunus）である。ユヌスは1940年バングラデシュ、チッタゴンで生まれる。チッタゴン大学を卒業し、米国ヴァンダービルト大学で経済学博士号取得、1972年帰国、チッタゴン大学で経済学を教える。経済学部長となる。

グラミン銀行のきっかけは1974年に高利貸しから27ドルを借りた42名が返済に苦しみ、いつまでも借金に追われ、自立できないで苦しんでいる現実を目の当たりにしたことからだ。そして高利貸しに借りた27ドルを返済することに始まる。借金に追いまくられ暮らしていた人々に大いに喜ばれた。1976年ジョブラ村でグラミン銀行（グラミンとはベンガル語で田舎のとか村のという意味）プロジェクトを立ち上げる。

貧乏人は信用できない、という社会風潮の中でまた、農村の女性に対してマイクロクレジットという新しいビジネスモデルを考案する。小口融資をして生活の向上とベンチャー企業を立ち上げて自立を図ってもらうために1983年グラミン銀行が独立銀行となる、担保いらずで5人一組になって連帯責任を負う。1週間に1回少額の返済をする。2009

年銀行は70億ドルを760万人に貸付、従業員2万8千人、借り手の97％は女性で返済率は99.5％である。2006年グラミン銀行とともにノーベル平和賞を受賞する[5]。

農村女性の成功の一例をあげると、26年前に2000タカ（約3000円）で牛1頭を購入し、ミルクを販売、その後も融資を受け牛を飼い5人の子供を大学までやり、家まで購入できるようになった。また、田畑を購入するまでになった。マイクロクレジットによって60％の人々が5年で貧困から抜け出せた、という。マイクロクレジットの理念は貧しい人も「無限の能力・可能性」を持っており「自分の人生を自ら切り開く」ことができるというものである。まさにベンチャースピリット（後述）で高い目標に挑戦する姿が見てとれる[6]。

グラミン銀行ではバングラデシュの農民のレベルを引き上げ自分たちで自分や家族の運命を決められる一流の市民になってもらいたいとの願いから次のような取り決めをしたという[7]。①家族は雨をしのげる屋根のある家を持たねばならない、②衛生的トイレ、③清潔な飲み水、④週に300タカ（約10ドル）返済できるようにする、⑤就学年齢に達した子供は全て学校に通う、⑥家族全員が毎日3回の食事をしなければならない⑦定期的健康診断を行わなければならない、である。これらの条件は我が国の現状を鑑みると驚くばかりであるが日本の戦後の状況（1945年）も同じだったかもしれない。

ソーシャル・ビジネスとはなにか

ユヌスはソーシャル・ビジネスを「企業の目的が投資家のための利益最大化を追求するのではなく、社会問題を解決するために利益を上げるというビジネスモデルであり、通常利益追求型ビジネスと同じように運営され、利益を上げ続けなければならないが、株主に対する配当はない。投資家は株式譲渡などを通じて投資資金を回収できるが利益は社内留保され、製品品質、サービス、事業効率の向上に配分された上で、事業拡大のために使用される」と述べている。

社会的課題をミッションとしてもつ新たなソーシャル・ビジネスを担

図表2 ソーシャル・ビジネス（社会的企業）の形態

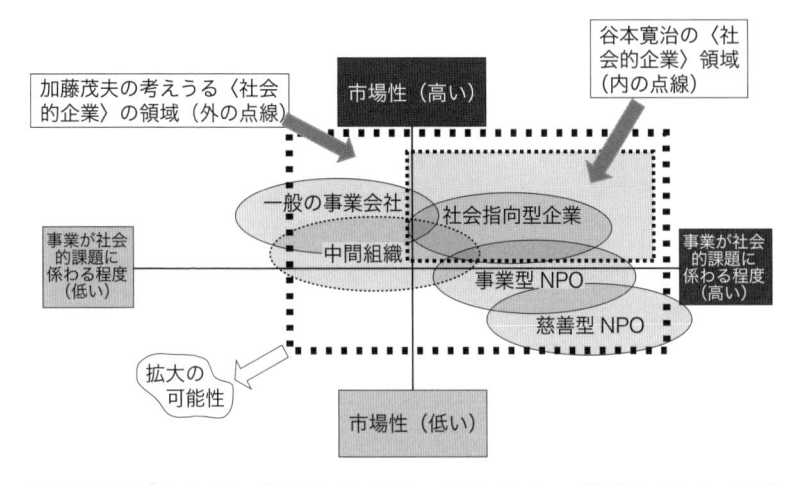

（図表：谷本寛治の〈社会的企業〉領域（内の点線）、加藤茂夫の考えうる〈社会的企業〉の領域（外の点線）、縦軸：市場性（高い）―市場性（低い）、横軸：事業が社会的課題に係わる程度（低い）―事業が社会的課題に係わる程度（高い）、要素：一般の事業会社、社会指向型企業、中間組織、事業型NPO、慈善型NPO、拡大の可能性）

出典：谷本寛治「ソーシャル・ビジネスとソーシャル・イノベーション」一橋大学イノベーション研究センター編『一橋ビジネスレビュー』東洋経済新報社，2009SUM（57巻1号）

う企業が登場した。BOPをターゲットにし貧困からの脱却、障害者雇用、環境問題、ホームレス支援、途上国援助等多元化した社会的課題の解決は政府、市場、NPO、ソーシャル・ビジネス（社会的企業）がコラボする必要がある。とりわけ、社会的企業（Social Enterprise）の担い手が社会的企業家（Social Entrepreneur）である[8]。谷本寛治は社会的企業の3条件として、①社会性（Social Mission）：貧困、身障者、途上国支援、地域活性化等への取り組み、②事業性（Social Business）：社会的ミッションをビジネスモデルに落とし込み、継続的に事業を進めること。経済的成果と社会的成果を一体として扱う。顧客はそのビジネスモデルを支援する、③革新性（Social Innovation）：社会的課題の解決に資する商品、サービスの提供のための仕組みを開発。新たな社会的価値の創造、と述べている[9]。このことは先述した「創造的資本主義」の考えと軌を一にしている。

図表2はソーシャル・ビジネス（社会的企業）の形態である。概念図の作成者である谷本寛治は大変うまく他の組織との棲み分けを考慮し

ているがその領域は少し狭い範囲（内側の点線）でとらえているように思う。筆者はBOPの箇所で述べたようにまた、「創造的資本主義」の理念、ユヌスの哲学を総合的に判断すると図表の外枠の点線くらいにはその範囲を拡大しなければこれからのソーシャル・ビジネスは期待できないとの思いがある。

　ソーシャル・ビジネスの仕組みはこうだ。例えばグラミン銀行とダノングループがそれぞれ出資し、2006年にグラミン・ダノン・フーズ（合弁事業）を設立した。第1号のソーシャル・ビジネス企業の誕生だ。すごいと思ったのはパリにいたユヌスがダノングループの会長であるフランク・リブーに昼食の招待を受けた時にその合弁企業設立が即決されたということだ。ソーシャル・ビジネスとは何か、その理念は何かの質問をユヌスは説明し、リブー会長は納得したという。双方のベンチャースピリットの高さと実践力に驚くばかりだ。栄養不足の子供に栄養価の強化されたヨーグルトを提供するミッションを実践する合弁企業である。人口350万人のボブラに工場を建てた。まだ各家庭には冷蔵庫がないので48時間以内に配達しなければならない。規模的には1日の生産高が6万個と少ない。しかし、大事なのは合弁企業のみが成果をあげるのではなく、農民の乳牛の乳の安定供給が確保され、ヨーグルトの訪問販売に当たる販売員（女性）がその販売によって生活が安定することに結び付くということだ。1個6タカ（9円）の1割が販売員の儲けとなる。将来50箇所に工場を建設し、投資資金の範囲を超えて利益配分も配当も取らないことに合意した。ダノンのこのような取り組みについての考え方は以下の新聞のインタビューにも端的に表れている[10]。

　フランスの食品大手ダノンのエマニュエル・ファベル副社長に同事業の狙いを聞いた。

　——ダノンがソーシャル・ビジネスを手掛ける理由は。
「ダノンの使命は世界の人々に健康と食料品を届けること。ソーシャル・ビジネスを通じた途上国事業のノウハウは、この企業目的を達成するための手段のひとつだ」

「栄養や健康にかかわる世界的な問題は、経済が富と貧困を同時に生み出してしまったことに起因している。政府や非政府組織（NGO）が問題解決の当事者だが、ダノンも政府やNGOと協力してこうした課題に取り組んでいく」

——具体的にはどんな活動を進めるのか。

「バングラデシュでは地元の人を雇用し、必要な栄養素を含む超低価格のヨーグルトを製造、販売している。飲料水を原因にした疾病が後を絶たないカンボジアでは、浄化した安全な水を生産して販売している」

「ダノンは新しい形の持続可能な資本主義を考えている。経済的であり、社会的でもあり、かつ富を生み出し分配するモデルだ。企業があまりに利益ばかり追求すれば、社会の調和を乱す結果となり、長期的には存続が難しくなる」

——実際の事業の運営主体は。

「ソーシャル・ビジネス事業を手掛けるダノン・コミュニティーズは、金融機関などを含め2500人の株主がいるが、基本的に配当はない。配当は、新たなソーシャル・ビジネスへの再投資にあてる」

——それでは株式を買う動機が生まれないのではないか。

「確かに株主は金銭の配当は得られないが、しかし"社会的な配当（筆者：社会的評価）"を受けることができる。」

——どのようなモデルに基づいて進める考えなのか。

「ダノンは、貧困層を対象にした無担保融資を実現してノーベル平和賞を受賞したムハマド・ユヌス氏と協力して新しいソーシャル・ビジネスモデルの構築を目指している。"余剰経済"ともいうべきモデルで、売り上げによる利益を内部留保などに回さず、大部分をソーシャル・ビジネスの再投資に回す仕組みだ。将来は富の配分について、いまの経済社会とは違ったモデルが生まれると予測している」

「もうひとつ注目しているのはソーシャル・ビジネスに限っては、特許権などの知的財産権を放棄する試みだ。コピーライトに対して"コピーレフト"ともいわれている。知的財産権の問題は貧困の解決の障害になっている。ダノンとして具体的にどういったことができるか検討し

ていく」

　——今後の計画は。

「インドやメキシコでの水事業など 20 のプロジェクトを計画している。現在、7000 万ユーロ（約 77 億円）の自己資本を 1 億ユーロまで増資する。日本でも投資家を募りたい」

　ソーシャル・ビジネスは途上国支援のほか、先進国では保育や介護、地域運営などにも広まりつつある。英国での市場規模は、NGO などによる事業を含めて約 270 億ポンド（約 3 兆 6000 億円）といわれる。

　食品で世界戦略を進めるダノンは、BOP と呼ばれる途上国の低所得者層を重要市場と位置付けており、ソーシャル・ビジネスをひとつのモデルとしている。

　その他の例は 2007 年グラミン眼科病院を建設し、最先端の医療技術で白内障の手術を実施。貧しい人々は白内障の手術を受けることができず、失明している現状から設立にこぎつけたという。仕組みは手術代を払える人からは 25 ドルをもらい、貧しい人はタダにするということで採算を合わせている。同様のケースは、インドのアラビンド・アイ・ケア・システムに見ることができる。また、飲料水でフランスのヴェオリアと合弁会社を設立し、5 万にのぼる村に供給等々[11]。日本でも 2010 年 7 月 13 日ユヌスと柳井　正は「グラミン・ユニクロ」に合意した。資本金は 10 万ドル。ファーストリテイリングの生産現地法人（100％）が 99％出資、1％をグラミングループが出資する。バングラデシュで生地の調達から生産、販売まで手掛けるという。3 年後に 1500 人の雇用を目指すという。柳井会長は「その国にとっていい企業でなければ、その国で生き残れない」とソーシャル・ビジネスの理念を述べている。1 着平均 1 ドルで貧困層に販売することに対してユヌスは「寒い冬に衣料が足りず苦しんでいるひとを助けることにもなる」とそのソーシャル・ビジネス（合弁企業）に期待を寄せている[12]。

　ソーシャル・ビジネスに対するユヌスの夢は広がる。フォルクスワーゲンと手を組んで年間所得 500 ドルの人でも買える自動車の開発をし

たいという。それは単なる自動車ではなく、多目的に使用可能なエンジンを搭載している。取り外し可能で灌漑のポンプのエンジンとして、また、自家発電としてグリーンエンジンとして使うというアイデアの実践である。

　日本におけるバングラデシュへのソーシャル・ビジネスの展開としては、株式会社マザーハウスがある。社長の山口絵理子は1981年埼玉県生まれ、小学校時代はいじめに遭い、中学校時代は非行少女。柔道に熱中し男子柔道の名門校の工業高校時代を過ごす。その後慶応義塾大学総合政策学部に進みその間バングラデシュに行く。貧困と搾取に驚愕する。麻袋等に使われるジュート（麻）でバッグを作り現地の生産者が誇りとプライドを持てるようにしたい。フェアトレードではなく……。慶応義塾大学総合政策学部卒業後、バングラデシュ BRAC 大学院で開発学を学ぶ。「必要なのは、施しではなく、先進国との対等な経済活動」との想いから、2006年マザーハウスを起業。バングラデシュ産のジュートや、ネパールの伝統工芸「ダッカ織り」を用いたバッグを現地生産、日本国内で販売中。

　2008年売上2億5千万円、2010年度は約4億円の売り上げを見込む。直営店は6店舗になり、ソニースタイルやエイチ・アイ・エスなど、有名企業とのコラボビジネスも展開。話題の女性起業家の一人だ。発展途上国におけるアパレル製品及び雑貨の企画・生産・品質指導、同商品の先進国における販売を行っている[13]。

　社長の山口絵理子の次のようなメッセージはベンチャースピリットの大切さを表している[14]。決して諦めないという熱き情熱を感じる。

　「貧しい国々のために何かをしたいと思いアジア最貧国であるバングラデシュに滞在した二年間。腐った政治家がはびこっているために、援助では到底世界が良くなることは難しいと知りました。そして一方で私達外国人を見ては、お金持ちなんだから助けてくれるだろうと手を差し伸べてくる現地の人たちを見てきました。

　何が健全で持続的な方法なのか、悩んだ挙句に出した結論が本当にお客様が満足して頂けるもの作りを途上国で行う、というのがマザーハ

図表3　ベンチャー企業のポジション

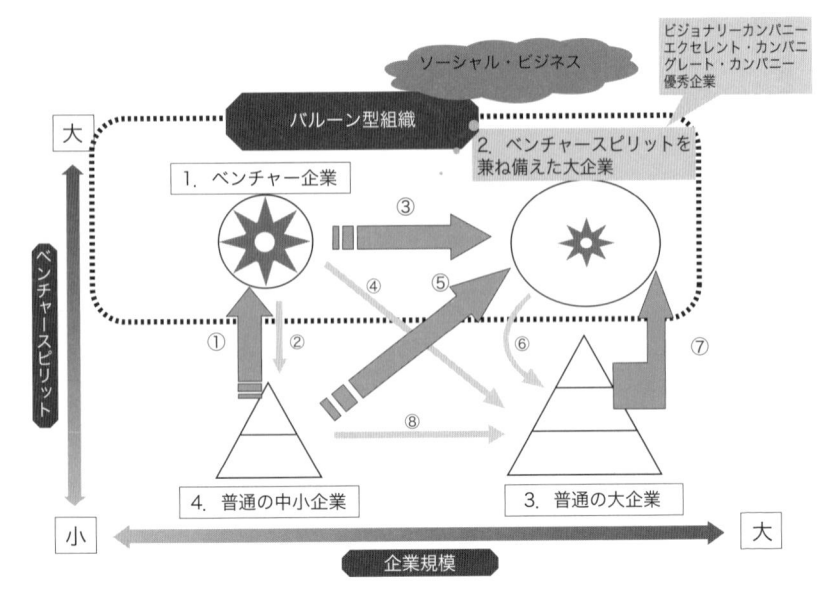

図中テキスト：
- ソーシャル・ビジネス
- ビジョナリーカンパニー／エクセレント・カンパニー／グレート・カンパニー／優秀企業
- バルーン型組織
- 1. ベンチャー企業
- 2. ベンチャースピリットを兼ね備えた大企業
- 4. 普通の中小企業
- 3. 普通の大企業
- 大／小（ベンチャースピリット）
- 小／大（企業規模）

出典：加藤茂夫『増補版心の見える企業』泉文堂、2007, 187ページより

ウスの事業でした。2006年3月から始まったマザーハウスの夢への挑戦。短い期間に何度も味わった裏切りや、絶望や、流した涙。信頼してきた工場からの裏切りは私にとって完全に消えることのない傷となりました。しかし、それでも理想とする社会に対する情熱は、ふつふつと胸に中に湧いていて、絶えることはありません。

いつか東京、ミラノ、パリ、ニューヨーク、颯爽と歩く女性がもっているかわいいバッグの中に『Made in Bangladesh』のラベルがある、そんなワンシーンの実現に人生の全てを賭けたいと思いました。

途上国の現状を変えるのは援助でも国際機関でもなく、私たち消費者であること。そのツールと成りえるプロダクトを今後も作り、お届けしていきたいと思います。」

3 ベンチャー企業

ベンチャー企業(Venture Business)は、和製英語であり、1970年頃から使用され始めた[15]。欧米ではNew Venture、New Venture Company、New Business Venture、Small Business Venture等と呼ばれている[16]。

筆者は1995年にベンチャー企業を「新しい技術、新しい市場の開拓(新製品・新サービスの提供)を志向した企業家精神(創造的で進取な心をもち、リスクに果敢に挑戦する意欲と責任感・倫理感を持つ心の様相―entrepreneurship―ベンチャースピリット)に富んだ経営者にリードされる中小企業である」と考えた[17]。創業ほやほやの企業だけではなく、例えば30年、100年の伝統のある中小企業も元気で、新規性のあるサービス、商品で世の中に貢献している場合は、「ベンチャー企業」とした[18]。図表3はベンチャー企業のポジションを示している。

図表3は、ベンチャー企業の位置づけと今後、企業が進むべき方向性を示した概念図である。縦軸は、先述したベンチャー企業の概念の中にあるベンチャースピリット(創造的で進取な心をもち、リスクに果敢に挑戦する意欲と責任感・倫理感を持つ心の様相)の高さの程度そして高い目標や世の中に貢献しようとするビジョン・ミッションを持って経営している状態を表し、また、横軸は企業のサイズ・規模の大小を置き、極めてシンプルだが4つのセルを設けた。ベンチャースピリットが低く、企業の規模が小さい場合は「4. 普通の中小企業」、逆にベンチャースピリットが高い場合は「1. ベンチャー企業」と命名した。また、ベンチャースピリットは低いが大企業である場合は「3. 普通の大企業」、また、大企業でベンチャースピリットを高く持っている企業を「2. ベンチャースピリットを兼ね備えた大企業」と捉えた。この「2. ベンチャースピリットを兼ね備えた大企業」が一般的にビジョナリーカンパニー、エクセレント・カンパニー、グレート・カンパニーと呼ばれている。

ベンチャー企業研究者のW. D. バイグレイブは「成功している起業

家の重要な特徴として」①自分の会社を設立するという強い独立心、②夢を実現させようという強い思いと実行力、③素早く判断し、可能なかぎり早く動く、④困難な障害を乗り越える精神力、決して諦めないという強い思い、⑤好きだから出来る、製品・サービスに思い入れがある、⑥細かい部分に注意を払う、着眼大局着手小局とベンチャースピリットがキーワードになる、と言っている[19]。また、J. エルキトンらは社会起業家の成功は①イデオロギー、既存の秩序といった制約を払いのけようとするクレジーな人であるという（自分こそ非常識人間）、②何よりも社会的価値の創造を最優先する。その精神に基づき自らの革新的技術や知識を積極的に他者に提供し、模倣させることを厭わない、③普通の人が嫌がるリスクを負い、変革の情熱を持ちつつ自身の活動を監視・測定する、等と述べている[20]。

このようにベンチャースピリットの重要性は指摘するまでもないと考える。周囲を見渡すと実に多くの事例を目の当たりにする。年齢や貧富の差は関係ない。2007年夏専修大学経営研究所で中国視察に出かけた。鎮江市を中心に工場見学、そして唐招提寺を建立した鑑真和尚の揚州市大明寺を訪問した。そのお寺に鑑真和尚が50代半ばで日本行きを決意し、10年間の苦難の末、日本にたどり着いたとの解説が記されていた。高い志と勇気と苦難を乗り越える気概が成功に導いたといえる。大事なのはベンチャースピリットだ。同時にそのベンチャースピリットをどこかの角に追いやってしまう状況や構造にはしたくない。先述したBOPビジネスやソーシャル・ビジネスはまさにその中心の心にベンチャースピリットが宿っているのだ。共創のスピリットでもある。あるテレビ番組でインドの大学のことが放送されていた。インド工科大学は世界でも有数の大学であり、15校全てが全寮制で、定員7500人に47万人が受験するという。合格率1.5％と極めて狭き門だ。授業料は十数年前まで年間日本円で2000円、現在7万円、貧しい人でも大学への進学が可能であるという。BOPからも進学ができるダイナミズムがある。また、2010年8月に北京にある清華大学のキャンパス内にあるNEC中国研究院を訪ねた。清華大学の学生数は4万人でそのうち大学院生が半分

を占めるという。全寮制であるという。貧富の差で進学が許されるのではない。ベンチャースピリットを持っている優秀な学生の多さに圧倒される。ソーシャル・ビジネスとしてのベンチャー企業を立ち上げようとする若者がいかに多いか。インド、中国の大学事情は我が日本の学生のベンチャースピリットと比較して考えさせられる。

図表3の①⑤⑦の矢印の方向に是非リーダーや経営者は組織を誘導してもらいたい。そのゾーンがバルーン型組織であり、ソーシャル・ビジネスのドメイン（事業領域）となる。バルーン型組織とは「組織の規模や組織の種類に関係なく、経営者やリーダーがベンチャースピリットを常に持ち続け、そのビジョン・使命、思想や考え方が組織メンバーに浸透しているということ。そして業界や社会の多面的な課題（貧困からの脱却、地球環境問題の解決、省エネルギー対策、雇用の創出、高福祉社会の実現等）に貢献していることが広く認知され、常に高い目標に向かって業務遂行をしているシステム」である。企業組織の典型的スタイルとしてのピラミッド型構造からバルーン型組織への転換である[21]。

ソーシャル・ビジネスとしてのベンチャー企業の例として次のようなケースがある。化粧品のマンダムは40年前からBOPに注目し1969年インドネシアに進出している（資本60.8％連結子会社）。年間収入3000ドルの人々が90％と多い。風呂はかけ湯を使用しているが化粧品をひとビン買う余裕がないので小分けして販売し、男性化粧品のシェアは70％と断トツである。生活用品の開発は土着化でなければならないという。

バングラデシュ首都ダッカではバスを利用している人が1日500万人おり、バスの乗車券を買うだけで1時間も並ぶ現実を考えてM社はICカードを普及させるためにカードを発行することとなった。しかしそれにはデポジットが必要であるが住民は一括して払えないため少額分割払いにした。現在は儲けがないが、近いうちにクレジット機能を付与し、便利なICカードとして普及させたいと考えている。現在は小さなビジネスであるがそのうちに大きな夢を実現。企業にとっても社会にとってもWINの関係を築きたいという[22]。

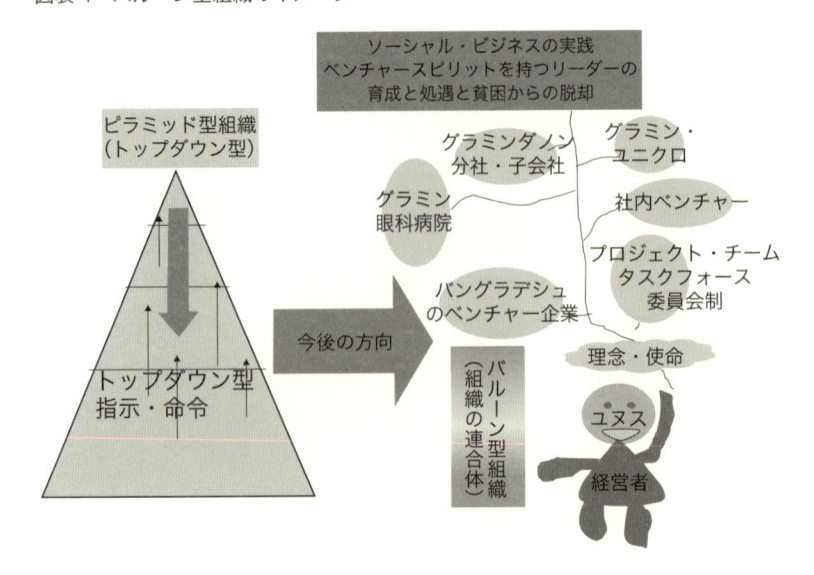

図表4　バルーン型組織のイメージ

［図：左にピラミッド型組織（トップダウン型）、トップダウン型指示・命令。今後の方向→バルーン型組織（組織の連合体）。グラミンダノン分社・子会社、グラミン・ユニクロ、グラミン眼科病院、社内ベンチャー、プロジェクト・チーム、タスクフォース、委員会制、バングラデシュのベンチャー企業、理念・使命、ユヌス、経営者。ソーシャル・ビジネスの実践　ベンチャースピリットを持つリーダーの育成と処遇と貧困からの脱却］

出典：加藤茂夫『増補版心の見える企業』泉文堂、2007、209ページより

　図表4は従来型のピラミッド組織構造からバルーン型組織への移行がソーシャル・ビジネスを育成・発展させる上で極めて重要な視点であるということを示唆している。ソーシャル・ビジネスを実践する企業や組織（NGO、NPO）は地域に根差し、現場を大事にし、土着化することによって貧困から自立し、成長・発展する喜びと高い目標にチャレンジしながら自己実現を果たすことを可能とする土台を提供するのである。あくまでも企業・組織はそのようなことを目指す手段であるのだ。

4　今後の課題

　今後10年後には大半の企業はソーシャル・ビジネスベンチャー企業（ソーシャルベンチャー）と呼ばれるだろう。持続可能な究極の課題は「規模の経済」を品質重視に置き換えていくビジネスが展開されると予

測されていることだ[23]。日本の力は品質の高さにあった。生産においても連続生産のメリットと柔軟性を維持したままマスカスタマイズする技を持っている。日本の技術やサービスはガラパゴス島の進化した動物になぞらえて日本国内しか通用しないと揶揄されているがこれからのBPOビジネス、ソーシャル・ビジネスを考慮したときには日本型経営モデルがソーシャル・ビジネスの中心になることが期待できよう。

BOPにかかわることが国としても企業としても今後の成長・発展の礎となることを肝に銘じるべきであろう。世界の貧困国は恐らく日本への期待に胸を膨らませているに違いない。多くの研究者や経営者が論じているようにODAや政府の役割、慈善事業を否定するのではないがその成果は限定的であろう。しかし、以上述べてきたことは自立しながら生活を豊かにするにはソーシャル・ビジネスの理念が極めて重要となる。各機関とソーシャル・ビジネスを推進する企業がコラボレーションすることによってより実り多い成果が期待できよう。そのためには日本型経営のお家芸の一つであった「現場主義」「地域主義」に今一度磨きをかける必要があろう。また、若者の多くが貧困問題に取り組むという高邁なミッションを持ち社会貢献しようとするベンチャースピリットをどのように育成するかが大きな課題となろう。

また、ソーシャルベンチャー企業を育成するためには従来型のベンチャーキャピタルではなく、ペーシェントキャピタル（Patient Capital）であるという。ジャクリーン・ノヴォグラッツが2001年に創立したアキュメン・ファンド（Acumen Fund）はグローバルな貧困問題を解決するための企業家が使う非営利のベンチャーファンドである。投資家はすぐにリターンを求めるのではなく社会的評価を重んじる新しいキャピタリストである。がまん強いファンドのことである。彼女は「額の多寡にかかわらず、数百万ドルの寄付から7歳の女の子からの1ドル札20枚が詰まった封筒まで人々の尽力のおかげで2008年に貧困層のために働く企業40社に対して、4000万ドル以上の投資を承認した。起業家が経営するこうした企業を通して2万3千人の雇用創出の支援ができ、水や健康といった基本的なサービスを世界各地で数

千万に上る最低所得層に提供する支援ができた」[24]。安全な水、医療、住宅、エネルギーの改善を通じて人々の生活を改善することがアキュメン・ファンドの事業であるという。低所得層がただ単に慈善を受ける受動的存在ではなく、地域経済やコミュニティの完全な参加者、消費者、生産者ととらえなければならないとするプラハラード博士に賛辞を述べている[25]。

このようなソーシャル・ビジネスの挑戦に対する側面からの支援が充実することを念願するものである。

最後に組織を運営する場合の大切な視点はビジョン・夢を持ってそれに向かって突き進む情熱、努力、決して諦めないとする精神である。

ビジョンとは時代を超えて変わることない不変の価値であり、単なる金儲けを超えた会社の存在理由である。企業が社会的存在として存続し、成長、発展するためには企業の存在意義は何か、何のためにこの事業を運営しているのか、企業に課されたミッション（使命）は何か、に答える必要があろう。ビジョンについても然りである。ビジョンとは「将来このようにしたいとの展望であり、見通し」である。また、「リーダーは第一に、組織の実現可能な望ましい未来像をつくりあげなければならない。このようなイメージをビジョンと呼んでいるが、これは、夢のようにあいまいであることもあれば、目標や使命のようにはっきりしていることもある。大事なのは、組織の具体的な、納得できる魅力的な未来の姿を明確に描き、いくつかの重要な点で現状よりすぐれているという条件を満たしたビジョンであることだ」、「ケネディが月に人間を送り込むと決めたときに、その価値ある実現可能な目的に向けて全力を投入したという」。このようにビジョンとは未来の状態、つまり現に存在しない、また過去にもなかった状況を語るものだということを銘記してほしい[26]。

最後にユヌス博士のビジョン・思いを紹介してこの章を閉じよう。「もし貧困など到底受け入れられるものではなく文明社会に存在するべきものでないと堅く信じていれば私たちは貧困なき世界を創るためにふさわしい組織や方針を築き上げてきたはずです。月に行きたいと思った

から人間は月に行った。私たちは達成したいと思うことを達成するのです。」[27]

注
1) Prahalad, C. K. (2010), *The Fortune at Bottom of The Pyramid*, Pearson Education, Inc., スカイライトコンサルティング訳『ネクストマーケット』英治出版、2010 年
2) Prahalad, C. K. (2010)
3) Prahalad, C. K. (2010)
4) 2010 年 1 月 1 日 NHK 番組「未来の提言」
5) ムハマド・ユヌス (2009)「グラミン銀行の軌跡と奇跡——新しい資本主義の形」一橋大学イノベーション研究センター編『一橋ビジネスレビュー』東洋経済新報社、2009SUM(57 巻 1 号)
6) 2010 年 1 月 1 日 NHK 番組「未来の提言」
7) ムハマド・ユヌス (1998)、猪熊弘子訳「ムハマド・ユヌス 自伝——貧困なき世界を目指す銀行家」早川書房、1998 年
8) 谷本寛治編著『ソーシャル・エンタープライズ』中央経済社、2006 年
9) 谷本寛治 (2009)「ソーシャル・ビジネスとソーシャル・イノベーション」一橋大学イノベーション研究センター編『一橋ビジネスレビュー』東洋経済新報社、2009SUM(57 巻 1 号)
10) 日本産業新聞、2010 年 6 月 24 日
11) ムハマド・ユヌス (2009)「グラミン銀行の軌跡と奇跡——新しい資本主義の形」一橋大学イノベーション研究センター編『一橋ビジネスレビュー』東洋経済新報社、2009SUM(57 巻 1 号)。2010 年 1 月 1 日 NHK 番組「未来の提言」
12) 日本経済新聞、2010 年 7 月 14 日朝刊
13) 田原総一朗「逆風を追い風に変えた 19 人の底力」青春出版社、2009 年
14) マザーハウス HP より
15) 京都経済同友会調査・プレジデント編集部編『ベンチャー・ビジネス—その創造哲学・企業分析—』ダイヤモンド・タイム社、1972 年
16) 清成忠男、中村秀一郎、平尾光司「ベンチャー・ビジネス——頭脳を売る小さな大企業」日本経済新聞社、1971 年。中村秀一郎『新中堅企業論』東洋経済新報社、1990 年
17) 加藤茂夫 (1995)「スモールビジネスの組織変革と人材活用」『専修経営学論集』第 61 号。ベンチャー企業の定義に関しては京都経済同友会調査・プレジデン

ト編集部編（1972）前掲書、清成忠男（1993）『中小企業ルネッサンス』有斐閣、松田修一監修（1994）『ベンチャー企業の経営と支援』日本経済新聞社を参照
18) 加藤茂夫「心の見える企業」泉文堂、2007年
19) Bygrave, W. D. (1994), *The Portable MBA in Entrepreneurship*, John Wiley & Sons, Inc., 千本倖夫訳「MBA起業家育成」学習研究社、1996年
20) Elkington, J. & P. Hartigan (2008), *The Power of Unreasonable People*, Harvard Business School Press, 関根智美訳『クレイジーパワー』英治出版、2008年
21) 詳しくは、加藤茂夫（2007）第7章を参照
22) NHK経済ワイド 2010年1月9日
23) Elkington, J. & P. Hartigan (2008)
24) Novogratz, J. (2009), *The Blue Sweater*, 北村陽子訳『ブルーセーター』英治出版、2010
25) Prahalad, C. K. (2010)
26) Bennis, W. G. & B. Nanus (1985), Harper Collins Publishers, *Leders*, 小島直記訳『リーダーシップの王道』新潮社、1987年
27) 2010年1月1日NHK番組「未来の提言」

第12章
社会的企業とソーシャル・イノベーション

大平修司

1 ソーシャル・マネジメントの必要性

多様な社会的課題とその解決

我々は多様な社会的課題に囲まれて生活をしている。2008年に起きたリーマンショックの影響でその年末から2009年にかけて、「派遣切り」という社会的課題が発生した。この「派遣切り」にあった人の中には、傷害事件を起こす人もおり、日本社会にとって重要な課題となった。また、現在の日本社会は「エコ」ブームの中にあり、環境問題という社会的課題の解決へ向けて、本格的な取り組みが始まった。それ以外にも、少子高齢化、格差や貧困というように社会的課題は我々の社会で次々と発生している。

これまで日本社会で社会的課題の解決を図ってきたのは行政機関であった。行政機関は政策や法律といった制度を策定することで、市民に公共サービスを手厚く提供してきた。しかし、バブル経済の崩壊により、行政機関は手厚い公共サービスを提供するための財源確保が困難となった。そのため、行政機関はスリム化(小さな政府化)を推進し、公共サービスの縮小・削減、あるいは市場化を行ったのである。

社会的課題を解決する主体の変化

公共サービスを提供する新たな主体として、1990年代に注目を集めたのが、NPO(非営利組織:Nonprofit Organization)であった。1998年に特定非営利活動促進法が施行され、特定非営利活動法人、通称NPO法人が日本社会に登場した。2010年5月31日現在、法の施

行から僅か十数年でNPO法人の認証数は4万法人を超えた。

しかし、NPO法人の現状をみると、法人数は順調に増えているものの、その規模は少額の収入で小規模で活動している法人が多数を占めている。仮に事業収入があったとしても、行政機関からの委託や認可事業による収入であり、NPO法人は行政機関の下請け化の様相を呈している。その一方で、企業はバブル経済崩壊以降、人員削減をはじめとするコスト削減に励んだが、現在はCSR（企業の社会的責任：Corporate Social Responsibility）活動を推進して、社会的課題の解決を図っている。

以上のように、我々を取り巻く様々な組織はその活動を大きく変化させた。これまで制度を通じて社会をマネジメントしてきた行政機関がスリム化し、NPOは期待ほどの役割を担えず、企業は積極的にCSR活動を展開している。つまり、これまでの日本社会とは違い、社会的課題の解決は、特定の組織だけで解決することができなくなったのである。言い換えると、現代社会では、我々市民や消費者を含めた、あらゆる主体が社会をマネジメントしていく必要に迫られているのである。その中でも、近年、ビジネスを通じて社会的課題の解決を図る社会的企業（Social Enterprise）が注目されている。社会的企業が注目される理由は、社会を変える起点となりえる存在だからである。

2　社会的企業の事例

ホームレスの自立を支援する「ビッグイシュー日本」
①ホームレス問題とは

ホームレスとは、「都市公園、河川、道路、駅舎その他の施設を故なく起居の場所として日常生活を営んでいる者」（ホームレスの自立の支援等に関する特別措置法第二条）と定義されている。

厚生労働省『ホームレスの実態に関する調査』によると、ホームレスの数は2007年には全国に18,564人がいた。2008年には16,018人、2009年には15,759人、2010年には13,124人とその数自体は減少し

ている。『平成19年ホームレスの実態に関する全国調査（生活実態調査）』では野宿別タイプを報告している。それによると、今回の野宿が4年以上の「長期層」は全体の49％を占め、次いで今回の野宿が4年未満で初めての野宿も4年未満の「新規参入層」は33％、さらに今回の野宿が4年未満で初めての野宿が4年以上前の「再流入層」は18％をそれぞれ占めている。年齢階層については、55歳以上の割合が増えており、全体としてホームレスが高齢化していることも指摘されている。職業経験については、長期層と再流入層では建設技能・作業従事者の割合が高い一方で、新規参入層ではサービス・販売・運輸・通信などの職種の割合が高くなっている点を指摘している。また、再就職を希望する割合は37％である。

　ホームレスに一度なると、そこから脱却するのは難しい。ホームレスの中には、仕方なくホームレスになった人もおり、再就職を希望する人もいる。ホームレスを脱却するためには、仕事（定職）を得なくてはならない。定職を得るためには、住所（住民票）が必要であり、そのためにはアパートなどを借りる必要がある。アパートを借りるためには、入居時に敷金・礼金を支払わなくてはならず、さらに毎月の家賃を支払わなくてはならない。つまり、ホームレスから脱却するための第一の条件は貯金をすることなのである。

②有限会社ビッグイシュー日本の概要

　ホームレス問題という社会的課題を解決する社会的企業として、有限会社「ビッグイシュー日本」がある。ビッグイシューの使命は、ホームレスの人に仕事を提供することで自立を支援することである。ビッグイシューがホームレスの人に提供する仕事が雑誌『ビッグイシュー』の販売である。そもそも、雑誌『ビッグイシュー』は1991年イギリスで発行・販売され、現在世界28カ国、55の都市・地域で販売されている。日本では2003年9月11日に創刊され、現在は日本全国の都市で販売されるようになった。

　ビッグイシューはホームレスの人に雑誌の販売を委託し、その売上に応じて、ホームレスの人が収入を得て、自力でアパートを借り、住所を

図表1　ビッグイシューによるホームレス自立支援のための仕組み

10冊無料提供 → 販売 → 完売すると3000円の利益 → 雑誌を仕入れ販売する → 1冊300円 140円で仕入れて160円が利益 → 住居と住所を確保し定職を探す

出典：ビッグイシュー日本　ホームページ（http://www.bigissue.jp/about/system.htm）より。

もつことができるようになるまでを支援している。その一方、ビッグイシューはホームレスの売った雑誌の売上のうち、給料を差し引いた利益で事業活動を行う有限会社でもある。より具体的には、ホームレスが1冊300円の雑誌を10冊無料で受け取り、この売り上げの3,000円を元手とする。それ以降は、雑誌を140円で仕入れ、それを300円で販売することで、160円が販売者の利益となるのである（図表1）。

子育てと仕事の両立を支援する「フローレンス」
①病児保育問題とは

　子どもが熱を出すと幼稚園や保育園では預かってくれない。そのときは、両親のどちらかが仕事を休まなくてはならない。また、朝は調子が良くとも、施設に預けると急に子どもは熱を出すこともある。そのときには、父親か母親か、どちらかに連絡が来て、すぐに迎えに来てほしいと言われ、両親のどちらかが仕事を早退しなくてはならない。子育てと仕事を両立するのは、大変なことであり、少子化が問題となっている日本社会では、このようなことも社会的課題なのである。

　病気の子どもを預かる病児保育施設は全国におよそ500施設あるが、この数では病児保育全体をカバーすることはできない。仕事と育児の両立を支援するために2004年に設立されたのがフローレンスである。フローレンスは、病児保育サービスを提供しているNPO法人である。

②NPO法人フローレンスの概要

　フローレンスの病児保育事業の特徴は、これまでのように病児保育施

設という「箱物」を作るのではなく、脱施設型の病児保育サービスを提供している点にある。これまで行政機関が提供してきた病児保育サービスは、施設に子どもを預けに行くという形でそのサービスが提供されてきた。

しかし、このサービス提供の仕組みには問題があった。一つは病気の子供を施設まで連れて行かなくてはならないという点である。医者に行くためには、子どもを外に連れ出す必要があるが、そうでないときはできる限り外に連れ出したくないというのが親の心情であろう。もう一つは、行政機関が新たに病児保育サービスを提供しようとしたら、新たな施設を建設しなくてはならないという点である。全国に保育所は約3万施設あるが、病児保育施設はそのわずか2％とその数が圧倒的に足りていないのが現状である。また、施設の建設には莫大な費用がかかる。

以上の問題点を回避するために、フローレンスは脱施設型の病児保育サービス提供の仕組みを構築した。フローレンスは特定の施設を持たず、子どもレスキュー隊が家庭毎のニーズに応じて、病児を保育するシステムを採用している。子どもレスキュー隊とは、病児保育を行う保育スタッフの名称であり、保育士・幼稚園教諭・シッター等保育系資格や看護師資格を持っているか、子育て経験や保育の実務経験がある人たちである。また、フローレンスは病児を扱うことから、地域の小児科医と提携して、医療によるバックアップ体制も整えている。

フローレンスが提供するサービス利用の料金は、通常のベビーシッター業務が従量制課金制なのに対し、フローレンスは月会費制を採用している。会員が積み立てた月会費から、病児保育の必要経費をまかなう「共済型」の仕組みを採用することで、個別にベビーシッターを頼むより、格段に経済的な価格でサービス提供している。

フローレンスのサービスを利用するには、まず会員になる必要がある。会費は入会金が子ども一人につき21,000円であり、2年目以降の会費は10,500円となっている。その上で会員は「フローレンス・パック」という月会費などが含まれた料金を支払うことでフローレンスのサービスを利用できる（図表2）。また、フローレンス・パックには、

図表2　フローレンス・パックの料金一覧

基幹サービス (必須)	フローレンス・パック	①月会費 ・年齢及び直近の3ケ月の利用回数に応じて「月会費料金表」を適用 ・3ケ月に一度，月会費の見直しを実施
		②月1回目の延長保育利用料 2,100円／時間（税込） ・利用に応じて15分単位で課金
		③月2回目以降の保育利用料 2,100円／時間（税込） ・利用に応じて15分単位で課金
		④交通費
		⑤キャンセル料
特約 (選択制)	夜間保育	①月会費　＋2,100円（税込）
		②保育利用料 2,100円／時間（税込）
	親入院時の保育サポート	①月会費　＋525円（税込）
		②交通費

出典：フローレンスのホームページ（http://www.florence.or.jp/user/charge/）より著者作成。

夜間保育などの特約サービスも設けられている。

3　社会的企業とは

社会的企業の要件

　ビッグイシューやフローレンスのようにビジネスを通じて、社会的課題の解決を図る事業体のことを社会的企業と言う。社会的企業は、谷本編（2006）によると以下の三つの要件を満たす組織である。

　①社会性：社会的ミッション（Social Mission）

　　組織が事業活動を行う上でのミッション（使命）として、社会的課題の解決を掲げている。

　②事業性：社会的事業体（Social Business）

　　社会的課題の解決を一過性のものではなく、継続的に事業として行っていく。

図表3　社会的企業の形態

非営利組織形態	NPO法人、社会福祉法人など	
	中間法人、協同組合など	
営利組織形態	株式会社／有限事業組合	社会志向型企業
		企業の社会的事業（CSR）

出典：谷本編（2006）7ページを一部修正。

③革新性：ソーシャル・イノベーション（Social Innovation）

　革新的な社会的事業を行うことで、これまでの社会的価値の変革を促し、より良い社会の実現へ向けた活動を行う。

　この要件をビッグイシューに当てはめて考えてみると、①社会性は、ホームレスの自立を支援するという使命をビッグイシューは掲げている。②事業性は、雑誌『ビッグイシュー』をホームレスの人に販売してもらうことで事業活動を行っている。③革新性は、雑誌は書店やコンビニなど、どこでも売っているが、ホームレスの人が町角に立って雑誌を販売するという点である。

　一方、フローレンスでは、①社会性は、子育てと仕事の両立である。②事業性は、月会費制度（フローレンス・パック）を設けることで、毎月一定の収入を確保できる仕組みを構築した点である。③革新性は、これまで施設に依存していた病児保育を脱施設型という新たな形でサービス提供の仕組みを構築した点にある。

社会的企業の形態

　社会的企業は、必ずしも一般的な企業だけを含むものではない。社会的企業の形態には、図表3のように多様な形態がある。

　社会的企業には、大きく非営利組織と営利組織の二つの形態がある。ここで非営利組織とは、「獲得した利益を組織の利害関係者へ配分することが制度的に禁止され、社会的使命に基づいて行動する自発的な民間組織」を意味する。その代表的な組織として、NPO法人がある。このNPO法人の中でも、ビジネスを通じて社会的課題の解決を図るNPOを事業型NPOと言う。フローレンスはこの事業型NPOに該当する。

一方、営利組織形態の社会的企業として、社会志向型企業と企業の社会的事業がある。社会志向型企業とは、社会的課題の解決を目的に起業した企業であり、ビッグイシューがその代表例である。また、企業の社会的事業とは、CSRと関係する。CSRとは、「企業活動のプロセスに社会的公正性や環境への配慮を組み込み、ステイクホルダーに対してアカウンタビリティを果たすことで、経済・社会・環境的成果の向上を目指し、企業のレピュテーションを高めること」を意味している。CSRには、谷本（2006）によると、三つの次元がある。一つは経営活動の在り方を問うもの、二つ目は社会貢献活動、三つ目が社会的事業である。社会的事業とは、企業が社会的課題の解決を目的として、商品やサービス、それらを提供する仕組みを開発することを意味している。

4 ソーシャル・イノベーションとは

ソーシャル・イノベーションの定義と類型

なぜ社会的企業が注目を集めているのかというと、それはソーシャル・イノベーション（Social Innovation）を創出する主体となりえるからである。ソーシャル・イノベーションとは、「社会的課題を解決するために社会的メッセージが付与された商品やサービス、それらを提供する仕組みを開発すること」を意味している。社会的企業はソーシャル・イノベーションを創出することにより、社会変革を促す主体となりえるのである。

ソーシャル・イノベーションには、二つのタイプがある。一つは一次ソーシャル・イノベーション（Primary Social Innovation）であり、これはこれまでに存在しない商品やサービス、それらを提供する仕組みを開発することを意味する。二つ目は二次ソーシャル・イノベーション（Derivative Social Innovation）であり、これは既存の商品・サービスを社会的課題の解決に応用したものである。

このようなソーシャル・イノベーションを上述した事例に基づいて考えてみる。ソーシャル・イノベーションについては、まずビッグイ

シューは、雑誌の表紙に「ホームレスの仕事をつくり自立を応援する」と社会的メッセージが記載されているが、雑誌というものそれ自体は何も目新しくはない。既存の雑誌と大きく異なる点は、ホームレスの人たちがそれを販売しているという点である。つまり、ビッグイシューは、ホームレスの人たちに雑誌を販売してもらうという新しい雑誌販売の仕組みを開発したのである。

一方、フローレンスが提供する病児保育サービスは、これまでは行政機関が病児保育のための施設を建設することでそのサービスを提供してきた。病児保育は自宅ではなく、施設で提供されていたサービスだったのである。しかし、フローレンスは子どもレスキュー隊が病児の自宅へ行って保育する形でサービスを提供している。つまり、フローレンスは病児保育サービス提供の新たな仕組みを開発したのである。

次にソーシャル・イノベーションのタイプについては、ビッグイシューの事例は、ホームレスの人による雑誌販売を一次ソーシャル・イノベーションであると理解できる。ただし、ビッグイシュー日本がスコットランドの仕組みを日本に導入したという点を考慮すると、二次ソーシャル・イノベーションとも理解できる。一方、フローレンスによる自宅での病児保育サービスの提供は一次ソーシャル・イノベーションであると理解できる。

ソーシャル・イノベーションの創出を牽引する社会的企業家

ソーシャル・イノベーションの創出を牽引するのが、社会的企業家(Social Entrepreneur)である。社会的企業家とは、谷本編(2006)によると、「今解決が求められている社会的課題に取り組み、新しい商品やサービス、それを提供する仕組みを提案し、実行する社会変革の担い手」を意味する。

例えば、ビッグイシューには、佐野章二代表と水越洋子編集長・共同代表という二人の社会的企業家がいる。ビッグイシューの日本版を作ろうと思ったのは、水越氏である。水越氏は佐野氏と共にNPOを設立していた。そのNPOで扱っていたホームレス問題に関心を持ち、その

ような社会的課題を解決したいと日頃から考え、佐野氏と共にビッグイシューを起業したのであった。

　一方、フローレンスには駒崎弘樹氏という社会的企業家がいる。彼は学生時代にITベンチャーの社長をしていたが、社会を変える仕事がしたいという想いからフローレンスを立ち上げた。このように社会的企業には、社会的課題を解決するという想いを持つ社会的企業家が重要な役割を演じるのである。

マルチステイクホルダーとの協働によるソーシャル・イノベーションの創出

　ソーシャル・イノベーションの創出は、一般的なイノベーションとは異なる特徴がある。それはマルチステイクホルダー（Multi-Stakeholder）との協働によって創出されるという点である。ステイクホルダーとは、利害関係者を意味し、社会的企業に関わる人たちのことを指す。社会的企業は規模が小さく、経営資源も非常に乏しいのが特徴である。そのため、ソーシャル・イノベーションを創出する際には、外部の経営資源を活用する必要がある。多くの社会的企業を見てみると、起業やイノベーション創出の際に多数のステイクホルダーから有形無形の支援を得ているケースが多く見受けられる。

　例えば、ビッグイシューでは、創業者の水越氏がビッグイシュースコットランドのメル・ヤング氏の雑誌記事を見て、彼に直接会い、佐野氏と共同してビッグイシューを立ち上げた。また、会社設立にあたっては、総費用2,000万円のうち、400万円をビッグイシュー設立を支援する市民パトロンから集めた。

　一方、フローレンスのケースでは、駒崎氏は母親から病児保育の大切さを知らされた。母親の友人の子どもが病気がちなことから、その人は仕事を休んだり、早退したりしていた。それが原因で当時勤めていた会社を解雇された話を聞き、仕事と育児を両立できる仕組みを考えた。また、実際のNPO起業にあたっては学生インターン、病児保育事業を立ち上げる際にはマーケティング・コンサルタントといったように様々なステイクホルダーに支えられていた。つまり、社会的企業によるソー

シャル・イノベーションの創出は多様なステイクホルダーとの協働によって成り立つ開かれたイノベーション（Open Innovation）なのである。

参考文献

大平修司・古村公久（2009）「ソーシャル・イノベーションの創出プロセス：NPO法人スペースふうのリユース食器を事例として」『千葉商大論叢』第47巻第1号 107～126ページ

駒崎弘樹（2007）『社会を変えるを仕事にする：社会的企業家という生き方』英治出版

佐野章二（2010）『ビッグイシューの挑戦』講談社

谷本寛治（2006）『CSR：企業と社会を考える』NTT出版

谷本寛治編（2006）『ソーシャル・エンタープライズ：社会的企業の台頭』中央経済社

稗田和博（2007）『ビッグイシュー突破する人々：社会的企業としての挑戦』大月書店

第四部
現場編

市民が活躍するコミュニティ・ビジネス最前線

第13章
大都市のソーシャル・ビジネスと地域社会
解散したNPO法人Aを事例に

前川明彦

1. はじめに

現在、若者を中心にソーシャル・ビジネスの1つともといえる、プロボノ活動の動きが盛んになりつつある。プロボノ活動は公共への貢献活動ともいえるが、同様に、社会貢献を目的とした組織に、特定非営利法人などがある。

こうしたNPOの認証団体に代表されるソーシャル・ビジネス自体には、多くの課題がある。その大半は、設立時から事業化以後のヒト、モノ、カネに由来する課題である。とくに、平成10年のNPO法施行以降、多くの課題が顕著に出始めている。そして、設立時の問題意識やミッションの方向を維持するために、特定の人々への負担が大きくなったり、財政基盤が弱いため活動が十分にできないなど、問題は多肢にわたっている。

たとえば、平成18年に、NPOの数が急激に増大し、1000を超えた千葉県におけるNPO調査[1]では、①団体の約4割が保険・福祉・医療の分野 ②財政規模が500万円以下のものが、約6割で財政規模の2極化が顕著になっていることが示されている。さらに、NPO側の課題として、「活動資金の不足」(約6割 複数回答)「特定の人々への負担」(約4割 同)を挙げている。そして、行政組織に対する支援策として、約6割が財政援助(補助金など)を希望しているおり、ヒト、モノ、カネの課題は多いことがわかる。

このような状況下で近年の公益法人制度改革関連3法のよる法人化の改正問題などもあるが、何らかの理由で解散しているところも多くな

りつつある。また今後、前述したヒト、モノ、カネの課題から活動の縮小、解散の危機になる組織も増加する可能性がある。これは、多くのソーシャル・ビジネス、非営利事業自体の事業拡大、さらには、その他の事業化の拡大などにより財政規模の脆弱性を支えられる可能性はあるものの、分野などによっては困難な場合も多いことからいえる。また、事業化の拡大が、設立した目的と異なり、ミッションから乖離となる場合もあり得る。

　近年川崎市において活躍していた、NPO法人Aが解散した。本稿では、この事例から、多くのNPOの抱える課題を後継者を中心とした経営危機の問題と地域的な競合課題などから概観するとともに、この解決策として後継者が生まれる地域社会の現状と可能性を考えていきたい。

2．ソーシャル・ビジネスの地域事業の解散問題

　特定非営利法人の数は、35,718（都道府県）、3,088（内閣府）と合わせて約四万近くとなった（2009年末現在、内閣府国民生活局）。都道府県別には、東京都（6,412）、大阪府（2,646）、神奈川県（2,433）と続き、以下、北海道（1,558）、千葉県（1,482）、兵庫県（1,443）、埼玉県（1,379）となり、最後は鳥取県（178）となっている[2]。人口の集中した大都市地域、なかでも一都三県の東京圏に集中している（表1）。こうした背景には、都市に生きる人々のさまざまな多くの問題があり、それを解決しようとするミッションとする人々がいるからといえよう。

　ヒト、モノ、カネがソーシャル・ビジネスにおいて課題となっていることは述べたが、なかでも、ヒトの課題で高齢者関係のNPO組織の後継者問題が大きな課題となりつつある。以下では、配食サービス事業を中心とする川崎市のNPO団体Aの事例から、解散の背景などを中心に考えていきたい。

　NPO団体Aは、平成17年夏に、川崎市北部で、認証、設立した団体で、平成20年にさまざまな理由から、川崎市の委託事業である、生

第 13 章　大都市のソーシャル・ビジネスと地域社会　173

表 1　特定非営利活動法人の認証数

所轄庁名	認証数	所轄庁名	認証数	所轄庁名	認証数	所轄庁名	認証数
北海道	1,558	神奈川県	2,433	大阪府	2,646	福岡県	1,307
青森県	279	新潟県	510	兵庫県	1,443	佐賀県	286
岩手県	330	富山県	264	奈良県	328	長崎県	405
宮城県	528	石川県	271	和歌山県	294	熊本県	479
秋田県	217	福井県	215	鳥取県	178	大分県	424
山形県	336	山梨県	300	島根県	212	宮崎県	294
福島県	517	長野県	776	岡山県	518	鹿児島県	541
茨城県	479	岐阜県	558	広島県	594	沖縄県	402
栃木県	438	静岡県	898	山口県	343	都道府県計	35,718
群馬県	639	愛知県	1,270	徳島県	250		
埼玉県	1,379	三重県	509	香川県	230	内閣府	3,088
千葉県	1,482	滋賀県	454	愛媛県	290		
東京都	6,412	京都府	959	高知県	243	全国	38,806

資料：内閣府国民生活局（平成 21 年 12 月末現在）

活支援型配食サービス事業から撤退し、その後も活動を行い、現在解散した NPO である。専修大学の KS 事業からも 3 期にわたり、学生を派遣した NPO である[3]。

　同団体のある川崎市北部は、典型的な東京の郊外住宅地域として、住民の大半が川崎市民とし、通勤・通学している地域である。恵まれた自然環境と都心への交通利便性等から、1970 年代に大規模な住宅開発が始まり、団塊世代の人々が最初に居住し始めた典型的な東京の郊外地域で、近年、高齢化が急激に進行している地域である。

　21 世紀に入り、この地域のターミナル駅周辺地域では再び大規模集合住宅などが開発され、数字上は人口増加がみられる。しかし、大半の従来開発された地域では、団塊の世代の多くがリタイアし、地域に戻ってきたが、一方でその子供は居住地に戻らない、単身高齢者および高齢夫婦世帯が増加し、高齢化が加速されている状況にある。

　さて、この団体は、高齢化が顕著になり始めた、平成 6 年度に市民

事業として設立され、高齢者の自立支援、加齢とともに食事作りが困難な人への支援活動などを中心として行っていた。最初は、週1回のふれあい型配食を地域のコミュニティルームで開始し始め、特別養護老人ホーム、老人いこいの家（川崎市の公的施設）、教会などで、いくつかの他の組織と共同で同様な事業を行なった。平成8年には、川崎市の委託事業である生活支援型配食サービス事業を開始し、平成10年には川崎市高齢者ふれあい型食事サービス事業も開始となった。

その後、平成17年にNPO法人の認証許可となり、川崎市空き店舗活用事業、県商店街活性化支援事業の2つの助成を受けながら活動をしてきた。法人の設立目的は、「地域で住み続けたいと願う人々に対して、配食及び食と生活の情報・サービスの提供に関する事業を行い、福祉や街づくりに寄与することを目的にしている」（同団体の定款より）となっている。

上記の目的を達成するために、①食事の宅配　②食に関する講習会の開催　③コミュニティサロンの運営の3つの事業を中心に行っていた。

2008年度の事業報告書などから、この3つの事業をまとめると以下のようになる。

食事の宅配に関しては、生活支援型、養生弁当等で、1食850円の弁当が中心で、年間9,791食（平成19年度）である。夜の配食中心の宅配事業で、配食利用者は　23人。年齢別内訳は70代以下3人、70代12人、80代8人、90代2人。そのうち、毎日利用が8人で他は週何回という形式である。また、③にも関係するが、近在のレストランに15食のビジネスランチも料理として届けている。管理栄養士の理事長が調理、献立などを主に行い、有給スタッフが4人、他ボランティア8人で支えてきた。

食に関する講習会やコミュニティサロンに関しては、有機野菜を食べるか会、おせち料理の会など、さらには男の料理サークルなど、時間の合間をぬって行っている。また、平成19年から20年にかけて、有名百貨店で無添加・保存料なしの弁当を百貨店、作家とのコラボレーションで食のフェアとして行い、好評を得た。

このように、旺盛な活動をしていた同団体であったが、後継者問題を中心として、存続が危ぶまれ、最近組織を解散した。次に、こうなった理由を考えていきたい。1つは内部問題で、組織の中心である理事長の年齢及びスタッフの高齢化である。市民事業の立ち上げ時期の仲間も含め、当時は壮年であった人々が、高齢となり活動に支障が出始めている。NPO認証化ごろより、この問題は想定されてはいたものの、初期の高齢者への食の想いから必ずしも、大規模な活動はしていないものの、車の運転をほぼ毎日行う、配達部門のボランティアや調理部門の負担増となりつつあった。また、配達先の高齢者の加齢による病気やトラブルなども目に見えるようになり、さらに、冷凍物は使用せず、一から手作りで、国産、有機野菜を使用し、無添加、保存料なしで手間と時間と愛情をかけた、主要な調理を作っている理事長はじめとするスタッフへの肉体的な負担は大きくなっていった。

　2つめは、スタッフ及び、サービス対象者の高齢化による、川崎市との委託契約事業の撤退である。この生活支援型配食サービス事業の条件は、年末・年始も含めた365日の毎日の対応と、地域指定ができないことが主な条件である。民間業者とは異なり、遠くの高齢者の楽しみのための一食のためと、輸送費や肉体的負担がかかるにもかかわらず活動してきたが、かなり困難な現状が顕著になり始めていた。さらに、撤退することにより、資金問題からも存続の危機を加速する。一食400円の補助は事業活動の継続に欠かせないものであるからであり、結果として資金問題が浮上した可能性はある。

　また、外的問題として、外食全般の低価格や民間企業も含めた競合組織との課題も浮上し始めた。インフレ懸念の中で、消費者の外食の低価格指向は進展している。300円以下の弁当や外食が氾濫する時代となりつつある。暖かく心のこもったものとはいえ、価格は相対的には高く、比較的高収入の年金生活者が居住する、この地域といえサービス受給者の負担は大きい。

　さらに、競合他社などとの問題の可能性も否定はできない。この地域には、現在、他にも参入しようとしている民間企業もあるが、主な競合

組織として、民間企業が2社、NPOが2つ存在している。具体的な民間企業の地域的状況はわからないが、競合しているNPO法人Bで比較してみよう。地域的競合は一部重複するだけだが、事業収入はNPO法人Aの約4倍の約3400万円（2007年度）である。行っている事業は、ほぼ法人Aと同様で、特定非営利事業では、生活支援食事サービス（一日約60食365日実施）、川崎市生活支援型食事サービス（同　約30食）、通所介護サービス請負、地域ミニデイサービス、会食会、ランチ会などを行うとともに、ランチサービスなどの一般収益事業も一部行っている。AとBが異なるのは、Bが比較的無償ボランティアが多いことが特色といえる。

3．ソーシャル・ビジネスの課題、後継者問題と競合問題

以上をまとめていくと、ソーシャル・ビジネスの問題として、後継者問題と地域内の競合問題の2つが浮かび上がってくる。解散したNPO法人Aは、事業規模も小さく、市民事業を開始してから約15年以上経過していた。このため、NPO申請当時から後継者問題は内在していた。NPO法施行とともに初期に認証されたNPO、なかでも少子高齢化のなかで、福祉などの関連分野の多くが、早期に社会的問題の顕在化などから、事業開始時期が早く、財政規模も脆弱なため、補助金の打ち切りなどからの活動資金問題が現れ始めている[4]。とくに、事業化とミッションの意識の乖離がこの方向性を決めることになり、このため、資金問題が組織の活動自体、さらには後継者問題も含めて、事業継続の断念、解散を加速させた可能性はある。

また、分野にもよるが、Aのように、内的理由だけでなく、インフレによる外食産業全体の低迷などの外的理由と民間企業との競合などから、簡単には一般事業化しにくい[5]。同様に、こうした外的理由を抱えやすい分野では、同様に解散などの方向性があると思われる。

次に、地域内の競合について考えていこう。ソーシャル・ビジネスのなかで、特定の小さなエリアで活動している組織は多い。多くは所在の

市町村、さらにはその一部である場合が多い。小さなエリアで活動する場合、そのニーズをミッションから限りなく十分なサービスを維持したいということが主な理由である。NPO法人Aの場合は、無添加、保存料なしで手間と時間と愛情をかけた、暖かいものを運べる地域であった。少子高齢化の中で高齢者の需要は増加する可能性もあったが、ミッションとの問題からの供給拡大の限界と、組織内の人々の高齢化が結果として、これを困難にしたと思われる。

同様に、地域内の競合や後継者問題が今後内包する分野として、子育てなどの事業があげられる。

社会的問題の顕在化から始まった子育てなどに関連する組織は、地域内の少子化による需要減から、地域的な競合の可能性があり得る。まだ後継者問題は必ずしも生じていないが、多くが少子化のなかで自ら問題を解決しようと考えた母親世代が始めたものが多く、中心メンバーも年齢があがりつつある。そして、いつか地域的競合を契機に、ミッションを広げ、差別化をするか、地域を広げるか、さらには合併の選択となるかもしれない。

しかし、こうした可能性のある子育て系の中で、特色あるサービスと広い地域で活動を行っている、2つの事例から、後継者問題と競合などを再度考えてみよう。1つは、NPO法人フローレンスである。子育て系のなかで、病児保育と病後保育を特色にしている。職場で子供の病気、熱などから早退し、いやな思いをした人は少なくないだろう。東京23区を中心に、千葉、神奈川の一部まで広げ、活動を行っている。2004年に内閣府認証を経て、2005年度の収入の約2000万円から2009年度には本業の病児保育事業中心に、約1,4億円に伸ばしているが、単なる保育事業と異なり、急な子供の病気対応などに特色を持たせ、さらに不特定数な保育数を地域拡大と法人契約によって補完しているといってもよいかもしれない[6]。

もう1つは、カフェにも来ていただいた、NPO法人ファザーリングジャパンである。2008年に東京都で認可され、東京を中心に、「父親支援事業の一環として男女共同で自主管理する保育園の運営、支援者の

養成による男女共同参画事業、子育てに関する講演会・セミナースクールの開催及び調査・研究事業、情報誌・機関誌の発行及びホームページの開設による普及啓発事業を行い、同じ目的を持つ多くの方々の意識を高め連携を図っていくことで、不特定多数の方々の利益を増進し、豊かな地域社会の実現に寄与することを目的としている。」(定款より)

父親を子育て事業を特色とし、特定の保育所などのハコを使用せず、代表の方の全国への講演事業やセミナー、子育てパパのコミュニティ構築など多くの活動を通して、普及啓発活動を主にしているもので、理事長は連絡するのも難しいぐらい忙しく働き、それなりの収入も十分得ている[7]。

この2つに共通しているのは、前述したように活動に特色があり、小さなエリアで必ずしも活動を行っているわけではないことである。また、比較的中心となっている人々が若いため、現時点での後継者問題はない。もちろん、小さなエリアでさえも社会問題のセーフティーネットの1つとして、活躍されているNPOなどはたくさんあり、今後すぐ問題が出るわけではない。また、子育てに関するNPOも多種多様なミッションと活動を行っているのはいうまでもない[8]。しかし、都心の小学校の合併などにみられるように、少子化は今なお進行し、一方で郊外住宅地は高齢化のなかにあり、地域は変貌するのである。

4. 郊外地域の現状と担い手

少子高齢化のなかで都市の郊外の変貌が一段と進行している。住宅地の老朽化も含めて、高齢夫婦の2人世帯、単身世帯が増加している。専修大学のある川崎市も、人口増加がみられるものの、数字とは裏腹に旧来開発された住宅地を中心に、人口増加がみられる川崎市北部でも、少子高齢化が進行している。

そして、北部を代表する、東急、小田急など私鉄沿線の高津、宮前、多摩、麻生4区の住宅地域には、リタイアした団塊の世代が急増している。宮前区、麻生区など、かつて大型の住宅開発をした地域では、平

成2年から平成17年の15年の間に、昼間人口比率が5～10ポイントも上昇している。これは、老年人口比率の上昇も伴うことから、多くが団塊の世代のリタイア層が戻ってきたとみるべきであろう。

現在、高齢者自身が社会における役割を見いだし、生きがいを持って積極的に社会に参加できるよう、各種社会環境の条件整備に努めることが重要になっている（平成22年度高齢社会白書）。このため、老人クラブなどの従来型組織だけではなく、NPOや海外ボランティアなど多様な受け皿が必要となっていることが指摘されている。

東京圏郊外の団塊の世代は、成長期の日本経済を担っていた人々が多く、所属企業の企業人として行動、生活することが多かったが、不便さも感じておらず、地域とのかかわりがうすく、戻ってきても地域コミュニティへの参加が十分にうまいとはいえない。むしろ、従来型の自治会、町内会活動は就業時期には時間の制約などもあり、率先して参加する傾向は少ない状況であったと思われ、川崎市北部地域でも同様な状況であった。しかし、これ以外での社会活動経験は川崎市平均値よりも高い場合が多く、5分の1から4分の1が経験していた（川崎市市民アカデミーアンケート調査結果報告、2008）。これらから、比較的希望はあるものの、地域に何を求めていいか、どのような受け皿があるのかが、わからないのが現状ともいえよう。

地域社会への受け皿の1つとして、従来までの経験を生かすプロボノ活動や、起業までしなくても、地域型のソーシャル・ビジネスへの参加は可能である。

これは、近年学生が行った、地域での環境事業やイベント事業の参加者などでも示されたことである。平成20年、21年と川崎市麻生区で、エコバック作り、冬のキャンドルナイトイベントをツールとして、中・長期的な地域の絆の場を作ることを目的に、ゼミの学生が地域の課題型インターンシップを行った。前者のエコバック作りは、初年度が保育園児、次年度が高齢者と子供を対象に区役所など行政や地元組織もバックアップしていただいた。そして、次年度の高齢者とこどもの交流の際には、公的施設である「老人いこいの家」2か所を中心に行った。少子

写真1 エコバック風景

化の時代で子供にとっては高齢者と接する機会は比較的少なく、同様に二人世帯になった高齢者にも子供とのかかわりは少なくなっている。非常に好評な結果となり、川崎市麻生区の交流モデル事業[9]にもなった。そして、準備や当日の催しにおいてもリタイア層の方々が喜んでボランティアとして参加され、機会や場があれば活躍できるという結果ともなった（写真1）。また、キャンドルナイトのイベントも人の集まる場を提供すると共に、多くの世代が見にきてくれ、新たな可能性も見出せた。

こうした結果から推察されることは、川崎市北部の各地域のリタイア層は高学歴、高収入の人々が多く、地域の所得も年金比率が上昇しているにもかかわらず、地域社会への参加希望も比較的高いことがある[10]。仕事以外の社会活動への参加の有無への希望は見逃せないものがある。したがって、地域での場をどのように増やしていくかが、今後の問題解決の1つとして、単なる受け皿としてではなく、次のステップに向け

ての舞台として必要になっていくのではなかろうか。

5. おわりに

　川崎市におけるNPO法人の1つの解散事例から、多くのNPOの抱える課題を後継者を中心とした経営危機の問題と地域的な競合課題などから概観するとともに、後継者が生まれる地域社会の現状を団塊の世代のリタイア層を中心に考えてきた。NPO法成立から約10年、この間に社会もNPOなどのソーシャル・ビジネスに関する組織自体も大きく変わりつつある。今後、ソーシャル・ビジネスがかかわる分野や地域社会の変化から、NPOなどが解散や合併することはあるであろう。

　ソーシャル・ビジネスが社会を変革できるかは今後に期待していきたいが、地域社会にかかわる人々を変えていく方向にあることは間違いないであろう。リタイア層や若者層が担い手となるかに関して述べることでおわりにかえたい。前章でも述べたように、リタイア層にとって、気持ちはあるものの受け皿の課題が残る。もちろん、従来の社会経験をいかして、起業することはやぶさかではない。しかし、多くのリタイア層の社会経験を、プロボノ活動で幅広くソーシャル・ビジネスに反映されれば、より事業も刷新し、新たな展開を迎えるのではなかろうか。このためには、地域のソーシャル・ビジネス企業の認知がより重要になってくるであろう。現在、多くの人々はどこにあるのか、何をしているのかがわからないのが実態である。どのように、これまで以上に認知させていくのかが課題となるであろう。

　また、こうしたリタイア層が参加することによって地域社会も新たな変貌する可能性がある。地域コミュニティの再生は従来型には戻らない。それは、都市化が進み、絆が薄れていっている今、誰もが実感することであろう。企業社会一辺倒できた人々が新たに絆、ネットワークを作ることで地域や世代間の交流も生まれ、方向性を作る可能性はある。

　もちろん、こうしたリタイア層だけでなく、若者も含めて機会はある。30代を中心とする昨今のプロボノ活動への参加は、チャンスとも

いえよう。こうした活動参加への意欲は、右肩上がりの成長を知らない世代に多い。新たな価値観から社会を変える可能性もあるかもしれない。

注
1) http://www.chiba-npo.jp/tm/keikaku3.pdf　を参考とした
 「千葉県のNPOの現状と課題」
2) 平成22年度　高齢社会白書より
3) 設立から解散の状況までは、KSでの派遣した3人のレポートおよび聞き取り調査などを主にしている。
4) 行政との補助金問題などの多くは以前から日本の大きな課題となっている。分野にもよるが、初期の短い補助金需要が過ぎ去ると、自立する方向性が規模が小さいと困難になりがちなのが現実である。
5) 建物の委託管理事業など近年NPOなどが行っているケースが多いが、民間企業が競合して手を上げる場合も出始めている。
6) http://www.florence.or.jp/ などを参考。
7) http://www.fathering.jp/ などを参考。
8) 若者が学生時代に起業し、カフェにも来てもらった「カタリバ」も特色がある。
 詳細は　上坂徹「カタリバ」という授業　2010　英知出版
9) 平成20年度の川崎市麻生区の区民会議のモデル事業となった。また、この活動は地域にも広がりつつあり、既存の子供会などのイベントなどにも招待された。
 キャンドルナイトも同様に地域の絆の場を設けるのが主体であったが、認知度と時間の関係から、平成21年には行ったイベントは学生中心の飾りつけとなった。平成22年冬には小規模ながら市民参加型のキャンドルイベントを多摩区で行なった。
10) 川崎市の各種統計資料による。

参考文献

「川崎市市民アンケート調査報告」（2008）川崎市
『高齢社会白書』（2010）厚生労働省
『「カタリバ」という授業』（2010）英治出版
「千葉県のNPOの現状と課題」（2008）千葉県

第14章
コミュニティ・ビジネスの戦略的展開
マーケティング発想で計画を作る

為崎　緑

1　事業性と貢献性

　コミュニティ・ビジネスの計画立案にあたって、必要な発想を考えるために、まず一つの問題提議を行う。次に示す事例の事業運営者Aさんの考えは、肯定すべきだろうか、それとも否定すべきであろうか。

> **事例：お客様（利用者）が来ない日も店を開ける？**
> 　Aさんは、地域の誰もが気軽に利用できるスペースとして「コミュニティカフェ」をオープンしました。開業時に特別な広告宣伝をしなかったこともあり、利用者数が伸び悩む中で、事業採算の確保が課題となっています。曜日別の売上高を集計したところ、日曜日の利用者が平日の半数となっていますが、定休日は平日に設定されています。経費削減の視点から、定休日を日曜に変更することを助言されましたが、「皆が集まれる場所を目指しているのだから、平日に来られない人のために、日曜も開けておかなければ不親切だ」とAさんは言います。

　この事例を考える際に、コミュニティ・ビジネスの事業展開には、2つの要素が求められることを押さえておく必要がある。それらは「地域・社会貢献性」と「事業性」である。もともと地域や社会の課題解決を目的とするコミュニティ・ビジネスに「貢献性」をいう要素が求められることは言うまでもないが、今ひとつ求められる要素として、継続可能な収益をあげるという「事業性」があることを忘れてはならない。A

図表1　コミュニティ・ビジネスの位置付け

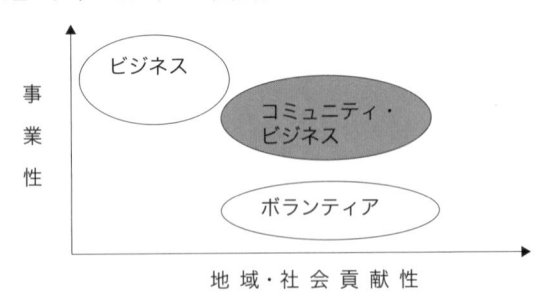

```
事
業   ビジネス     コミュニティ・
性               ビジネス

        ボランティア

            地域・社会貢献性
```

さんの考えは、「貢献性」という観点からみれば、肯定すべきと考えられるが、「事業性」から見た場合には、再検討の余地がある。図表1に示すように、ボランティアや一般のビジネス（以下、ビジネスと記載）と異なり、これら2つの要素のバランスを求められることが、コミュニティ・ビジネスの難しさである。

2　継続性を維持するためのマーケティング発想

コミュニティ・ビジネスにもマーケティング発想が必要な理由は「事業性」が求められるからに他ならない。この点においては、ビジネスと共通するのだが、最大の使命は「事業の継続」にある。前の事例のAさんのように、地域の人が集える場を作りたいとの想いを持って立ち上げたとしても、継続できず閉鎖することになれば、そこを利用していた人達が居場所を失い困ることになる。こうした事態に陥らぬよう、社会的責任を持って、安定的に事業を継続するにあたっては、ビジネスの手法に大いに学ぶべき点がある。一般的なビジネスの世界におけるマーケティング（組織による生活者ニーズ充足のための創造的活動）は、図表2のステップによって進められる。

こうしたマーケティングステップをコミュニティ・ビジネスに適用した場合の留意点を次項以下で具体的に見ていくことにする。

図表2　一般的なマーケティングステップ

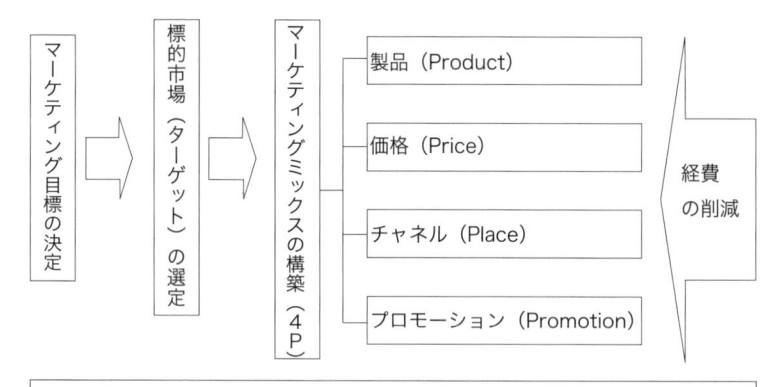

```
マーケティング目標の決定 → 標的市場（ターゲット）の選定 → マーケティングミックスの構築（4P）
                                                    ├─ 製品（Product）
                                                    ├─ 価格（Price）
                                                    ├─ チャネル（Place）
                                                    └─ プロモーション（Promotion）
                                                          ⇒ 経費の削減
```

- ■目標の決定　　　　　　　：売上高や利益などの観点から具体的な数値か掲げたり、与えられた期間内に達成できるような仕事として示す。
- ■標的市場の選定　　　　　：的確に顧客（利用者）のニーズを充足するため、対象とする市場を明確化する。
- ■マーケティングミックスの構築：目標を達成し、標的市場のニーズを充足するために最も効果的であると考えられる方策を組み合わせる。
  ※小売業におけるマーケティングミックスは一般的に下記の3つでとらえる。
  ・立地、店舗　　・マーチャンダイジング
  ・プロモーション

3　目標の設定

　ビジネスでは、一般的に売上高などの数値目標を設定する場合が多い。これに対し、コミュニティ・ビジネスでは、ともすると明確な目標を立てることなく、目の前の地域課題の解決に走り出してしまいがちである。しかしながら、安定的継続のためには、必要とされる目標収入額などを明確にして、関わるメンバー間で共有する必要がある。その際、コミュニティ・ビジネスにおける収益の構造が次のように、ビジネスとは大きく異なることに留意しなければならない。

> ■ビジネスにおける収益構造
>   利益 ＝ 売上高 － 経費
>
> ■コミュニティ・ビジネスにおける収益構造
>   利益 ＝ （会費・寄付金収入＋事業収入＋助成金など）－
>   （経費＋経費をゼロとする協力……例えば無償提供・
>   貸与・ボランティア）

　まず、ビジネスとは異なる収入源として、会費・寄付金収入や助成金がある。これらは、事業を行うことによって得られる事業収入とは異なり、事業への共感者、賛同者や支援者から得られるものである。コミュニティ・ビジネスにおいては、弱者支援などの「困りごとの解決」を事業テーマとした場合、受益者（ビジネスにおける顧客）に直接料金の負担を求めることが難しい面がある。このような場合、事業収入以外の収入の確保を要することになる。

　一方、経費をゼロにする協力が得られる可能性があることも、コミュニティ・ビジネスにおける収益構造の特色といえる。例えば、高齢者介護事業にあたって、無償で場所を貸与してくれる地元協力者が得られる、コミュニティカフェの運営においてボランティアで協力してくれる人がいる、などのケースである。こうした収益構造を前提として、必要な経費を算出し、収支の採算を採るための収入目標額を設定した上で、多様な手段によって必要な収入を確保していくことになる。

4　標的市場の選定

　ビジネスの手法と同様であるのは、事業の対象とする層やニーズを市場細分化によって明確化することである。コミュニティ・ビジネスを始めようとする人に、なぜ事業を行うのかと問いかけると、「地域の皆が必要だと言っている」という答えが返ってくることがあるが、これを根

図表3　一市場細分化の例

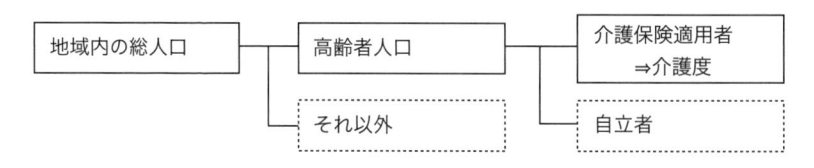

```
地域内の総人口 ─── 高齢者人口 ─── 介護保険適用者
                │              │   ⇒介護度
                └ それ以外       └ 自立者
```

拠とするのは非常に危険である。安定的な事業継続のためには、「地域の皆」ではなく、「市場細分化」によって、もう一歩踏み込んで市場を見極めることが求められる。「市場細分化」は、一定の基準に基づいて市場をセグメント（細分市場）に分け、事業の対象を絞り込むという手法である。

　具体的に高齢者を対象とした通所介護事業（施設を設置して通所してもらい、サービスを提供する事業）を例に、標的市場の選定を考えてみると、図表3のようになる。

　地域における高齢者人口を調べ、これを一括りに「高齢者」として、事業の対象者と想定することはできない。なぜなら、比率から言えば、介護保険制度の適用を受ける人の割合は、元気で自立して生活できる人に比べるとずっと少ないからである。また、どのような施設で、いかなるサービスを提供していくかを決定するには、どの介護度（要支援1・2、要介護1〜5）の人が多いかといった調査まで必要ということになる。

　さらに、コミュニティ・ビジネスにおける市場の見極めは、地域特性が深く関わってくるために難しい場合が多くある。地域内に介護を必要とする高齢者数が多くとも、同居家族がいて、家庭内で面倒を見る風習が強いところでは、高齢者に通ってきてもらい、預かるような「デイサービス施設」に対するニーズは少ないということになる。このような実態は、既存の統計データなどだけでは、把握しきれない部分である。事業の立ち上げを検討する際には、事業採算に見合うだけのニーズが地域内に存在するのかを、市場細分化などによって、慎重に検証することが必要である。

5　マーケティングミックスの構築

　コミュニティ・ビジネスは店舗（施設）の設置を伴うことが多いため、具体的な方策の構築にあたっては、小売業の手法を活用するのが現実的と考えられる。こうしたことから、以下では、小売業のマーケティングミックスである「立地・店舗」「マーチャンダイジング（提供内容）」「プロモーション」の３つを取り上げて説明を加える。

(1)　立地・店舗（施設）

　大きな店舗や施設を抱えてしまうと多額な家賃が発生し、固定費の負担が重たくなることから、事業の展開にあたっては、まず定常的に店舗や施設の設置が必要であるのか、また、大きさは適切であるのかなどを、慎重に検討することが必要である。高齢者介護に取り組む場合、通所介護では、人が集まれるスペースが必要となり、さらに常時人を配置しなければならぬことから、家賃や人件費の固定費水準が高くなる。一方、訪問介護の場合には、事務所程度のスペースがあればよく、依頼に応じて人を派遣すればよいため、固定費が、通所介護に比べ低水準となり、負担が軽減されることになる。

　こうした検討を経て、店舗や施設を設置することを決定したならば、次にどこに設置するかという立地選定を行うことになる。ここでもコミュニティ・ビジネスに特有な留意点として、地域特性への配慮があげられる。悲しいことではあるが、障がい者支援や高齢者介護など、社会的弱者に対する支援施設への理解がどこの地域でも得られやすいという訳ではない。そうした中で、施設に通ってくる利用者にとって、地域に暖かく迎えられる、声をかけてもらえるといった要素はとても大切なものとなることから、地域特性を加味した立地選定を行うことが望まれる。不登校・引きこもり者の支援団体が、商店街の空き店舗を活用して交流スペースを設置し、スペース利用者の若者が商店街や商店の仕事を手伝うようになったなど、地域に暖かく受け入れられ、良好な連携関係

図表 4　入りやすい環境の創出例

を構築している事例もある。

　こうした立地選定を行いつつ、店舗や施設そのもののハード面の検討を行うことが必要とされる。その際、地域の誰もが抵抗なく利用しやすい環境を創り出すことを心がける必要がある。時として、地域の集いの場を目指して設置した場所であるのに、「コミュニティカフェ」という表示のみで、何が提供されているのかの看板もなく、外から見通しもきかず、どのようなスペースなのかをうかがうことが出来ないというケースを目にする。これでは、地域の皆に集ってもらいたいという想いの実現には至らない。どういうスペースで、何が提供されているのかを分かりやすく表示するとともに、外からの見通しを確保することを心がける必要がある。図表4は地域の交流スペースを外から見た写真であるが、全面ガラスにするとともに、折り戸にして気候の良い時には開放し、スペースの外と内に敷居を作らない工夫が行われている。

(2) マーチャンダイジング（提供内容）

2つ目に検討が必要な方策は、提供内容である。小売業の方策に即して考えるならば、まずは、図表5のように、品揃えの幅と深さを検討することになる。

図表5　品揃えの幅と深さ

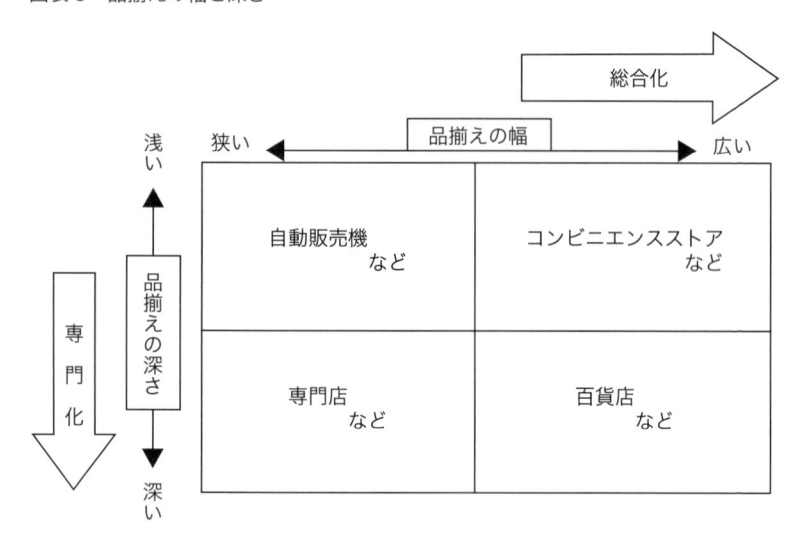

```
                                      総合化 →

          狭い ←── 品揃えの幅 ──→ 広い
      浅い ┌─────────────┬─────────────┐
          │             │             │
          │   自動販売機   │ コンビニエンスストア │
          │     など     │     など     │
   品揃え  ├─────────────┼─────────────┤
   の深さ  │             │             │
 専門化    │    専門店    │    百貨店    │
   ↓     │     など     │     など     │
      深い └─────────────┴─────────────┘
```

コンビニエンスストアのように、店舗面積が余り大きくなく、近隣の人に便利に利用してもらう業態では、「浅く広い品揃え」を行い、日常生活に必要なひととおりのモノやサービスを揃える方策をとっている。品揃えの幅を広げることを総合化、品揃えの深さを掘り下げることを専門化といい、品揃えには大きく分けて、この2つの方向性がある。いずれの方向性を採るのかは、保有する資源（店舗や施設の面積・人材やノウハウ・調達できる資金など）や、地域内の競合相手などとの関係から決定する必要がある。この決定は固定的なものではなく、まずは身の丈にあった規模から始め、事業基盤が構築されたところで、拡大を図るといったステップを踏むことも考えられる。

図表6は、まず事務所を設置して、訪問介護・居宅介護事業を開

図表6　ステップを踏んだ事業の拡大事例

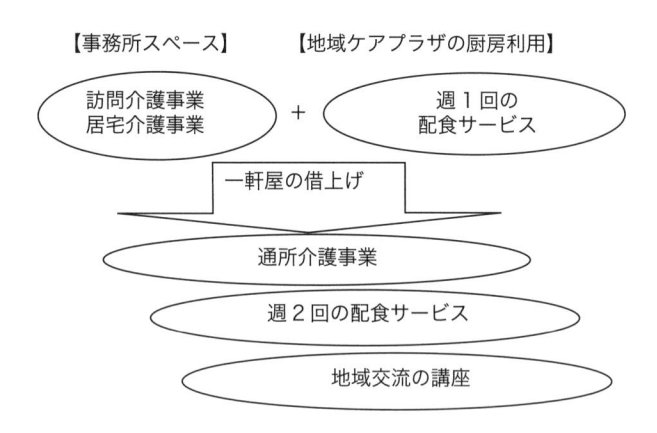

【事務所スペース】　　【地域ケアプラザの厨房利用】

訪問介護事業
居宅介護事業　＋　週1回の配食サービス

一軒屋の借上げ

通所介護事業

週2回の配食サービス

地域交流の講座

始し、経営体力を付けた上で一軒屋を借り上げて事業の拡大を図ったNPO法人の事例である。

提供内容に関連するもう1つの重要な要素が価格の設定であり、一般的な価格設定の考え方には図表7の3つがある。コミュニティ・ビジネスでは、地域の誰にも利用してもらいたいとの想いから、「需要志向」の視点を重視する傾向がある。だが、今一度、前の項で述べた安定的事業の継続性の観点から価格設定が妥当であるかを慎重に検討することが必要である。

ビジネスのように、儲けられる上限で価格設定を行う必要はないがコミュニティ・ビジネスにおいても、事業の継続に必要な水準を基準として適正な価格を設定することが求められる。

図表7　価格設定の3つの視点

①コスト志向	商品やサービスの生産・販売などに伴う費用を第一に考慮して設定する方法
②需要志向	消費者需要に重点を置いた価格設定法で、買い手の支払い能力などを基準とする
③競争志向	競争企業の動向などを考慮した価格設定方法

(3) プロモーション（販促・サービス）

3つ目の方策がプロモーション（販促・サービス）である。コミュニティ・ビジネスを立ち上げ、意外と顧客（利用者）の確保に苦戦するケースが多い。それは、コミュニティ・ビジネスに取り組む人にとっては、「コミュニティ」や「NPO法人」という言葉が当たり前の言葉のように感じられるが、そうした言葉を理解していない、距離を感じる人がまだ多くいるからである。通常の喫茶店なら、「お茶を飲む所」という場所の性格が明らかで、メニューと価格も明示されているので、安心して入ることができる。これに対して「コミュニティカフェ」や「NPO法人が運営する交流広場」などと表示されても、よく分からない場所として敬遠されてしまう。地域に根付くためには、プロモーションの手段を検討し、地域にしっかりと伝えることが必要である。

一般的にプロモーションの手段と媒体には図表8のようなものがある。こうした中で、コミュニティ・ビジネスにおいて比較的有効と考えられるのは、新聞が報道として取り上げてくれる「パブリシティ」である。「パブリシティ」は、新聞社などの機関が責任を持って伝えることから信用を得やすく、「全国紙の地域面での報道をきっかけに利用者が増大した」との声をよく耳にする。即ち、地域内の信用力がまだ弱い場合には、信用ある機関・団体を通じて情報発信を行うと、安心感を与えやすいということである。

歴史ある商店街なども、地域内でしっかりと信用を得ている団体の1つである。商店街内の空き店舗を活用して施設を設置した場合などには、商店街とコミュニケーションを図り、商店街のチラシに施設の案内を掲載してもらう事も考えられる。また、行政の発行する市報・区報などを通じて発信するのも有効な手段といえる。一般的なテレビ広告は、多大なコストをかけて、広い範囲に発信する手段であることから、コミュニティ・ビジネスには不向きである。ただし、介護団体などが、ケーブルテレビを通じて、介護に関する知識や情報を地域の人に発信するといったケースが見られる。どのような手段を通じて発信すれば、地域に提供していきたい商品やサービスの価値を伝えることができるの

図表8　プロモーションの手段

人的販売	人による営業活動
広告	媒体を通じたメッセージの伝達
パブリシティ	新聞社・テレビ局等の第三者機関による報道
セールス・プロモーション	景品・懸賞等の多様な手段

【マスメディア】
テレビ・ラジオ・新聞・雑誌
【それ以外】
インターネット広告・折込チラシ
地域紙・看板　など

か、慎重な検討が求められる。

6　おわりに

これまで説明してきた3～5の項目のそれぞれの検討を図り、2のマーケティングステップの流れでまとめることによって、戦略的な計画の構築を図ることができる。熱い想いを持ちつつ、マーケティング発想を視野に入れて、持続可能な事業を目指していくことが望まれる。

■「KSコミュニティ・ビジネス・カフェ」講義抄録■

編集　神原　理

　「KSコミュニティ・ビジネス・カフェ」とは、専修大学大学院経済学研究科が運営する社会人向けの「KS（川崎市・専修大学）コミュニティ・ビジネス・アカデミー」のなかで開講した公開講座である。様々な社会・経済的な課題に取り組んでいる実務家や研究者を専修大学サテライトキャンパスに招き、地域社会の現状と課題について自由に語り合う場として設けられた。これは、社会・経済的な課題に取り組む人たちと一般市民とをつなぎ、様々な地域活動に対して理解を深めていく場づくりをすることで、地域の活性化に貢献しようという試みである。「カフェ」と称した理由は、既存の学術的な講演会やシンポジウムとは異なり、カフェ・スタイル（参加者が自由に飲み物を持ち込み、小規模な会場で語り合うスタイル）で地域の課題を話し合う新しい地域のコミュニケーション・スタイルとして運営したいという考えにある。

　「KSコミュニティ・ビジネス・カフェ」では、これまで様々な講師を招聘してきたが、そのなかから以下の講演を抄録として掲載した。

1. 「市民活動の基礎知識と川崎市における市民活動の現状」財団法人かわさき市民活動センター理事長　小倉敬子氏
2. 「父親支援とワークライフ・バランスの課題」NPO法人ファザーリング・ジャパン代表理事　安藤哲也氏
3. 「高島平再生プロジェクトについて」高島平総合研究所所長　堀口吉四孝氏

第 15 章 KSコミュニティ・ビジネス・カフェ　特別講演
市民活動の基礎知識と川崎市における市民活動の現状

小倉敬子

1　市民活動に至る背景

　皆さんこんにちは。市民活動センター理事長の小倉と申します。私は二十数年前に主人の海外駐在のため5年余り家族でカナダに住み、いわゆる帰国子女の親として日本に帰ってまいりました。当時、たくさんの海外駐在員が帰国してきたときで、文部省は帰国子女の受け入れ先として指定校や研究校を設けていました。川崎市や横浜市では、各区に1校ずつくらいそういう学校がありました。帰国子女は、外見上は日本人ですが、生活意識の面では日本の生活に慣れていない子どもたちがたくさんいて、学校や地域活動でのトラブルが生じる場合があります。親も少し日本ぼけしておりますので、帰国後の生活がソフトランディングできないという現状がありました。そこで、中学校のOBが集まって「LET'S国際ボランティア交流会」を約20年前に設立いたしました。

　神奈川県の長須前知事の頃、神奈川県の外国人県民会議をつくり、同時に「NGO国際協力会議」を立ち上げました。NGO (Non-Government Organization) というと「国境なき医師団」や「フェアトレード」などをご存知かと思います。通常、海外での活動が中心になりますが、国内にいる外国人の支援団体もNGOと位置づけ、私は第1期の委員になりました。国内での支援と海外での支援とは規模も違いますし、やることも全く違いますが、志として外国人の支援をしていこうという気持ちは同じです。こうした活動をとおして行政との様々な関わりをもっているうちに、市民活動センターの理事長になったというのが、市民活動に関わる私の簡単な経緯でございます。

2　市民活動に取り組む姿勢

　市民活動について川崎市ではどういう施策が進められてきたのか、そして私たち市民活動センターは何をしているのかというお話をしたいと思います。

　市民活動のベースになるのが「自主性」です。何でも自らの力で、自ら考えて行動する、これが一番大事なことです。よくボランティアで「私は友だちに頼まれてやっています。お手伝い程度で…」という方がたくさんいらっしゃいます。聞こえはいいのですが何だか主体性がない。いろいろな講座でお話をしますが、たしかに最初は頼まれてボランティアをする方がいっぱいいらっしゃいますが、頼まれた後、続けているのはご自分の意志です。頼まれてもイヤであれば断ればいいわけです。付き合いで1回行っても2回目で断ればいい。けれども続けているということは、ご自分は意識していないのですが、そこに自分の意志、続けようという力が働いているわけです。

　そこで自分が認識をしているか、していないかによって、その後の行動は全く変わってきます。「これをやろう」と思ってやっている方は、やはり積極的にいろいろなところに関わっていって、新しい世界が広がっていきます。けれども「お手伝い」だと思いながらやっていると消極的ですし、なかなか活動に深く関わってこない。そういうところは市民活動にとって非常にマイナスになるわけです。「私は、いつも友だちに誘われてやっているからあまり楽しくなくって」などと言う方がいらっしゃいますが、私は、「それならば辞めてください」と言います。そういう思いで活動をしていると、例えば障害者のお手伝いなどの場合、気持ちが伝わらなかったり、通り一遍で配慮に欠けることもあります。それがわかっても、受けた側の障害者の方は「ありがとう」と言います。だけど、気持ち的には本当はそうは思っていないということがたくさんあります。私は社会福祉協議会の理事も以前しておりまして、現在も関わっておりますので、障害者や高齢者の方ともいろいろな接点がありますが、本音を聞くと「やっていただいているのにここが悪い、あ

れが悪いって言えないのよね」「ありがとうしか言えないのよね」と話します。そういうことを聞くと、私たちはボランティアや市民活動というのは、本当に自分たちがやれることをきっちりと自分の意志を持ってやっていくということが大事だなと思います。

　もうひとつ大切なことは、私は「ボランティアの困ったさん」と呼んでいますが、「上から目線」で考える人、そして「やってあげる」という思いのある人、これは非常にマイナスになります。私は、ボランティアは「させていただく」という気持ちで取り組んで欲しいと思っています。こういう場を与えてもらって、相手がいるからボランティアができるのです。相手がいなければボランティアはできない。そういうチャンスを与えていただいて、自分ができることをやらせていただく、そしてそれを通して自分に対しても喜びが生まれるという関係があるわけです。私はこれができるけど、あなたたちはできないからやってあげるという意識で活動されると、受ける方は非常に嫌な思いをします。ですから、市民活動を長い間続けているグループは、そうした心得がきちんとしていて意思統一されています。そうした姿勢で活動を続けていくことが、ボランティアや市民活動の基本だと思います。

3　川崎市における市民活動の課題と支援

　川崎市における市民活動は、いろいろな分野で取り組まれています。基本的には自宅が事務所で、給与もゼロという団体がほとんどだと思います。私が関わっている「LET'S」は設立から約20年たちますが、事務局は私の自宅です。会合などは市民館などの公共施設を使いますので、事務所を持たなくても活動できるわけです。そういうかたちで事業を行っているのが一般的で、資金もなかなか調達できない。会費を集めたりバザーなどで自己資金を集めたり、必要に応じて助成金を申請するなど、いろいろな知恵をしぼってやり繰りしています。

　LET'S は、設立当時、帰国子女の事例集「にじ」を 1,000 部出版しました。まだパソコンもなく、手書きの原稿を印刷屋さんに入稿し、

五十数万円かかりました。最初は幹部メンバーが持ち出しをしまして、売れるか売れないかわからないまま、自分たちの思いだけで出版しました。ところが3カ月で完売したので1,000部増刷しました。それもほぼ完売。そのうちの200部くらいが川崎市の小・中学校、市立高校、図書館、国会図書館に入っております。当時は校長会の研究資料としても使われました。といいますのは、帰国子女が何に困っていて、どうしたら日本の生活にソフトランディングできるかというデータを約400名のお母さん方から聞き取り調査をして作ったという、非常に画期的な資料だったからです。各新聞の川崎版にほとんど掲載され、時事通信の全面協力で全国ネットで情報発信され、読売新聞が海外に流してくれたことから駐在員や企業からも問い合わせが来て売れたという経緯があります。それで50万円の出資金を全部返してプラス40万円くらいになりました。この本の印刷経費が1冊500円で売価が750円なので、本の事業収入を活動の基本財産とし、会費やバザーの収益などを活動資金として使ってきました。新たな事業をする時などは、自己資金を使わずにダメもとで川崎市や企業などの助成金を申請しました。自分たちの資金を使わないでやりたいことをやるにはどうしたらいいかと考え、助成金が取れれば自己資金は余っていき、どうしても必要な場合に使える資金となるわけです。でも、なかなかそうやって前に打って出る団体ばかりではないので、お金がないというのが一番の悩みの種です。

　川崎市としての市民活動への取り組みですが、平成13年に川崎市は「市民活動支援指針」をつくりました。市民相互の支援が基本になっていますが、それができない間は中間支援組織をつくるべきだということで、ボランティアセンターがかわさき市民活動センターに改編し、再出発したといういきさつがあります。市民活動支援指針のなかに、進捗状況をみる推進委員会をつくるようにしたことで、指針の具現化としての提言に基づいて市民活動センターができたり、助成金制度ができたり、川崎市の協働型事業のルールも策定されています。行政と市民活動団体が協働型の事業をするとき、対等な関係はなかなか難しく、今までは委託事業しかありませんでした。行政施策を実行する実動部隊として代行

するのが委託です。けれども、市民活動団体が委託を受けるとき、業者と競合すると値段は安いわけです。業者は人件費をきっちりとつけているから受託費が高い。しかし、これでは市民活動が体よく安く使われているのではないかと思い、協働型事業のルールができました。

　協働型ですと、行政がやりたい事業を行政だけでやるより、市民活動団体と一緒にやった方が新しいノウハウが入ったり、事業がきめ細かくなったり、新しい展開ができたりと、行政としても非常にメリットがある。市民活動団体としては行政の仕事をやることで、社会的な信用と収益が得られる。そして、自分たちが思いを込めてやりたかったことを安心して実施できる。行政と市民の互いのメリットがあるのがこの協働です。反面、節目節目で意見を交わし、調整し連携しながらやっていくのは非常に面倒臭いことです。委託で受けたままやっていれば、契約してから完了届けを出すまで仕様書どおりに進めればいい。しかしそれでも協働のメリットや面白さはたくさんあるし、市民に対する事業の公開性や透明性もあって、協働型事業がようやく走り出したところです。

　そのほかに川崎市は、いわゆるヒト、モノ、カネをいろいろなところで支援しています。市民活動団体の活動拠点として市民活動センターをつくり、各区内では区役所や市民館、子ども文化センターなどを設け、麻生区の「やまゆり」などは地域のNPO法人に運営を委託しております。市民館は場の提供だけでなく、市民自主企画事業、自主学習事業もやっております。市民活動団体が講座やイベントをやろうと思うと、抽選で通らない限り会場が確保できない。しかし、多摩区市民館の自主企画事業に応募して通りますと、年間を通じて会場が無料で押さえられ、講師の選定も市民館の職員が協力してくれます。さらに、市民館の職員が担当としてつきますので、立ち上げたばかりのグループでも1年間支援してくれます。この制度は通れば3年間使えますので、設立間もない市民活動団体などにも非常に好評で倍率も高くなっております。費用は5万から10万円かかりますが会場費や印刷もタダですから、非常にメリットがあります。そのほかに「すくらむ21」、男女共同参画センターでは女性起業家のための講座をやっています。自分で事業を起こし

たい方への研修、川崎市の補助制度や空き店舗の優先的活用などの情報提供、社労士さんや税理士さんによる法的な手続きや出資方法などの講座もやっております。この講座を卒業した方が1年ぐらいの準備期間を経て起業したケースもあります。そういう意味で、川崎にはいろいろな市民活動と支援方法があることを皆さんに知っていただければありがたいと思います。

4　市民文化活動の支援

「ウィズ」というNPO法人市民文化パートナーシップの情報誌があります。私が理事兼事務局長で、設立からずっと関わっている団体で、川崎市の文化行政施策から出てきたものです。当時、私はいわゆる国際交流をはじめいろいろな委員会に出ていた関係で、文化行政施策の委員会に入れられました。川崎市各区には文化協会があり、各市民館の中に事務所があります。川崎市としては、伝統芸能のお師匠さんや先生だけでなく、市民文化という意味で、ストリート・ミュージシャンや演劇など、いろいろなものを包括できるような支援団体をつくりたいという思いがありました。それに基づいて委員会で検討し、新しい市民文化の風を川崎で吹かせようということで市に提言し、委員全員が関わる任意団体として立ち上げました。行政からは年間250万円の支援金が出され、事務所は文化財団に設けるという非常に優遇された団体でした。これを提言したときの委員長が日本NPOセンター代表の山岡さんでした。彼は当初から、5年をめどにこの団体をNPO法人化すると行政に提言しておりました。私は非常に抵抗しましたが、波にのまれる形で5年後に市の意向どおりNPO法人化しました。

NPO法人になってしばらくしたら、川崎駅東口の「ラゾーナ川崎プラザ」の運営委託事業をやることになりました。200人ほど入る多目的小劇場です。川崎市の普通財産ですから、ある程度の自由裁量で運営できます。横浜や下北沢の劇場などを調べ、そこより少し安い価格帯にし、運営主体や目的によって1日3万円から20万円までの設定をしま

した。運営にあたっては、企業の劇場運営者とジョイントベンチャーのようなかたちで契約しております。川崎市は施設を無料で提供し管理運営費を負担しています。文化財団が委託を受け、NPO法人と協働で運営しています。初年度は、オープニング資金、2年目はプラザソルを活用した事業費用を財団から委託金としてもらいましたが、3年目からは貸し館収入のみで運営しています。私も予測していたことですが、昨年1年間、何も支援なしでやってみたらとんとんでできたのです。ただ、お金のかかることは一切やりません。売り上げから人件費などの40万円、劇場の光熱費が月30万円くらい、清掃業者への支払いが40から45万円。残金は全て業者に渡すという契約をしました。NPOが受ける条件として行政にも説明し合意をえるまでには何カ月もかかりました。最近は景気が悪いので収入が減ってきてちょっと困っています。NPOの事業としては、このほかに文化活動の広報や啓発、支援、講師派遣、新たな講座の企画などをしております。あたるだろうなと思っているのが男性の茶道です。これはお手前をするのではなく、茶道の歴史、茶室の入り方、お茶の飲み方などを実体験する講座です。女性向けには、50歳からのメークアップ、しわ・たるみを隠し若く見える方法など、聞きたいけど聞けないような講座を入れながら進めております。

5　NPOの実情

NPO法人の活動はある意味、企業と同じように運営していかなければいけません。我々も昨年は100万円の税金を払い、今年は消費税50万円払います。NPO法人は今のところ税制では何のメリットもありませんので、企業と同じように税務申告をしなければなりません。人を雇う場合は労働基準監督局や法務局に行き、常勤スタッフには社会保険や労災、雇用保険も付けます。我々も任意団体のときはアルバイトを雇っていましたが、一定の事業を行うには常勤スタッフが必要になります。そうすると税理士さんや社労士さんとも相談し、お金の計算をしながら組織としてリスクの少ない戦略や事業展開を考えないといけません。ほ

とんどの NPO 法人はあまりお金がありません。福祉系の団体で介護保険制度などから委託事業を受けているところは収益がありますが、それ以外ではまず皆無と思っていただいて結構です。我々も劇場を運営するだけでなく、行政から委託事業を受けたり自主事業をしたりと、いろいろ知恵を絞ってやっております。

　川崎市の NPO 法人には「ままとんきっず」や「ぐらす・かわさき」のような体力のあるところもあれば、そうでないところもあります。「ままとんきっず」さんは 20 年ほど前から任意団体として活動しておりました。任意団体の期間が長くて、NPO 法人になったところは底力があります。NPO 法人も会社と同じで簡単につくれますから、NPO 法人や任意団体といった組織形態に拘わらず、団体の趣旨や活動の中身を見て判断していただきたいと思います。そうした評価姿勢を育むことも市民活動を発展させて行く上では重要なことになります。

> 第16章　KSコミュニティ・ビジネス・カフェ　特別講演
> # 父親支援事業とワーク・ライフ・バランスの課題
>
> 安藤哲也

1　ファザーリング・ジャパンの設立経緯

　ファザーリング・ジャパンの安藤でございます。本日はよろしくお願いいたします。最近、コミュニティ・ビジネスとか社会起業家といった言葉がよく使われていますが、僕がNPOとして社会的な事業活動を始めたのは最近で、まだ3年目です。事業目的は「お父さんの子育て支援」、あるいは子育てを通して「パパが自立していく支援」をしています。子育て支援は、これまでほとんどが母親の支援だったのですが、父親に特化した支援で、かつ運営者側も父親というのは日本初の試みということで、いろいろな自治体や企業などに研修や講演にいっています。我々の活動自体が日本ではまだまだ新しい枠組みというか、ライフスタイルの提案みたいなものですので、今がちょうど走り出したばかりのところです。男性の育児は経済優先のこの国ではなかなか進まなかった。最近は不況で残業がなくなってきていますので、お父さんの在宅時間が増えています。先週、父親の育児参加が少子化対策のひとつとして日経新聞の社説で初めて論じられました。やっとここまできたのかなという感じです。首都圏等では進歩的な考え方が広まってきていますが、全国的にはまだまだ地域差を感じています。そんななか、地道に活動を広げているところです。今日は、父親支援事業がどういうもので、支援事業の核となるファザーリングについて、私生活と仕事の両立、あるいは仕事と育児や介護との両立など、そういう生活場面でどういった課題があるかお話をしたいと思います。

　まず、僕がなぜこういうことをやり始めたのかお話しします。僕は

1962年生まれで今年47歳。子供は3人、小学校6年生と3年生、1歳の子がいます。1歳の子は保育園に通っていて、今日もお迎えを済ませてここに来ました。3人とも保育園児でした。私は明治大学を1985年に卒業して、22年間くらいサラリーマンをやっていました。出版社や書店を経て、2000年からIT系企業、NTTドコモ、2年前までは楽天で4年くらい勤めていました。携帯で小説が読める仕組みの立ち上げをやっていました。今まで9回くらい転職していますが、今はこれが一番面白いからやっていて、それがたまたまNPOだという感じです。それから、少子化や次世代育成、子育て支援、ワーク・ライフ・バランス、幼保一元化など政府や自治体の委員にも頻繁に出ています。

ファザーリング・ジャパンは、家の中だけのいいお父さんではなくて、地域のお父さんになろうということを提唱しています。それを実践すべく僕は保育園や学童クラブの父母会長をやりました。それから、今年の3月までの2年間、文京区の公立小学校のPTA会長などを務めています。お父さんによる絵本の読み聞かせチーム「パパ's絵本プロジェクト」を6年前から全国で展開しています。ファザーリング・ジャパンは、日本初の父親支援団体として3年前に立ち上げました。ファザーリングという言葉は耳慣れないと思いますが、僕が考えました。マザーリングというのはネットで検索したらあったのです。アメリカのキリスト教系の団体が良妻賢母の育成といった趣旨で活動していました。日本ですと自然育児といって、母乳育児や自宅出産、布おむつの使用などを推奨する人たちが使っていました。でも、ファザーリングっていうのはグーグルで調べてもなかなかなかったので「これはいいや!」と思ったのです。つまり、父親の育児をもう一度新しい価値観、新しいイメージで打ち出すときに、新しい言葉が欲しかった。それが例えば、父権の復権みたいな趣旨ではやりたくなかったのです。父親の権力をもう一度復活させようという考えは現在とはマッチしていないなと。今の若い人たちの気持ちとはちょっとズレている。我々は「かつて父親だった人たち」ではなく、「今、まさに子育てをしている」、あるいは「これから父親になる人たち」に向けての活動をしていきたいと考えているからで

す。時代は変わり子育て環境も変わるなかで、現代版にアレンジした父親支援活動をしたいと思い「Father ＋ ing」という言葉を使いました。父親の現在進行形、「父親であること。父親になったのだったら、それを楽しもうよ。そういう生き方をしていこうよ。それは決して義務ではなく、楽しい権利なんだよ」ということを伝えたかった。そして、そういう意識をもったお父さんが増えれば日本の社会が変わっていくだろうという展望をもって、ファザーリング・ジャパンという名前にしました。

　ところで皆さんはどうでしょうか。34歳くらいから下の世代は子育てに高い関心をもっています。そこから上の世代はあまり子育てへの意識や関心がない。彼らは小さい頃から、「男は仕事、女は家事・育児」という性別役割分業を家庭や学校ですり込まれてきた世代です。中学・高校で家庭科が男子必修になったのが11 〜 12年くらい前ですから、30歳くらいから下の世代は料理やボタン付けを習ってきている。それまでは違いますよね。小学校はありますが、中学に行くと技術課程です。あれは職業訓練で、男子が製図のひき方を習っている時間に、違う教室で女子はみそ汁のつくり方やボタンの付け方を習っていました。国をあげて男女の役割分業をすり込んできた歴史がある。それではいかんだろうということで、10年前に男女共同参画推進法が施行されて、そこから徐々に教育も変わっていった。女性の社会進出が進み共働きが増え、男性も当たり前に家事や育児をやるべきだという傾向になってきた。昨年のNHK文化研究所の調査でも、20代男性の90％が「夫も家事・育児をするべきだ」と答えています。実は、昔の僕は家事や育児への意識がまったくなかったのです。昭和3年生まれで国家公務員の父親は家事を何もしない。そういう父親に育てられ、父の姿を20年くらいずっと見ていると、自分でもできなかったです。それがたまたま、バリバリ働く妻がいたものですから、当然のごとく家事をやらざるを得ない状況に追い込まれました。上の子2人は僕が毎朝、保育園に送りました。今も送り迎えをやっていますが、それも含めて自分のなかのスイッチが入ったというか、OSが入れ替わったのです。年配の皆さんは

だいたいウインドウズ95みたいな古いOSで、子育てにもいろいろなソフトが必要ですから、それをサクサクと処理していくにはやはりOSが新しくないといけない。95だと1コやるたびにいちいちフリーズして、それが3回くらい続くと強制終了。これはイコール離婚みたいなことになるわけです。ですから、我々の活動はある種、強制終了の予防策といいますか、そういう効果をもたらしている。それは家庭内だけのお父さんの意識改革や家庭円満のためだけではなく、企業の長時間労働といった働き方の見直しにつながったり、家庭を取り巻く地域社会にお父さんたちが帰ってくることで地域が再生したり、青少年の非行防止や健全な次世代の育成などにも効果があるでしょう。

2　ファザーリング・ジャパンの活動

　ファザーリング・ジャパンでは、この10月から、これから父親になる人向けのスクール事業が立ち上がります。企業での独身者向けセミナーや大学での講義などです。非常に反応がいいわけです。「キャリアデザイン」として自分らしい人生をどう設計するか。多くの人は結婚し子育てをするわけですから、それに関するファザーリング的な考え方を教えています。もうひとつ、この4月から始めているのが「父子家庭支援」です。母子家庭は123万世帯で、父子家庭20万世帯のうち半分がお父さんと子供だけの家庭で、首都圏に多いです。地方はだいたい実家に戻りますが、地方から東京や大阪に出てくると父子家庭になってしまう。田舎は介護中の親しかいなかったり仕事もないので戻れない。リーマンショック以降、リストラで職を失ったり収入がダウンして困っている父子家庭がたくさんあります。母子家庭も同じ境遇ですが、国の支援が父子家庭には手薄なのです。所得制限はありますが、児童扶養手当が母子家庭には4万円くらい出る一方、父子家庭にはゼロなのです。理由は「男だから」ということだけ。父子家庭は母子家庭よりも年収が少し高い。父親はもともと就労していますから。母子の場合、母親は専業主婦で離婚してしまうとパートとかしかできないから年収200万円

台の人が多い。父子家庭は統計上、年収421万円ですが、これは200世帯くらいしか調べていないデータで、実際には年収300万円以下の父子家庭は全体の40%ぐらいいます。これは18年度の調査ですから、いま調べたらもっと増えているだろうと予測しています。そうした実態をパンフレットにして発表したら、うちの事務所の電話は鳴りっぱなし。日本中の困っている父子家庭のお父さんやその親戚からたくさんの問い合わせや相談がありました。そういう人たちを僕らは救っていきたいと考えています。ちなみに、児童扶養手当は遺族年金と同じような仕組みです。夫婦でずっと税金を納めてきた人は、夫が死んだら妻には年金が出ますが妻に先立たれた夫には支払われません。児童扶養手当も同じで、戦後の古いルールに乗っかった制度なので、何とか変えたいと思っています。男女平等共同参画という法律をつくっておきながらこっちは男女平等ではない。働く女性が増えて専業主夫は10万人ほどに達しています。彼らは妻が死んでも児童扶養手当がゼロですから自分で保険をかけるしかない。

　また、我々はいろいろなテーマでフォーラムを主催しています。先日、国会で育休法と介護法の改正がやっと通りましたが、僕らは去年の11月くらいに法改正の支援フォーラムをやりました。父子家庭支援のシンポジウムもやっています。待機児童も多いですよね。文京区は80人くらいで、うちの子もやっと東京都の認証保育所に6月から入れました。認証保育は高いですよね。認可はタダですけど。でも、文京区は3人目の子供からはタダなので助かっています。待機児童の問題は、ニュースでは行政の窓口にお母さんが駆け込んでいる姿しか映さないですよね。でもそれはジェンダーです。「子供を保育園に連れて行くのは母親だ。子育ては母親の仕事だ」というすり込み。ファザーリング・ジャパンには子供を送り迎えしているパパがたくさんいます。ですから、そういう父親たちで考える待機児童問題というフォーラムをやるのです。待機児童は入れれば終わりではないです。どんな子でも保育を受ける権利、実際には義務があります。小学校には待機児童はいないですよね。文科省にできて厚労省にできないことはないでしょう。この

フォーラムでは、みんなで政策提言をまとめ、翌週は渋谷で100人くらいのお父さんやお母さんとベビーカーでデモ行進をやりました。

父親支援事業としては、ファザーリング・セミナーをやっています。自治体や企業、労働組合からの依頼が多いです。20人くらいの受講者に集まってもらって実践力をつけてもらうセミナーです。時には父親の本音トークもやっています。ミソは母親を立入禁止にしているところ。なぜかというと、だいたい横に妻がいると夫は本音を言わない。夫はええ格好しいで、やってもいないのにやっていると嘘をつく。それで後で家に帰って夫婦喧嘩になるという事態が多発しまして、そんな無益な争いをしても仕方ないのでママたちを閉め出してパパたちだけでやっています。そうすると男同士だから言いたい放題でいろいろ出てくる。第1子のお父さんが多いので最初は子供の自慢話から始まる。そこで、「ここはそういう場じゃないから、育児の不満やストレスを全部話しなよ」と言うと、「実は……」となる。「僕は一生懸命やっているけれど子供がなついてくれなくて」と寂しさを語り出したりする。しつけの問題では、「子供がいたずらすると叱るのだが、ついつい感情的になってしまう。どうやったらうまく叱れますか」とか。そしてだいたい最後に出てくるのが妻への不満。「僕は仕事もして育児もやっているのに妻が認めてくれない」とか、「努力はしているけれども、なかなか妻の評価が得られない」とか、何だか会社の成果主義みたいなものを家庭に持ち込んでしまっているパパたちがたくさんいます。そういうときは、「完璧な母親も父親もいないのだから、アラ探しや点の取り合いをしないで、お互い支え合っていけばいいじゃない」とアドバイスをします。父親たちが育児をするようになると、こういう発散の場が必要になる。ママたちは地域にいると、ファミレスとか公園でお喋りしてストレス解消できるのです。でも父親たちは会社ではそういうことは言えないですよね。朝、日経新聞読んでいる同僚に「昨日うちの子のおむつがさ…」なんて普通は話しませんよね。社食でそんなことは話せません。お父さんたちは日本の経済や会社の将来といった話ばかりしている。そうすると自然にストレスをため込んでしまうので、こういう喋り場をつくっているの

です。ネット上では「ファザーリング・スタジオ」というコミュニティをつくり、ID 登録をするといろいろなテーマでお喋りできます。面白いですよ。

　他にも「共働きの妻を支えるパパの極意、夫の極意」というテーマで女性の就労支援や派遣を手がけるテンプスタッフとの共同セミナーを開催しました。なぜこれが必要だったのかというと、派遣会社では働くママたちに IT スキルなどを教えて企業に派遣するのだが、彼女たちの定着率が悪い。その理由を聞いてみると、本人の問題や職場とのミスマッチではなく、家庭、つまり働く妻を支えていない夫の存在が浮かび上がってきたのです。育休明けや子供が小学校に入って手がかからない頃に「そろそろもう一度働きたい」と考える女性たち、あるいは働かないと食べていけない家庭もあります。そういうときに妻は夫に相談します。そのとき進歩的な若い世代の人であれば、当然「家事は分担するから君も頑張りなよ」と快く送り出すけれども、夫の OS がウインドウズ 95 とか 98 の人はだいたい「仕事もいいけど家事もちゃんとやれよ」と言うのです。妻はとりあえず働きたいので、その場はうのみにして働きに出ますが、仕事を一生懸命に 100% の力でやって、家に帰ってくると 120% くらいの家事と育児が乗っかってくる。今まで 1 日かけてやっていた家事が、ぎゅっと短縮されるので、毎日 220〜230% で働かなければいけない。そうなるともって 1 カ月半です。だいたい 2 カ月目以降はストレスで体調崩して半年か長くて 1 年で離職してしまう。そういうケースが多発していたのです。これはやはり夫たちの意識を変えなければいけないということで、ファザーリング・ジャパンと一緒にセミナーをやることになりました。セミナーでは「どういう家事をやっていますか」と男性に聞くと、1 位は「ゴミ出し」です。でも詳しく聞くと、朝、奥さんがきゅっと結わえたゴミ袋を玄関先で渡されて、それをマンションや家のゴミ置き場に「置いていく」だけ。これをみなさん「ゴミ出し」だという。それはゴミ出しではなくて「ゴミ袋の移動」です。ゴミ出しは、生ゴミや各部屋のゴミ箱を集めて分別し、お風呂の排水溝の毛を取ったりして最後にまとめる。これがゴミ出しの完成

型です。「こういうことを妻から指示される前にやろうね」と教えると、「あ、そうか」と彼らは気付く。でも、部屋のゴミ箱がたまっていたら袋に入れて出すということは、見ていればわかることですし、生活習慣としては当たり前のことです。それを「おれは男だから」とか「おれは働いているからやらなくていい」とかいうのは理由になっていない。共働きだったら、どちらか気付いた方がやるのが普通じゃないですか。でも、それができていないパパたちがたくさんいる。そもそも朝は、女性は化粧に時間をとられますが、男は化粧しないしスーツ着てネクタイを締めるだけ。時間的には20分くらい違うわけですから、「そういう時には自分から動こうね。それだけで朝のママたちの時間が全然違うのだよ」という話をしています。

　もうひとつ、「いいお産の日」というイベントが毎年あります。「プレパパ」といって、これから出産を控えたパパたちのためにファザーリング・ジャパンの先輩たちがいろいろな相談を受けるイベントです。夫の立ち会い出産は、平成17年度の調査では首都圏で約56％と年々伸びているそうです。保健所の両親学級も出席率は伸びていますから、僕らの実感としては70％ぐらいに感じます。地方は違いますが。イベントでは、立ち会い出産や産後の性生活などの相談もよくあります。それから経済的な問題。いちばん多いのが「子供が産まれると自分の時間はどうなるのですか？」とプレパパたちが聞いてきます。「自分の時間って何だよ」と聞くと、「友だちと飲みに行ったり、ドライブやゴルフに行ったり、ゲームをしたりする自分だけの時間です」と言う。「おい、ちょっと待てよ。もうすぐ君のうちには新しい家族が生まれてくるのだよ。ママはほとんどのことをあきらめて子育てをするのだから、君だけが以前と同じ生活をしていてそれで済むと思っているのか？」と言うと、「やっぱりそうなのですね…。薄々は思っていたけれど、先輩に言われてほっとしました。皆さんもそうやってバランスとってきたのですね」と話す。「そりゃそうだろう。それで離婚を突きつけられた奴をいっぱい知ってるぜ」と話します。

　ファザーリング・ジャパンにはママさんからよく相談のメールがきま

す。去年の 10 月末くらいにも、札幌の見知らぬママさんからメールがきました。「1 歳の子供を育てている専業主婦です。1 週間前に子供がはしかにかかって入院し、3 日前にやっと退院しました。看病が大変ですが、夫は仕事が忙しくてなかなか帰ってこられない。でも今日は土曜日だから…」そう、これは土曜のお昼くらいに来たメールでした。「夫は休みなので一緒に子供をみてくれるかなと思っていたら、『今日は日ハムの最終戦だから』と言って朝からファイターズのユニフォームを着こみ、止める私と泣き叫ぶ子供を振り切って札幌ドームに出かけてしまいました。この夫をいったいどうしたらいいでしょうか？」と。彼女は思い悩んだ末にネットで検索し、ファザーリング・ジャパンのホームページに行きついたのだと思います。こういう妻の SOS や子供の泣き声がまったく届かないパパたちのことを「圏外パパ」と呼んでいます。アンテナが 1 本も立っていない。いつも圏外のパパです。いくら僕らが「子育てって楽しいよ」とか「お父さんもやった方がいいよ」と言ってもぜんぜん届かない。圏外パパは日本にはまだ 7 割くらいいる。やっと最近、パパたちが変わってきているところです。

セミナーが理論編だとすると、ワークショップは実践編です。例えば工作教室はお父さんと子供でやります。家にころがっているペットボトルやトイレットペーパーの芯といったもので遊べる方法を教えます。これはお父さんたちがすごく盛り上がります。「パパのためのコーヒー教室」は、「ママのために愛情コーヒーを入れよう」という趣旨でタリーズコーヒーと提携して開催しています。ドリップコーヒーの入れ方を教えて、ミルクをシェイクしてカフェで飲むようなものを家庭でつくりましょうと。みなさん楽しんでくれました。「子供が生まれてからはインスタントばかりだったけど、久々に自分でつくってみます」と言う人もいました。豆の飲み比べをすると男性は結構はまるのですよね。パパたちは残業で早く帰れないなら、朝は 30 分だけ早く起きてコーヒーをママのために入れてあげる。そしたらママは子供が昼寝しているときに温め直して飲めるし、「パパって私のこと愛しているのだなぁ…」と思ってくれるかも知れない。何もしないでゴミ出ししているだけじゃ駄目で

す。こういうところでママをサポートしてあげれば、少しは家にも帰りやすくなるでしょう。

　ところで皆さんは「ベビーサイン辞典」というのをご存知でしょうか。アメリカから輸入された、赤ちゃんとのコミュニケーションをとるための辞典です。赤ちゃんは喋りませんが、いろいろなしぐさでメッセージを出しているのです。赤ちゃんがほっぺたを叩くしぐさは、「おいしい」「お代わりをちょうだい」というサインです。それをパパが見て、2本目のミルクをつくる。昔のお父さんたちからすれば考えられないでしょう。子供が何で泣いているのかわからなかったですものね。おむつが濡れているのか、お腹がすいているのか…。ベビーサイン辞典で勉強しておいてください。

　「絵本の読み聞かせ活動」は、NHKの「パパザウルス」という番組でも取り上げられました。これは僕を入れた絵本好きのお父さん4人で運営しています。日本では「絵本は母親が読むものだ」という固定観念が強いですが、最近は絵本を読むお父さんがだいぶ増えてきました。6年前に始めたときは、ほとんどお母さんと子供しかいませんでしたが、お父さんの家庭にいる時間が増えると、誰でもそうですが、自分ならではの役割をもとうとするのでしょうね。そういう「楽しいホームワーク」をもつことが、育児や家事に参加するひとつの大きなモチベーションになるのではないかと思います。絵本が好きな人は絵本、料理が好きな人は料理、自分なりの楽しさを味わって欲しいと思っています。なぜこういうワークショップをやっているかというと、僕はこの3年間で1万人くらいのお父さんに会ってきましたが、彼らは「家に帰りづらい」と言うのです。その理由を尋ねると、仕事が忙しいと言うだけではないことがわかってきた。よくよく聞いてみると、「家に居場所がない」つまり、「家のなかで父親としての役割がない」ということなのです。昔は家のなかで役割があった。薪を割ってお風呂を沸かすとか力仕事はお父さんの役割でしたよね。今はボタンひとつで何でもできちゃいます。ノコギリなどは滅多に使わないし、せいぜい電球を替えるくらい。その電球も1年半くらいは切れない。ですから結局はゴミ出しになっちゃ

う。でも、それってぜんぜんスペシャルじゃない。お父さんたちに「育児は何をやっていますか？」って聞くと「風呂に入れている」と答えるのがだいたい1位です。でも、もうひとつスペシャルで自分が楽しめること、これがあれば早く帰ろうと思うようなものをもって欲しい。僕にとっては絵本がそうだったのです。12年前、娘が妻のお腹にいるときでした。病院で女の子だとわかった瞬間にスイッチが入り、翌日、絵本を100冊買って誕生を待っていました。僕は男兄弟しかいなかったので、女の子とどういうふうにコミュニケーションをとればいいかわからなかった。たまたま当時、僕は書店を経営していたので、ふと横を見たら絵本がいっぱいあった。それまでは商品としてしか見ていなかったのですが、それがぜんぜん違うものに見えて、直感的に「あ、これだ！」と思い100冊買い込んだのです。6カ月くらいになったとき娘と一緒に絵本のページをめくりました。「いよいよ今日からだ」と思い『ころころころ』とか『もこもこもこ』といった音感絵本を読み、言葉を獲得してからは物語系を読んだり、なぞなぞ系や探しもの系とか、いろいろなカテゴリーの絵本を毎晩欠かさず2冊ずつずっと1年生が終わるまで延べ6千冊くらいの絵本を読んできました。出張に行くときは、テープに吹き込んで出かけました。日課になっていたので娘はそれがないと眠れない。だから、娘は僕の匂いのする枕を抱いて、そのテープを聞いて寝ていたそうです。それが本当に僕にとっての役割、でもそれは決して義務ではない。毎晩絵本を読んでいると、子供の成長を発見できるのです。「もうこんなことが言えるようになったのだ」とか「豊かな感性をしているなぁ」とか。それが楽しみだから「今日も早く仕事を終えて帰ろう」と思ったのです。僕は企業で働いていたとき、事業部長として25人の部下がいました。でも、僕はまっ先に定時の6時で帰ります。保育園のお迎えもありますから。そうすると部下も帰りやすくなる。隣の部署は、僕と同じ歳くらいの男性の部長で、彼は結婚していましたが子供がいなかった。奥さんも働いているから、特に早く帰る理由がない。だから終電ぐらいまでいる。そうすると、部下たちは仕事が終わっているのに部長が帰らないから帰れなくなってしまう。部下たち

は30歳くらいで結婚しますが、面白いことに僕の部署ばかり子供が生まれて、あっちの部署には生まれない。だってそうじゃないですか。家庭にいる時間がぜんぜん違うのですから。遅く帰ってきた者同士で子づくりなんてできませんよね。こっちはちゃんと帰ってメリハリのある生活をしています。僕が2年前に楽天を辞めるとき、新婚の部下が「安藤さん、辞めないでください。子供ができなくなります」なんて言ってました。だから「お父さんが早く家に帰ると自分の生活もメリハリがついて楽しくなるよ」という実践がワークショップです。「男なのに何で絵本なんて読まなきゃいけないのだ」なんて思う古いOSの人たちもたくさんいますが、海外では当たり前のことです。この前アメリカでは、夫が絵本を読まないということを離婚の理由に申請した人がいて、それを裁判所は認めていました。そんなこと言われたら日本ではほとんど離婚ですよ。僕の娘なんか、おそらく絵本を読まない男とは結婚しませんよ。だって僕の娘は、絵本を読むのは父親の仕事だと完全に思っていますから。

似たように、ジェンダーによって「男だからキャッチボールをしなくちゃいけない」とか「キャンプに連れていかなくてはいけない」とか思い込んで、好きでもないのにアウトドア用具を買い揃えたり、ワンボックスカーを買ったりするお父さんがいますけど、あれはおかしいと思います。自分らしい父親になればいいのに、「父親だからこうしなくちゃいけない」とか「働いて家族を養わなくちゃいけない」と考える。うちは僕がインドア系で絵本とか音楽や映画が好きだから、映画を観に行くときは僕の子供と近所の子供もみんな連れて行きます。うちのママは体を使って遊ぶのが好きな人なので、それはママに任せています。それでいい。うちはそれで成り立っているのだから。ですから皆さん、自分に合うものを探していきましょう。「パパごはん教室」では、包丁も握ったことのないお父さんがビーフストロガノフをつくりました。そのとき、娘から「おいしい」って魔法のひと言を言われたことで、「あれから料理にはまってしまいました。こんな楽しいことを何で今までやっていなかったのだろう」と感謝のメールを頂きました。「今では平日の

1日と休日の1日は僕がご飯をつくるようになりました。そうすると、平日はスーパーにいい食材が並んでいる時間に帰ろうと思うので、仕事の能率が上がっています」と。これが本当のワーク・ライフ・バランスですね。やることがあると父親はちゃんと家に帰ってくるのです。

　他にも、リゾート企業と組んでお父さんと子供だけの旅行事業を運営しています。お母さんがいる家族旅行だと、子供もお父さんもお母さんに頼ってしまう。そしてパパは運転手とスポンサーになってしまう。そうではなくて、本当の子育ての楽しさを味わうような状況にお父さんを追い込もうということで企画しているのです。参加者のあるお父さんは、38歳で大手保険会社の営業マンでした。平日はほぼ終電帰りで、過去2年間有休を1日も取っていないから40日たまっている。日本の有休消化率は45％と世界最低です。フランスは95％、イギリスは90％。日本では有休を取ることすら罪悪感を感じてしまうぐらいですから、育休なんて取れっこない。彼はその典型で、残業時間は150時間ほど。過労死の認定は100時間です。彼はそれぐらいすり切れた。「そんな君がよく来たね」と聞きましたら、頭をポリポリかいて「実は妻が申し込んだのです」と。実は事前に奥さんから、「小学3年生の息子と一緒に行かせます」とメールをもらっていました。「息子にはパパとの思い出がぜんぜんない。土日も『疲れた。疲れた』と言っていたり、仕事に行ってしまったりで、ぜんぜん一緒に遊んでいない。息子も高学年になり、中学校に入ったら塾や部活で一緒にご飯も食べられなくなるでしょう。これが最後のチャンスだと思って一緒に連れて行かせます。夫の働き方も尋常じゃなくて、いつ過労死するかと心配です。夫婦関係もあまり良くなくて、会話もないのが私はいやです。何とか夫に今のうちに気付いて欲しい。だからへそくりをはたいて『ファザーリング・ツアー』に申し込みます。夫をよろしくお願いいたします」と。ここまで頼まれたら、僕もやらなくちゃと思いました。

　最初、見ていたら二人ともぎこちない。お父さんも、お母さんがいないから所在なげで、不安でしょうがないのでしょうね。息子もちらちらと上目づかいにパパを見て、まるで初めてデートする高校生のカップ

ルみたいな感じでした。なぜそうなるかというと、パパは子供のことを何も知らないからです。子供はどんな食べ物が好きで、何のアニメが好きで、何のゲームに夢中で、靴のサイズや服のサイズ、担任の先生やクラスメートの名前…、何も知らない。息子もパパのことは何も知らない。全部、ママがやってくれているから。パパは何ができて、どんなことが好きで、あるいは何でママと結婚したのか、何でその仕事をやっているのか…、何も知らない。だから当然そうなっちゃいますよね。二人とも初日は夕飯を食べて、8時には「気疲れしました」と言ってテントにもぐり込んで寝ちゃいました。翌朝は6時に起きて朝食作りをします。と言っても、電気やガスを使うのではなく、原始的な器具を使って火起こしから始めるのです。素人ではなかなか簡単に火がつきません。15分もやっていると玉のような汗がお父さんの額に浮かびあがります。そうすると、子供たちはみな同じように、団扇や段ボールでパパをあおぎ始めるのです。「パパ、頑張って！　煙出てるよ。もう少しだよ」って。もうパパは引っ込みがつかないですよね。パパたちもいい格好をしようとする。腕がつりそうになる頃にようやく「ボッ」と火がつく。そのとき、初めて親子に笑顔がはじける。ここまでくるのに半日かかりました。もうこうなればOKで、この後は川遊びに行って、お父さんも童心に戻ったような顔をして楽しんでいました。夜はまた一緒に夕食を作り、お風呂に入って、僕が絵本を子供たちに読んであげて、子供たちを寝かしつけてから、今度はお酒を飲んでパパたちとの本音トークが始まる。そのとき彼らは、「ここに来てよかった。こんなに可愛い息子の笑顔を久々に見ました。俺は一体何をやっていたのだろう。働き方をちょっと改めて、毎日は無理かもしれないけれど、来週からは週に2回は食事に間に合うように帰ります」と話す。帰る頃にはパパはみんな笑顔で帰り、子供たちも大喜びです。そして、ママからお礼のメールがきました。「二人ともいい笑顔で帰ってきました。息子もパパのことがより一層好きになったみたいです。いま、二人でお風呂に入って楽しそうにはしゃいでいます。本当に行かせてよかった。夫もいろいろ気付いたみたいで、最近は私にも優しい言葉をかけてくれるようになりま

した」と。「今までは帰ってきても、土日に子供のことなどを相談しようとすると『忙しいし疲れているから勘弁してよ』と言う。『どうして、そんなに仕事ばかりしているの？　ちょっとは家のことも考えてよ』と言うと、『何を言っている。うちの会社は大変なのだ。会社が潰れたり、俺がクビになったりしたらどうする？』と言う。私は『こんなことになるために結婚して子供を生んだわけじゃない。どうしてこんなになっちゃったのだろう。もういやだ』と毎日思うようになりました。でも、夫に気付いて欲しいからツアーに参加させました。本当に行かせてよかったです」と書いてありました。ですから、こういう非日常の空間にパパたちを追い込まないと、なかなかスイッチが入らないのですね。

　僕たちは「パパ検定」というのもやっています。今はネットでできますが、去年１回、会場を借りてやりました。パパ検定は男性だけかと思ったら、女性も 100 名受験されました。年代的にも 30 〜 40 台の子育て世代が中心ですが、下は 19 歳の学生から上は 75 歳のおじいさんまで受けていました。年齢、性別を超えて、父親の役割やパパ力に関心があるのだなと思いました。お父さんたちがカリカリと子育て問題を解いているのです。例えば、子供の離乳食で使ってはいけない食材は次のうちどれでしょうか。①チーズ、②ハチミツ、③プルーン。正解は 2 番です。ボツリヌス菌が入っている可能性があって、脳の神経を侵されてしまうのです。子供の乳歯は何本ありますか。20 本です。他にも、国の子育て支援等の制度や育休の取得率は何％ですかといった問題を 200 問作って、問題集を小学館から発売しています。本番の試験は 50 問です。ぜひやってみてください。受験したパパたちに感想を聞いてみました。「事前に問題集を買い込んでママと問題を出し合ったことが、育児について話をするいい機会になりました」とか、「正直、以前は育児にまったく関心がなかったけれども、娘が可愛くて、毎日違う顔になるのが楽しみで、生活は娘を優先しています。飲み会に行っても、ちゃんとママがお風呂に入れているか心配で落ち着かないです」と。

3 父親支援の課題

こうしたいろいろな事業を通して、僕らはお父さんのスイッチを入れまくっているのですが、そうはいっても理想と現実のギャップに悩んでいるパパたちもいます。最も多いのが家庭と仕事の両立ができないという悩み。やりたいけれども仕事を優先する人は7割ほどいます。日本のお父さんの育児時間は1日平均30分で世界最短です。イギリス人やアメリカ人で2時間くらい。僕はいま6時間くらい育児をやっています。長時間労働が最大の要因で、子育てパパの4人に1人が週60時間以上働いています。法定労働時間は40時間。みんなして法律違反を犯しているということです。フランスが2000年くらいから少子化対策を行いましたが、いちばん効果的だったのが法定労働時間を35時間に短縮したことです。フランスでは4時に会社が終わり残業は一切なし。パリの保育園では9割がパパのお迎えです。夕暮れ時にベビーカーを押したお父さんがずらーっと並ぶのは壮観ですね。日本でも早くこういう姿が見られるようにと思いながら僕は活動しています。僕は12年前から保育園の送迎をしていますが、最近は朝の送迎でお父さんをよく見かけるようになりました。僕が最初に行っていた頃は、毎朝行くたびに園長先生に誉められました。それを妻に言うと、「ずるいわよね。母親は1回も誉められたことないわ」って。そりゃそうですよね。仕事しながら育児をしているのはお父さんもお母さんも同じですから。それで、「何で男性だけ誉めるのですか？」って園長先生に聞いたら、「滅多にないから」っておっしゃるので、「そんな希少動物みたいに言わないでください。誉めないでください」って言いました。それから僕を誉めなくなるまで3カ月かかりました。園長先生は年配の女性だから、男は仕事をするものだと思っているのですよね。

去年、「パパ・サミット」というイベントをやりました。世界各国のお父さんを集めて、各国の子育て観や仕事観、夫婦観などを話し合いました。そこで日本のサービス残業の話をしたら、「日本と韓国では当たり前だ。飲ミニケーションも当たり前だ」と。でも、アメリカやス

ウェーデン、フランスのパパたちは「何だ、それ？」といった反応です。「自分が作った商品やサービスが評価されて給料が上がったり昇進するのはわかるけれども、会社に長時間いたということが評価の対象になるのは理解できない」と。よく調べてみたら、サービス残業は日本と韓国と台湾にしかないということがわかりました。つまり、東アジア特有の現象です。なぜかというと儒教的精神があるから。家の中でお父さんが絶対で妻や子はそれに従うべし。会社でも社長や重役が偉いから従業員は従うべし。世界から見たらとても奇異なことをやっている。日本の残業時間は世界一長いのに、労働生産性は先進主要国で下から2番目です。いかに効率の悪い働き方をしているか、その裏で育児ストレスを抱えているお母さんや、寂しい思いをしている子供たちがたくさんいるのです。帰宅時間を調べると、母親はだいたい7時台には家にいて、ご飯を食べている人が8割くらいいます。その頃、お父さんの半分以上は仕事のまっ最中。外国人が見てビックリするのは深夜のラッシュアワーです。ワーク・ライフ・バランスの専門家は、「夜8時までに帰らなければ家事や育児はできない」と言っています。そうですよね。子供が小学生であれば9時台に寝てしまいます。ご飯も一緒に食べられない。お喋りもできない。宿題もみてあげられない。絵本も読めない。「今日も子供の寝顔しか見られなかった。1週間ぜんぜん話してない…」そういうパパたちはたくさんいます。特に首都圏では。では、8時に家にいるためには何時に会社を出ればいいか。そのためには午前中からどうやって仕事の能率を上げればいいのかを逆算して考えましょう。小学生の子供がいるパパに「あと何回、子供と夕飯の食卓を囲めるか勘定したことありますか？」って、セミナーなどで僕は言います。だんだん少なくなってくる訳ですから、「いまの段階でカウントダウンに入っているのだよ。会社でサービス残業なんてやっている暇はないよね」と。

　パパたちの2番目の悩みは、しつけだったり、子供とどう向き合っていいかわからないということ。実は、1番目の「家族といる時間がない」という悩みとリンクしているので、1番目が解消すれば2番目もおのずと解消していきます。また、夫婦関係の悪化は男性で5割、女性

で8割の人が抱えています。子供が生まれると大事なものが変わってきてしまう。すべてとはいいませんが、女性は自分のお腹を痛めて産んでいますから、子供が一番かわいいと思う。でも、先ほどの圏外パパとか、古い世代の考え方の人は、子供が生まれても一番大事なのは自分であり、自分の仕事や趣味、自分の時間、自分の友人、自分の実家が大事だったりする。こういったことが夫婦関係だけでなく、子育てにも悪影響を及ぼします。お父さんの不在と母親の子供への過干渉は、だいたいセットになっています。お父さんが帰ってこないと、母親は「私はこの子とだけ生きていきます」となる。お爺ちゃんやお婆ちゃんがいる大家族ならいいですが、今はマンションの一室でお母さんと子供だけで24時間いるような感じです。寝ていたらパパが帰ってきて、起きる前に出かけてしまいますから、ずっとお母さんと子供しかいない「母子カプセル」状態です。この母子カプセルの中身は母性社会です。母性社会では子供が自立しづらい、生きづらいのです。母性がいいとか悪いということではなく、それではいつまでたっても子供に免疫力や考える力、生きていく力が身に付きません。ですから、いまの20代にはちょっとした仕事のつまずきや人間関係のもつれで、すぐに出社拒否をする人がたくさんいます。メンタル的に弱いのです。

　あと、戸籍上は夫婦ですが喧嘩ばかりしている人たち。お互いを高め合うような喧嘩ならいいですが、やってはいけないようなこと、例えば2週間も口をきかないとか、お互いの人格を否定し合ったり、お互いの実家を攻撃し合ったりするような喧嘩を子供の前でやると、子供は戸惑ってしまいます。どちらの言っていることを信じたらいいのか、わからなくなってしまう。お爺ちゃんやお婆ちゃんの悪口を言うから、子供はお年玉をもらうときにどんな顔をして会えばいいのか悩みます。「そもそも、パパとママが喧嘩をしているのは、僕が生まれたせいなのじゃないか」と子供は思ったりします。そうすると、自己肯定感や自尊心が生まれない。自分が子供のときにそんな親だったらいやですよね。でも、僕らは父親だけを責めたくない。父親支援ですから、「好むと好まざるとに拘わらず、すべての状況は変わっていて、そういうポジション

に追い込まれているのだ」ということを理解して欲しいと思っています。昔はまだ、家庭と地域、会社が混然一体としてあり、そのなかに父親がいて、子育てができる環境にあった。子供は父親や近所のおじさんと遊んだり、時には叱られたりしながらノンビリと育ってきた時代がありました。でも今はグローバリゼーションの成果主義、実力主義。あれが導入されたとたんに、父親にとっての世界は会社だけになって、その中でしか自己実現ができなくなってしまった。24時間は今も昔も同じですが、忙しいなかでも家族や地域と関わる生活ができた頃と比べて、今は自分たちが本来いたはずの家庭や地域が圏外になってしまっている。その裏では母親が一人で育児を抱え、地域が崩壊していく。

「育児が楽しい権利だとしたら、それを今の社会が奪っているのだよ。それを奪還するために一緒にやろうぜ」と僕らは言っているのです。「サラリーマンだから仕方がない」とか「周りがそうしているから」とか言って23時台の電車に揺られて帰宅して、7時間後にネクタイとスーツだけ着替えて、また同じ顔で上り電車に乗っていく生活の何が楽しいのか。「そうしないとクビになってしまう」って言うけれど、「本当に会社しかないのか?」って僕は思います。僕は9回転職しているから、そういう気持ちがわからない。もちろんそういう人たちの方が、僕なんかよりも責任感があるのだと思います。でも、今こういう経済状況になっているなかで、いまだに「会社のため」とか「会社だけが自分のよりどころ」だとか、「会社が自分を何とかしてくれる」などという幻想はないじゃないですか。いまだに会社のために滅私奉公している人たちはもったいないと思います。特に子育てなんて期間限定ですから、そのときにやらないで会社や上司のために生きているとか、住宅ローンを返すためだけに働いているとか、「お父さんは何のために生まれてきたのですか?」と僕は言いたい。お父さんたちがファザーリングを進めていくと、お母さんの育児ストレスが軽減されて妻の機嫌が良くなります。社会現象としては、年間4万件を超えるとされている児童虐待も減るでしょう。わかっているだけで4万件ですから、実態はものすごいことになっていると思います。日本には、親から虐待を受けているの

で親と一緒に暮らせない子供が5万人近くいます。彼らが預けられる児童養護施設は、どこの自治体でもいっぱいで順番待ちの状態です。虐待事件があると、メディアや世間は「母親が悪い」って言うじゃないですか。確かにそういう一面もあるかもしれないけれども、それだけを責めても虐待は絶対に減らないと思います。そういう母親を追い込んでいる社会環境を変えていかなければ、いつまでたっても虐待は生まれ続けます。日本では週に約2人の子供が虐待や一家心中などで親から殺されています。もうそういうのを見たくないから、ファザーリングの活動をしているのです。

ファザーリングを進めると夫婦関係も良くなります。厚労省の調査では、ママの第2子目以降の出産意欲は、第1子目の夫の支援状況によって左右されるとしています。つまり、夫が育児に協力している家庭ではママは2人目が欲しいと思うそうです。だけど、お母さん一人だけで育児をしているとトラウマになって、もう二度と生みたくないと思う。これが少子化の実は大きな要因です。その背景には、父親たちの長時間労働といった先ほどの構図があるわけです。父親だって悪気があって帰って来ないわけじゃなくて、仕事をせざるを得ないからやっているわけで、でも結果的にはそうなってしまうのです。あとは、子供にもいい影響が出てきます。発達心理学の本にも書いてありますが、仕事をしている父親はいろいろな社会性や情報をもって家に帰ってきます。食卓を囲んでお喋りするだけで、子供はいろいろな言葉や社会のルール、お父さんの哲学といったものを学んでいきます。文学も子供の良きモデルとなるそうです。特に10歳以上の子供にとって、お父さんは生きるロールモデルです。そのお父さんがグラついていたり、何かから逃げていたり、誰かを欺いていたり、何かに怯えて生きている姿を見せていたら、子供たちは「大人になんかなりたくない」「社会になんか出たくない」といって引きこもったり、働かなかったりします。

ところで、子供のままごとの様子が変わってきているのをご存知でしょうか。保育園や幼稚園では、ここ7〜8年の顕著な傾向としてみられることです。これまでままごとをするときには、女の子はお母さん

役をやって男の子はお父さん役をやる。でも、今の子たちは親役をやりたがらない。彼らはペットのイヌやネコをやりたがるのです。僕も保育園で見ました。5歳児クラスの男の子が、首にビニールのひもを付けられて女の子に引っ張られているのです。「君、何してるの。首が締まって危ないからやめなさい」って言ったら、「わんわん！」と言いながら僕の方を見上げる。「やめなさい」って言っても「わんわん！」としか言わない。そうしたら園長先生が僕のところに来て、「今の子たちはみんなペットをやりたがるのよ」と言う。「なぜですか？」と聞くと、「お父さんやお母さんが輝いていないからじゃないの…」と言われました。「疲れた疲れた。会社に行きたくない」と言っているお父さんを毎日見ていたら、「お父さんになるのはつまらない。社会に出ても面白くない」と子供たちは受け止めてしまう。家事をしない夫にキレて「何で片付けられないの！」とお母さんが言っていたら、子供はお母さんになんかなりたくないでしょう。子供たちが描く夢といえば、昔は1位がお嫁さんでしたけど、いまはそれも後退して、お父さんなんて35位ぐらいです。ではなぜ子供たちがペット役をやりたがるか。ここ数年ペットブームで、ペットが可愛がられている情報ばかりがマスメディアから入ってくる。可愛がられて愛されているペットを見ていて、「今はペットがいちばん生きやすい存在なのだ」と子供たちは思ってしまうからです。でも、保育園の園長さんによると、最近はただのペットでは駄目で、「お金持ちの家のペットがいい」と子供たちは言うそうです。

　現在、父親の子育て意欲は高まってきていて、社会的なムーブメントになってきていますが、お父さんの意識だけが変わっていても駄目なのです。先ほど言ったように、企業、特に働き方の問題や、行政の制度問題、あるいは地域社会にもっと父親の出番をつくるといったことを解決しなければいけない。今はまだ「PTAなんて母親がやるものだ」という固定観念がありますが、僕は仲間のお父さんたちとチームを組んで、文京区の学校の統廃合問題を阻止しました。そんなこともあって、「お父さんが地域に入ると、いろいろな課題解決のエンジンになるのだよ」と言っています。あと、問題は家族です。育休を取ることに消極的な家

族がまだまだたくさんあります。「世間体が悪いからやめてくれ」って言われるパパがたくさんいて、僕のところに相談に来るのです。彼らは、「会社は容認してくれたけど、妻や親に反対されている」と。古い世代や女性たち、あるいは地域の認識はまだまだということをママさん向けのセミナーでよく話をしています。お父さんが変われば世の中が変わって、日本が子供を生み育てやすい社会になっていく。彼らがこれから高齢者を支えていくわけですし、日本の、世界の未来をつくっていく人材を僕らは育てているわけです。そういうママやパパたちが育児のしやすい環境になるよう、みんなで整備していきましょうというのがファザーリング・ジャパンの趣旨です。ありがとうございました。

第17章　KSコミュニティ・ビジネス・カフェ　特別講演
高島平再生プロジェクトについて

堀口吉四孝

1　高島平再生プロジェクトについて

　はじめまして。堀口吉四孝と申します。今日は、こういった貴重な場所でお話をさせていただく機会を与えて頂きまして大変感謝しております。私は板橋区の高島平団地に35年くらい住んでおります。昭和24年生まれ、まだぎりぎり59歳、団魂の世代のいちばん尻尾の世代です。地元で出版と印刷業を営んでおります傍ら、板橋区でさまざまなボランティア活動や自治会活動にも参加してまいりました。自治会活動もかれこれ35年ほどになるかと思います。

　今日は「高島平総合研究所」の活動内容とその経緯について、その前身である「高島平再生プロジェクト」と「高島平小地域ネットワーク」での活動をとおしてお話させて頂きます。高島平は「自殺の名所」といわれ、住民感情として不愉快極まりない時代がありました。しかし、その大きなマイナスイメージは大きなプラスイメージに転換できるのではないかとの発想がある時芽生えてきました。その根拠は高島平の知名度、板橋区よりも全国的によく知られていることが、逆にオセロゲームのように大逆転することが可能になると私は思っていました。その思いとともに、高島平での活動についてお話しさせて頂きます。

　私は5年前に「高島平再生プロジェクト」という地域再生プロジェクトを立ち上げ、その活動を通じて発展的に「高島平総合研究所」を今年3月に設立しました。高島平総研の設立目的は、地域再生に関心のある研究者の方々に広く参加を求め、高島平をフィールドにした研究をして頂きたいと考えていたからです。お陰様で専修大学の先生方をはじ

め、多くの研究者の方々が続々と参加して下さっています。

　2年ほど前からは「膝楽体操（ひざらくたいそう）」という高齢者向けのプログラムを作り、それを管理運営する「にこ」という地域貢献型の会社をコミュニティ・ビジネスとして立ち上げ、代表として運営しております。「膝楽体操」のプログラムを創案し指導しているのが石田ゆかりさんです。彼女は私の仕事のパートナーで、ヘルスケアトレーナーなど心身に関する様々な資格やスポーツトレーナーとしての豊富な経験をおもちです。ヘルスプロモーションとして母子から高齢者まで、さまざまな体操プログラムを作ってくださっています。

　「高島平再生プロジェクト」は大東文化大学の先生と私を含めた住民3名の計4名で4年前に私的な研究会として発足し、主に高島平団地の再生をメインテーマにして、月1回の定例会を継続して参りました。これと並行して私は、「高島平地区小地域ネットワーク」というNPO団体を10年程前につくり活動をしておりました。

　一般的に会社や行政はピラミッド型の組織構造をもっています。自治会や町会も同様に、会長を頂点に頂いたピラミッド型です。しかし、高島平地区小地域ネットワークではこれを逆さにしてみたのです。ボランティア活動と言いますと、ひとつの組織が比較的ひとつの活動を大切にコツコツ行っているように見受けられます。私自身も経験しましたが、長く活動しているとどうしても当初の活動エネルギーが低下してきます。そこで、個々のボランティア活動が横並びで協力・連携できるようなシステムをつくろうと考えたのです。コンピュータを例にとるとOS（オペレーションシステム）です。各地域活動はこのOSの上でさまざまな仕事をするソフトという位置づけです。コンピュータのOSは仕事をしていても表面上、見ることも感じることもありません。ネットワークの役員は、もっぱら活動の下準備や調整など黒子に徹します。そうすることでメンバーもいきいきと活動できるし、自由に発言できる雰囲気があれば素晴らしいアイデアも生まれてきます。逆ピラミッド構造のOSをつくることで活動の種類も自然に増え、内容も深められることがわかりました。

高島平地区小地域ネットワークのもうひとつの特徴は地域の学校支援にあります。平成9年に私が地域の公立中学校のPTA会長を仰せつかっていた時、縁あって大変優れた校長先生に巡り合うことができました。ちょうど少子高齢化が問題になり出した頃で、学校は生徒数がどんどん減り統廃合も相まって危機感が生まれると同時に、活力も失われようとしていました。その時、この校長先生から学校の支援も地域活動の中に位置づけてもらえないかと相談されました。私は、公立の学校は街の重要な要素だと考えていましたので、この校長先生にもメンバーになって頂き一緒に会則づくりにとりかかりました。会の性格づけを明確にしたかったので会則づくりには時間がかかりました。学校のPTAでもない、町会でも自治会でもない、その中間的な組織にすることになりました。結果、校長を中心に、生徒、教職員、PTAを含む学校を単位とした方々と一般会員が高島平地区小地域ネットワークというOSに乗っかったのでした。これが決まると、校長先生から空き教室を事務所に使ってはどうか、とのお話があり大いに喜んだものです。多くのNPOの悩みの種は事務所や活動拠点の確保ですが、それが一挙に解決したのです。そして、これを機に活動が大きく発展することになりました。しかしその時、板橋区議会では「どうして特定の任意団体だけに空き教室を貸すんだ。どの団体にも使わせるようにすべきだ」と問題になりました。そう発言した区議は、日頃から「学校はもっと地域に開かなくちゃいけない」と言っていた方でしたから、主張は理解できますが、地域活動の仕組みや仕掛けづくりというところでは少し論点が異なるように思います。その時、以前から協力連携していた福祉協議会や教育委員会、校長先生らは「会則には学校支援というテーマがあり、同時に市民活動をともに協力・連携していくという趣旨なので全く問題はない」との見解を示して下さり決着しました。当時の教育長も優れた方だったと思いますが、教育委員会が高島平地区小地域ネットワークは大変良いシステムだと、いち早く見抜いて下さったことが印象に残っています。
　こうした私たちの活動が原点となり、地域の各学校が街の方の力を借りた新たな学校支援の仕組みとして地域活動を捉え様々な活動に取り組

み始めました。学校というのはまだまだ自己完結しているところです。自治会や町会との関係などを調整するのは校長か副校長、あるいは生活指導の先生に限られており、他の先生は付き合いたくなければ断れば済みます。そうしたなかで高島平地区小地域ネットワークをつくったところ、いろいろなプログラムが立ち上がっていきました。板橋区の「いきいき寺子屋」は、地域の方々やPTA役員、またはPTAのOBが学校を支援する仕組みのひとつです。

2　高島平での高齢化対策

　私たちの最初の活動目的は、高齢者の孤独死を解決することでした。あまり言いたくはありませんが、ひとつだけお話をしておきます。

　現在の都市ガスにはマイコンがついていて、一定量が流れ続けていると自動的に遮断してくれますが、当時はそれがありませんでした。私が住んでいる隣の棟に75歳くらいのお婆ちゃんが1人暮らしをしていまして、入浴中に心筋梗塞になったそうです。夜中に「ゴーゴー」とお風呂が炊きっぱなしになっているから火事になるのではないかと、近所の方が心配して警察に電話してくれました。しかし、警察が来て鍵を開けてみたら、もう手後れだった。私はものすごいショックを受けました。知り合いのお母様ということもあったのですが、とても辛かったです。その後も、いろいろなことが起きています。見つかった時はすでにミイラになっていたとか。なぜ、そんなになるまで近隣の人が気づかなかったのか。基本的にはご本人が「没交渉」だったからです。他にもさまざまな理由があるかと思いますが、好むと好まざるとにかかわらず「没交渉」になって、外部との関係が絶たれてしまっていたからです。いまや年金が自動的に振り込まれ、電気、ガス、水道、電話代は全て自動引き落としされる便利な生活ですが、そうすると本人が亡くなっていても誰も気づかない。高齢になって一人暮らしをせざるを得なくなったら、自動振替はひとつくらいやめて、「料金払ってくださいよ」と定期的に訪問してくれる人を確保しておいた方がいい。私は真剣にそう思っていま

す。私は 45 歳くらいの時に地域活動を始めました。「自分が 60 歳過ぎたときには、どんなことになるのだろう」と思ったからです。地域の中で自分が何をしたいのか、何ができるのかを考えました。

　高島平はピーク時は全体で 5 万人くらいの街でした。小さな都市と同じくらいの人口ですよね。高島平新聞社の調べによると、賃貸を中心とする 2 丁目の団地には現在 19,000 人くらい住んでいるそうです。所帯数は 8,600 ほど。高島平新聞の方が板橋区役所で「高島平の高齢化率はどれくらいですか」と尋ねたら、「分かりません」と回答されたそうです。どうしてかと聞くと「調べる理由がないから」と。そこで高島平新聞は住民台帳を調べたのです。「アルバイトを雇ったら 20 万円くらいかかった」と嘆いていました。結果、高齢化率 34.3％（人口比 66 歳以上）ということが去年判りました。全国平均は 25％くらいでしょうか。来年あたりから団塊の世代がどっとそこに加わっていくわけです。そうするとおそらく 2～3 年後には 65 歳以上が 50％という、蜂の巣のような人口構成になるだろうと高島平新聞社は言っています。そうすると、今後は認知症に関わる問題、例えば徘徊や引きこもりなどが続々と地域で表面化してくるのではないかと予想しています。

　もうひとつは、この街で住み続けるために必要なシステムを支える人たちの問題が生じてきています。例えば、高島平で防災訓練をやっても集まる人がせいぜい 200 人くらい。私はもうすぐ 60 歳ですけど自治会の中では若手です。20 年くらい前の落語界みたいなもので、私の後に若手がいないのです。自治会も年に 2 回ほど勧誘活動を行っていますが、なかなか成果はあがりません。高島平だけではありません。以前テレビで放映していましたが、地域で高齢者ばかりが集まって防災訓練をやっている光景でした。担架に乗せられた高齢者はともかくとして、前後で担架を運ぶ人もこれまた高齢者。いまさら驚くこともないのですが、どう見ても可哀想になってしまう。今、笑われた方に申し上げますが、私も最初は笑ってしまいました。でも、やがて悲しくなってしまうのです。本当に悲しい風景だと。

　地域には民生委員の方がいらして、ひとり暮らしの高齢者のお世話な

どもしています。「高島平地区小地域ネットワーク」も設立当初は地域の高齢者を対象に「お声がけ活動」を行いました。20～30名のメンバーがそれぞれの生活圏の中で、この「余計なお世話活動」をやってみたのです。顔見知りならドアをトントンと叩いて「お元気ですか？」とか、エレベーターでご一緒した方には世間話を積極的にしてみたのです。ところが3ヶ月を経過しても、ただのひとつも成果報告がありませんでした。もちろん私も成果はありませんでしたが、別な収穫がありました。それはエレベーターでのこと、「私はそこの堀口ですが、お一人暮らしは心配なことが多いでしょう」などと言ってみたところ、「あなた怪しいわよね。何か売りつけようと思っているんじゃないの。それとも宗教？　政治？」って、たたみかけられました。人を警戒し、拒否し、不必要に関わってくるのは余計なお世話だと。例会では、「それくらい気迫のある人だから元気に暮らしているからいいだろう」という意見もありましたが、逆に「没交渉」に陥る心配も指摘されました。この活動は結局、見事に失敗してしまいました。新しく人間関係をとり結べなかったのです。そういう寂しい街になってしまったとも言えますが、高齢者にはそれだけの理由があったのでしょう。「田舎で暮らしていたが主人も亡くなり、人間関係が難しくて嫌になっていたところに、息子がこっちへ来いと言うから引越してきた」という人がいました。逆に田舎の人に言わせると、「団地でひとり暮らしなんかしていて、ひとり寂しく死んでしまうなんて信じられない」と言うわけです。どっちを選ぶかという時に、彼女は「鬱陶しい人間関係はもう結構」と判断したのでしょう。意外にそういう人は多いです。

　高島平がなぜ高齢化したかというと2つ理由があります。第1は昭和47年にほとんど同世代の人たちが「一斉に入居」したこと。当時はあこがれの団地で、一定の給与水準を超えてないと入居できませんでした。しかも、入居するには高倍率の抽選に当らなければならなかったのです。もうひとつは板橋区とUR都市再生機構、昔の日本住宅公団が高齢者の優遇措置をしたことです。特に板橋区が優遇措置を設けていた数年間は、高島平に住んでいる私より年上の世代が地方でひとり暮らしを

していた親を呼び寄せたようです。それで一時的に高齢者の人口が増えました。その後、URも同じような措置を設けたので高齢化に拍車がかかったと考えられます。街が高齢化して人口のバランスが崩れると、いろいろなものが動かなくなってきます。最初に入居した頃は子どもが次々と生まれ、保育園も学校も不足していて大変でした。埼玉の方から車で帰ってくるときに高島平の巨大団地を遠くから眺めていると、ひとつがいがそれぞれ入っている養鶏場のように見えたものです。街の仕組みや機能とは無関係。住人の多くは朝になると稼ぎに出かけ、夜になると帰ってきて寝るだけ。ベッドタウンというのはそういうものだから、いわゆる街づくりとか、街の一員として何か役立とうという考えはない。団地に限らずそういう街や都市は、おそらくどこも同じような状況になるか、もうすでになっていると思います。

東京郊外のある住宅地では高齢化が原因で自治会が消滅したそうです。「私は高齢なので役員は引き受けられないし、会員にもなりません」と言うわけです。そうすると行政も、自治会や町会が消滅してしまったら何もできない。自治会や町会は行政の末端組織としての機能がありますからね。自治体によって違いがありますが、町会や自治会をつくり、自分たちの街のために活動をすれば、その会費に見合った補助金が行政から支給されます。でも、そういう仕組みがあったところで、自治会が消滅してしまったらどうしようもない。これからそういう地域がどんどん増えてくるのではないでしょうか。別の言い方をすると、国による地域政策が機能しなくなってきているということですよね。そういうなか、民生委員や町会長とか街の大切な役割を果たしてくださっている方がいなくなってしまう。そうなったら、ひとりではどうしようもないでしょう。「この街で生きていくために自分ができることは何か？」と、ひとりひとりがそういう気持ちを喚起して活動するしかないと思うのです。自治法ができてもう60年以上ですが、この法律に定められた精神の根幹に関わる問題だと思うのです。自分たちの街をどうしたいのか。それは、自分で発想して自分で決めて自分でアクションを起こしていくということ。ささやかなことだっていいから、今やりださなければ街は

取り返しのつかないことになってしまいます。決して大袈裟な話ではなく、日本中の街でいつ起こっても不思議ではないことです。

3　学校教育をとおした地域活動

　私は学校を中心にいろいろな取り組みをしてきたのですが、その中から街の歩道に花を植えようという「花づくりの活動」についてお話しさせて頂きます。先ほどお話しした「お声がけ活動」で高齢者とのチャネルをつくりたかったのですが、大失敗してしまいました。そこで発想を変えるしかなかった。元気なお年寄りが興味をもって参加してもらえるようなフィールドをつくりたいと苦悶していました。そんな時、メンバーだった小学校の校長先生が「高島平団地のゴミが秋冬になると北風に吹き飛ばされ、学校の前に吹き寄せられて困っている。団地のせいで街がこんなに汚れてしまった。このゴミの中を毎日通学していたら、どんな子に育つと思われますか？　皆さんが地域活動をしているのなら、これを何とか解決して下さい」と言うのです。そこまで言われたものですから、「じゃあ、保護者や生徒さんも参加してください。毎週土曜日やりますから一緒にやりませんか？」ということで清掃活動を始めました。そうしたら、いくらやったって追いつかない。40リットルのゴミ袋に30袋も出てきちゃうのです。ゴミが…。それぐらいひどかったのです。それまで何もしていなかったから余計にですけれど…。清掃活動をしていたら、中学校の保護者から「税金払っているのだから、そんなことは区でやればいいじゃないか」とか、「大人が捨てたゴミ、あるいは団地で捨てたゴミを何でうちの子が掃除しなくちゃいけないのよ」と言われました。いろいろご意見があるのはわかりますが、「この取り組みもダメかもしれない」と思いました。そんなとき、メンバーから「どこかの新聞に載っていたけど、試しにここに花を植えませんか？　花を植えるとゴミが減るらしいですよ」って意見が出たのです。実はその時、私は「そんなに上手くいくものかいな…」と思ったのですが、やってみようということになりました。それで、社会福祉協議会や区の関係

者にこの話を率直にぶつけたら理解してくれました。

　余談ですが、こんなとき行政に相談に行くと必ず言われます。「お金はありませんよ」って。だから、そう言われる前に「お金は要りません」とこちらから言う。「花づくり活動」のときも、行政の方に「ご相談にきたのですが…」と言うと、間髪をいれず「予算がない」と言われました。予想通りです。すぐに「お金は要らないです」と言うと話を聞いてくれ、中学校前の区道の植え込み50メートルくらいの使用許可を出してくれました。翌日には、それまで植えられていた枯れたツツジを全部抜いてくれて、いつでも花を植えられるようにしてくれたのです。

　しかし、ここからがまたいろいろ大変でした。このひとつの活動を何年もかけて3つも4つも繋げ、地域に広げていくというアイデアが必要なのです。歩道に花を植えたことで子どもたちの参加が促され、その中学校の教育プログラムとして高く評価されました。これまでは、秋になると大量の落葉が歩道に散りますが、学校に植えられている樹木の落葉は学校の費用で清掃工場へ持っていって焼却されます。私は「この土地から生まれて落ちた落葉を外へ持ち出して燃やすなんて、ここの土地に返さなくてはダメです」と言って、堆肥にしようと提案したのです。そうしたら、板橋区でまだ農業をやっている方がいて、「私に任せろ」と言ってくださったのです。そうしたら、今度は中学校の校長先生が「堆肥場を用意しましょう」と提案してくれたのです。それを区役所の公園課に相談したところ、「これまで何校かに堆肥場をつくってもらうよう呼びかけていましたが、他の学校は必要ないと言って呼び掛けに応じてくれなかった」とのこと。そこへ我々が堆肥場を作りたいと手を挙げたものだから大変喜んでくれまして、1週間後には出来上がりました。1人1,000円ずつ出して街の花屋さんで花を買うことにしたのです。わずかであろうとも、そのお金をこの街で回したいと思ったからです。花屋さんに話したら、我々の主旨にメラメラ燃えてくださって、「よしわかった。1株○○円で売ってやる」って言うわけです。「それはまずい。普通のお代を受け取ってください。あなたのお気持ちはどうかこの花を守る方に使ってください」とお願いしました。現在でもその約束は守ら

れています。そうしたら、花屋さんは朝昼関係なく花壇を見回り、施肥してくださったりしました。子どもたちに施肥はなかなかできないですから。そういった連鎖反応を地域で起こさせるよう見定めながら、地域活動を捉えることが肝心だと思います。

その後7年を経て、花壇は小中学校の通学路に面しておよそ300メートルまで広がりました。すると朝夕にウォーキングする人が通るようになりました。街の人たちが歩いてくれると街の安全性が高まり、学校の防犯にもつながります。おまけにゴミが消えてしまいました。中学校の生徒さんも「君たちよくやってるね」とねぎらいの言葉を地域の人からかけられたり、好感をもたれるようになります。そうすると、信じられないかも知れませんが、それまで斜に構えてポケットに手を突っ込み、シャツをわざと出しているような服装の生徒や、挨拶もできなかった生徒も変わっていくのです。花を植えたことで3つも4つも波及効果が出て来たのです。板橋区には23の中学校がありますが、この学校はいつの間にか区内でも学力がトップクラスになったそうです。でも、中学生の評価は学力だけではありませんから、先生方に内部評価をしてもらいました。そうしたら、「街の人たちが子どもたちに優しく接してくれるから、彼らや自分たちも街の人に心を開いたのだと思う。そういう信頼関係が子どもたちにも保護者にも伝わっていった結果喫煙や喧嘩など、いわゆる不良行動が減っていった」とのことでした。そういう環境が生まれると、教員は自分の本来の業務である教育活動に充てる時間が増えていきます。それが学力の向上につながった。そういう訳で、ひとつの活動が次々とつながり、さらに重層的で複合的な活動へと広がっていく。そういう可能性のあるOSとして高島平のネットワーク型の活動が発展していきました。

4　高島平再生プロジェクトの展開

そうしたなかで、今度は地域活動にエネルギーを注入しきれなくなる時が来ました。同時にメンバーの固定化です。始めてから10年も経つ

と私は60歳になり街の高齢化も進んできて、新しい人や若い人が入ってこなくなった。そうなると地域活動に向ける街のエネルギーが枯渇する。そんなとき、私たち街の人だけであれこれ考えているとひとつのパターンにはまっちゃうのでしょうか、継続していくことの難しさを感じました。そこで、社会科学や医学の切り口から、この街をフィールドにして研究してもらえるような人と連携しようと決めたのです。そうした時期に、板橋区にある大東文化大学の山本孝則先生とご縁があり、私を含めた地域の3名の計4名で高島平を再生するプロジェクトを企てることになり、「高島平再生プロジェクト会議」へつながる私的な研究会が始まりました。すると、この研究会の噂を聞きつけた方たちが次第に集い始めたのです。この研究会ではいろいろなプランニングが行われ、最初の2年間か3年間はアイデアがいっぱい出ましたが、「このままやっていてもうまくいくのかな…」という雰囲気に包まれた時もありました。ところが、大東文化大学が高島平再生プロジェクトをベースにして文部科学省の大学GP（グッドプラクティス）というプログラムにエントリーしたら、何と3年間にわたって6,000万円くらいの補助金が下りたのです。コアになったプログラムは地域にFMラジオのカフェをつくることでした。これも紆余曲折いろいろありましたが、そこにいろいろなプログラムが乗っかって発展しました。大学生が子どもに読み聞かせをしたり、中国の留学生が高齢者の方に中国語を教えたり、モンゴルの留学生がモンゴル料理を紹介して、代わりに住民の方から料理を教えてもらうようなことがあったりと、学びの場としてとてもいい環境ができました。しかし、これは文科省の予算で大学が運営しているわけですから、私たちが考えているものとは全く性格が異なります。それなら改めて私たちで作ればいいだろうと考えて、学生さんや地域の皆さんに関わってもらえるコミュニティ・カフェ、心身の健康をテーマにしたカフェを計画しています。これは私たちが長年にわたって諦めないでやってきた、高齢者が安心して暮らし続けていけることをテーマにしたカフェです。長年考えてきたことがやっとここで実現することに、小さな感慨をもっているところです。結局、学生さんたちの活躍もさること

ながら、高齢者にとって何がこれから必要なのかというテーマをきちんと見極めておかなくてはいけない。

医療の現場では看護師がものすごく不足しているそうです。50万人くらいは資格を持っているのに、過酷な勤務体系と仕事の質などの問題で医療の現場には半分の25万人ぐらいしかいないそうです。そうしたなか、すでに資格も経験ももった中国からの看護留学生が日本に来ているそうです。そういう人がこれからどんどん増えてくるでしょうから、彼らの生活する場所として、高島平に来てもらおうというプロジェクトがあります。板橋区の大きな医療法人が看護師不足の対策として、NPOをつくって資金を提供し、NPOは日本語学校と提携して看護師の資格をもった中国人留学生を養成していくという仕組みです。でも、彼女たちは寮と日本語学校とを行ったり来たりする日々ですから、日常会話はともかく、高齢者の方と心を通わせたり微妙なニュアンスを受けとめたりできるだけのコミュニケーション能力を高める必要性があるでしょう。その機会として、来年、少なくとも20人程度の看護留学生に高島平団地に住んでもらう予定です。私のビジョンとしては、看護留学生の皆さんには高島平のひとり暮らしの高齢者と、ボランティア活動を含めたルームシェアリングしてもらいたいと思っています。高齢者は、自分の将来に大きな不安を抱いていて、お金はなるべく使いたくない。そこへ、看護師の学生さんと一緒に住むことで、自分の命や健康に対する不安を解消する大きな力になってくれる。留学生の方たちにとっては、家賃を節減できて、なおかつコミュニケーション能力を高めることができます。いちばん大事なことかもしれませんが、高齢化の一途を辿る団地に対してURはこれまで住まいを提供するだけで、街で豊かに暮らすためのソフトは何も持っていなかったわけです。最近、高齢者のための家賃優遇制度などが整備されましたが、孤独死などの問題には対処できませんでした。その時に、このような看護留学生を活用したシステムが必要になるのではないかと思います。その最初の試みとして、来年、中国の看護留学生さんたちが団地に入居する予定です。

高島平再生プロジェクトの軸になったプログラムとしては、①カフェ

をつくったこと、②カフェからいろいろな活動が広がったこと、そして、③留学生の皆さんが団地に入居したことです。現在23名が入居し、日本人学生とルームシェアリングしています。入居者には、「必ず自治会に入って自治会の活動に参加すること」という条件をつけています。これはボランティアですが、自発性が大事だという以前に教育的な見地から条件としてつけ、大東文化大学でも入居する学生の選考をしっかりやっているとのことです。それから、日常生活で近隣の人とのコミュニケーションを保つための活動にも取り組んでいます。「モンゴル餃子を食べる会」をやったところ地域住民が大勢参加してくれました。去年の12月に餅つき大会を自治会でしたときのことでした。先輩たちのなかには餅つきのうまい人がいて、その人がつくと餅もうまいのです。それに餅をつく音が「バーン」と乾いた音がするのです。団地にまだ活気があった頃は、そんな音が響いていたものです。最近では、そんな先輩が腰を痛めたとか、数回餅ついたら「俺はもうだめだ…」って言うようになって、そう言われても交代する人がいない。私なんかがよろけながらついた餅は、「半突きの餅か！」って苦情が出たことがあるぐらいです。ところが去年は、私の1.5倍くらいある大柄なモンゴルの留学生さんが3、4人手伝ってくれました。最初にちょっと教えたら上手につき始めました。そしたら、臼が割れるのではないかと思うくらい「バーン！バーン！」って乾いた音を出してつくのです。すると、その音を聞きつけて団地のお年寄りの方たちが何人も家から出てきたのです。「誰が突いているのだろう？　久しぶりに昔の餅つきのいい音が甦った」って…。モンゴルの若者がやってくれているのですが、その時には言葉も何も要らないのですね。本当の国際交流ってそういう話じゃないでしょうか。「頼もしい若者だ。よくこの街に住んでくれた」ってなります。留学生の人たちは「お年寄りが餅つきを誉めてくれた」って喜んで、「何でも私に言ってください、何でもお手伝いしますから」って言ってくれました。

　こういうふうに人が繋がっていく仕組み、それがこれからの街には必要ではないかと私は常々思っています。そのために、この高島平総合研

究所が生まれました。ここはシンクタンクであり、同時に地域活動を行う車の両輪のような関係にある仕組みだと考えています。今まで私は地域活動についていろいろ考え、仲間と相談してきましたが、時としてそれが行き詰まっていたことは否めません。しかし、この高島平総研の誕生によって多くの研究者や知恵者に考え方やアイデアを出してもらうことが可能になりました。なかでも重要なことは、ひとつひとつの活動や取り組みを普遍化してもらうことでうまくモデル化できれば、そのノウハウは日本中どこへ行っても皆さんに活用していただけるのではないかと願っております。今年の３月、やっとのことでスタートラインに立つことができましたが、いろいろな大学の先生方や、町会や自治会の方々がこれに賛同し、顧問になってくださったことなども大きな成果だと思っています。今日お話しさせて頂いたことの中心は「暮らし」です。この大きなテーマは、多世代が共生することや多文化が共生していくこと、そして「学び合う」ことだと考えています。コミュニティ・ビジネスについてもこの視点がいちばん重要だと私は考えています。精神性も含めた「暮らし」の満足度。それを高めるにはどういうプログラムが求められているか。地域社会での「学び合い」を通じて、そのニーズを見出すことができたならば、それはコミュニティ・ビジネスとして成立するのではないかと考えています。

> まとめ

「コミュニティ」とは何か
「閉鎖的な世界」から、「開放的な社会空間」への変容

松野　弘

　地域共同体としての伝統的なコミュニティ（古典的コミュニティ）は前近代社会としての農耕社会における生活組織の単位であったが、英国の産業革命（18世紀後半〜19世紀前半）を起点とした近代産業社会の成立は地縁・血縁に基づく人格的な共同体としてのコミュニティ（Community）を衰退させ、利害目的のために人々が結集する機能的な近代組織としてのアソシエーション（Association）へと変質していった。今日のコミュニティは伝統的な地域共同体と近代的なアソシエーションとの複合的な組織（現代的コミュニティ）といえるだろう。ここでは、コミュニティの包括的な概念として地域社会の検討を行った上で、伝統的なコミュニティとしての地域共同体から、現代的なコミュニティ論への変容過程とそれらの特質について考察していくことにしている。

1　「地域社会」とは何か——多様性と重層性

　都市化・産業化が高度、かつ、多様に進展している今日、地域社会はかつての伝統的地域社会のような閉鎖的・固定的な地域共同体（古典的コミュニティ）としては存在していない。地域社会は近年の多様な社会変動（都市化・産業化・情報化の高度化とグローバル化等）を背景として、「生産－消費」自己完結型の農村社会的な「閉鎖的な世界」から、農村社会と都市社会を有機的にリンクさせるような、地域間ネットワーク型の「開放的な社会空間」と変貌を遂げつつある。このような地域社会を取り巻く外的環境の変化の中で、「地域社会」概念をどのように捉

えていくか、ということは地域社会の社会的性格や社会的特質を明らかにしていく上で重要である。地域社会論における地域社会の捉え方は、地域社会にどのような視点から接近していくかによって異なってくる。これまで、社会学では、地域社会に対して、(1) 都市と農村を越えた「地域社会」(region) の社会構造の視点（リージョン論——米国の伝統的な地域社会学〔regional sociology〕を基盤とした考え方）、(2) 行政的範囲としての都市と農村を包摂する行政管理的な視点、(3) 都市化社会に対応した、都市と農村を越えた都市型市民の地域社会形成活動の単位としての「現代的コミュニティ」(contemporary community) 形成の視点（コミュニティ論）、といった三つの視点からのアプローチが一般的となっている［高橋 1993:62-66］。

しかし、この考え方には、地域社会としての地域的統一性（規模・範囲）を静態的 (static) なものとして捉えている点がみられるだけでなく、地域社会における社会構造・産業構造・生活構造とどのような関連性をもって地域社会を捉えているかという点（地域社会の内容）が明確化されていないために、どのアプローチが現実の地域社会を適切に捉えていくための有効な方法なのか、が不明確なようである。むしろ、地域社会における活動単位（〈静態的＝非市場原理・動態的＝市場原理〉、な活動範囲）を基軸として多次元から地域社会を捉えていく方が現実的、かつ、妥当性があるように思われる。具体的には、(1) 行政単位としての「地域社会（地方圏・地方・県・市・町・村）—行政サービスの供給可能な地域的範域、(2) 経済的単位としての「地域社会」（企業・個人の経済行動を基準とした、市場原理の到達する地域的範域）——市場サービスの供給可能な地域的範域、(3) 文化的な影響力の単位としての「地域社会」（地域文化が浸透している文化的範域）——文化の供給可能な地域的範域、(4) 社会単位としての「地域社会」（行政的単位・経済的単位・文化的単位が重層化している、地域風土を背景とした、地域固有の社会が成立している地域的範域〔例—幕藩体制下の藩単位の地域社会〕——伝統的な社会が固有に存在している地域的範域、といった四つの視点からのアプローチが妥当なように思われる。現実の地域社会は

まとめ 「コミュニティ」とは何か 241

図表 1 － 1　地域社会の基本原理

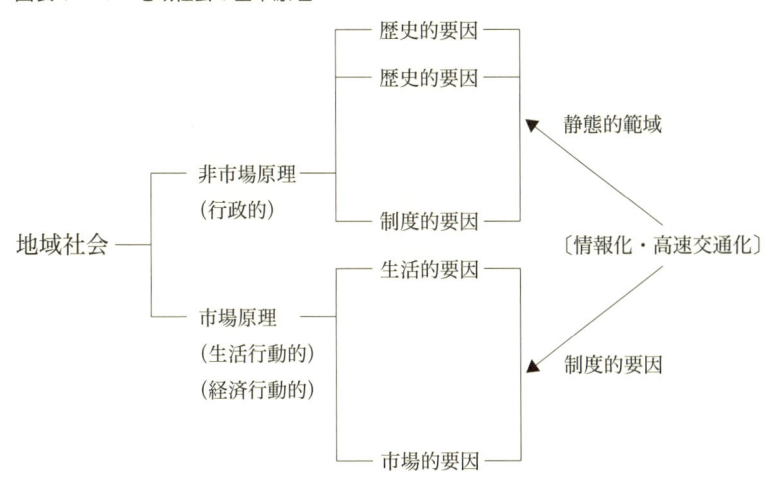

```
                          ┌── 歴史的要因 ┐
                          ├── 歴史的要因 │
            ┌─ 非市場原理 ─┤              ├──▶ 静態的範域
            │  （行政的）   │              │
            │              └── 制度的要因 ┘
地域社会 ───┤                                   〔情報化・高速交通化〕
            │              ┌── 生活的要因 ┐
            │  市場原理    │              │
            └─ （生活行動的）┤              ├──▶ 制度的要因
               （経済行動的）│              │
                          └── 市場的要因 ┘
```

静態的な行政的範域と産業活動・生活活動を基準とした動態的な社会的範域とが重層的に交叉しているからである（図表 1 － 1 参照）。

　近代社会学では、地理学・経済地理学・行政学等の「地域的範域」を基準とした視点（〈地域性（area）〉という特質に加えて）とは異なる視点、地域社会の共同生活の内容、すなわち、〈共同性〉（common ties）や〈社会的相互作用〉（social interaction）を構成要素とした、「地域社会」の捉え方を行ってきた。さらに、近年では、地域的社会を一つの社会システムとして捉え、この社会システムが政治・行政システム、産業・経済システム、教育・文化システム等の複合体から構成されているばかりでなく、社会システムと外部環境との相互作用を通じて、動態的な地域社会が成立している、という社会システム論的な地域社会論が地域社会の実態的な把握に有効なアプローチとして支持を得ているようである。そこで、ここでは、地域社会が都市化・産業化という社会変動との関連の中で、どのように変遷してきたかということを考察することを通じて、地域社会概念の多様性と重層性を明らかにし、今日的な意味での地域社会の概念的特性を提示していくことにしている。

「地域社会」概念の曖昧性と多様性——社会変動と地域社会概念の変化

　伝統的な村落共同体（あるいは、地域共同体）の中に内包されている〈地域性〉や〈共同性〉という基本的特質が、産業化・都市化等の社会変動によって地域的範域の拡大化、地域的生活における共同性の拡散化へと変質していくにつれて、その地域的広がり・地域的生活の共同性おける多様性ゆえに、地域社会概念はこれまで、およそ不明確な概念として捉えられているようである。例えば、「地域社会という概念が曖昧な面を持っているということは、この概念について語られる場合、常に持ち出されることである。……地域社会には、さまざまな広がりがあるものが含まれ、そのどれを意味するかによって、問題は少なからず異なるものであること、それにもかかわらずそこに明確な限定を加えることなしに地域社会について論じられてきているということに基づくことである。……しかし、地域社会の不明確性という問題はここにあげたような地域的範域の多様性ということにとどまるものではない。むしろ、現代社会においては地域社会の存在そのものが曖昧になってきている」といった指摘にみられるように［青井 1991:7］、地域社会に内包している〈地域性〉・〈共同性〉という伝統的な集団原理が産業化・都市化という近代社会の市場原理要素の影響を受けることによって生じた地域的範域上、地域的生活上の〈多様性〉によって、地域社会概念が曖昧化してきたのである。

　しかし、これまでの地域社会概念に関する諸論議をまとめると、地域社会の基本原理を〈地域的空間の広がり〉と〈地域生活の共同性〉に置いた上で、1）農村─都市との範域の差異を基準とした、①農村的範域をベースとした、地域共同体としての〈農村的地域社会〉、②都市的範域をベースとしたコミュニティとしての〈都市的地域社会〉という捉え方（地域社会の対象レベルの差異）と、2）地域社会の規模の差異によって、近隣、市・町・村、都・道・府・県、都市圏といった社会空間・生活空間の広がりに焦点を当てることによって、地域社会を把握していく捉え方（地域社会の規模レベルの差異）、という地域社会の成立要件が基本的には了解されていると考えてよいだろう。

地域社会は産業化・都市化というマクロな社会変動を背景として、農村的地域社会から、都市的地域社会へと変貌を遂げてきた。技術革新を基盤とした産業の波は、地域社会（農村的地域社会）を都市化（urbanization）という形で浸透・拡大してきた。その結果、農業を中心とした農村的地域社会としての農業社会から、産業を基盤とした都市的地域社会としての〈都市化社会〉（urbanizing society）を産み出してきた。この都市化社会という新しい社会形態は伝統的な社会構造・産業構造・生活構造に貨幣流通・商品流通等の〈市場原理〉をもたらし、その随伴効果として人的流動化（都市化）を促したものとされている。さらに、今日では、産業の高度化という形での情報化、地域的交流の拡大化による国際化、経済的豊かさに支えられた社会の成熟化等の新たな社会変動が都市的地域の拡大による都市的社会の拡大による〈都市型社会〉（urbanized society）を出現させてきたといわれている。

このように、地域社会概念は産業化・都市化という社会変動的要素によって多様化・拡大化している。こうした中で、現在、おおよそ、地域社会概念に関しては、「第一には、そのうちに都市や農村を含み、また、多様な広がりや共同のあり方を含むところの地域的な生活の共同を総称する、多分に抽象的な概念として用いられる。第二には、多様な広がりをもつにしても、その中で地方、ないし、「リージョン」といったような広域的な呼称に対して、「コミュニティ」と呼ばれるような比較的小規模な地域社会を意味するものとして用いられている。さらに、第三に、地域社会という概念はコミュニティの訳語であるが、わが国ではコミュニティという言葉を、「地域においての目標とされる社会連帯を意味する理念的な概念として用いられることもある」という考え方が支配的であるとされている。[蓮見 1994:984]。われわれが日常の生活世界の観点から、地域社会を捉えていく場合には、町内会・自治会等の相対的に小規模なコミュニティとされている、「近隣社会」（neighbourhood society）や地域社会の基礎的単位とされている市町村が地域社会として認識されていると考えるのが一般的であろう。

「地域社会」概念の現代的視点——重層性とシステム性

　都市的地域の拡大、都市的生活様式の浸透による、都市型社会が実現した現在では、地域的社会概念を実態的に把握し、より明確な形で地域社会を捉えていくためには、1)〈地域性〉を地域社会の生活者（市民）の行動範域として、〈共同性〉を地域社会の都市機能の集積範域として捉えていくとともに、〈地域性〉と〈共同性〉をトータル的に、かつ、ネットワーク的に結合させていく〈重層性〉を地域社会のもう一つの原理として組み入れていくこと、また、2) 地域社会の〈市場性原理〉・〈非市場性原理〉を基軸とした、「地域社会範域」、並びに、「地域社会の社会空間・生活空間」を設定し、「地域社会の重層性」（行政的範域・経済行動的範域・生活行動的範域の統合体としての地域社会）に焦点を当てた地域社会の捉え方をしていくこと、3) さらに、上記の地域区分に基づいて成立していく地域社会として、地域社会における地域性・共同性をミニマムに成立させている〈原基的地域社会〉（近隣社会〔町内会・自治会〕）、地域社会の制度的基礎単位としての〈基礎的地域社会〉（市町村・都道府県）、地域社会の市場拡大によって成立していく〈外延的地域社会〉（広域都市圏・地方圏）、の段階的な分化過程としての地域社会を想定し、その段階において繰り広げられる社会関係や社会集団の社会的、経済的、文化的機能・構造を解明していくことが地域社会の現実的なシステムや構造を理解していくことになる。

　今日では、「コミュニティ」を「地域社会の現代的表現」として読み替えている人々の観点に立てば、〈地域性〉や〈共同性〉という基本原理に加えて、〈主体性〉、すなわち、当該地域社会に居住する市民としての自主性や主体性や責任をもった住民が地域に対してもつ〈共通の帰属意識〉、〈共通の目標〉、〈共通の活動〉を志向する態度が地域社会の現代的特質としてあげることができるだろう。また、地域社会を地域社会の構造と変動という社会システム論的側面から把握した上で、狭義の地域社会を地域住民の意味関連の場として、さらに、広義の地域社会を地域経済、地域政治・行政、狭義の地域社会、地域文化のそれぞれの相互浸透から構成される社会システム（広義の地域社会）として捉え、地域社

会を地域完結的世界としてではなく、経済、政治行政の構造との緊張関係において、社会的・文化的構造を捉えていく動態的な方向として考えていく、社会システム論的立場からの新しいアプローチもみられる[1]。

このようなことから、現代社会における地域社会概念とは、地域社会の範域を、(1) 行政的範域を基礎的範域とし、その基礎的範域と、(2) 市場原理による〈経済的行動範域〉・〈生活的行動範域〉を動態的地域範域とが重層化した地域的範域の中で、そこに居住する住民（もしくは、市民）が、(3) 自らの主体性、自主性、責任を自覚して、共通の意識・目標・活動をもって地域社会に参画していく、(4) 地域政治・地域経済・地域文化・地域社会の構造連関的な動態的社会システム、であるといってよいだろう。

複合的社会変動と地域社会の変容──都市型社会の中の地域社会

戦後、わが国は戦災によって壊滅した都市を復興させるために、経済復興という形で資源開発を中心とする産業基盤の整備を行うとともに、その基盤が安定してくると鉄鋼・石油等の重化学工業化による産業基盤のより一層の整備を図っていった。その一方で経済が復興してくる過程のなかで、農村部から都市への人口移動が促進され、いわゆる都市化現象の萌芽がみられることになる。昭和23年当時の市部人口の割合は37.3％であったのに対して、高度経済成長の先行期といわれている昭和30年には56.1％になり、都市化時代の幕開けとなったのである。この結果、これまで農村社会を基盤とした、地域共同体的な地域社会の社会構造・生活構造・意識構造等は解体し、都市を中心とした社会システムが確立されていくことになる。このように、都市人口（市部人口）が農村人口（郡部人口）より比較優位の状態となり、都市的な生活様式が浸透していく過程のことを一般的には「都市化」として捉えている。「都市化」には、図表1-2にみられるように、都市社会学的概念をはじめとして、人口学的・都市経済学的・都市地理学的・都市計画学的な概念が考えられるが、基本的には、(人口の移動)「モノの移動」（施設・資本・情報）、「ヒトの移動」、「生活の革新」（農村的生活様式の革新＝

図表1-2 〈都市化〉の概念

概念＼領域	〈都　市　化〉
① 都市社会学	産業化（インダストリアリゼーション）とその高度化，それに伴う人口移動（人口の都市集中）によってひき起こされ，都市に特有な生活様式や生活態度が累積的に強化され，あるいは，農村に浸透していく過程をいい，社会変動の一側面を表す（『社会学小辞典』濱島朗編，有斐閣，1977年）。
② 人口学	地域社会において生産，流通，消費の担い手である労働人口の吸引と，それに伴う近代的な生産様式の発展過程。具体的な指標としては農村人口の都市への流入による都市人口の増加や全国人口に対する都市人口の比率の増大等（『都市化の現状と将来』〔はしがきⅱ〕，小嶋勝衛他編，大明堂，1995年）。
③ 都市経済	都市経済の発展の基本的な動向で，工業化がその主体であり，産業構造の変化に注目（出所，前掲書）。
④ 都市地理学	都市域の拡大現象，および，集落，または，地域において都市的な様相が拡大する過程（出所，前掲書）。
⑤ 都市計画学	非都市地域（例えば農村のような）から都市地域への変容過程であり，主に人口，都市的利用などの都市機能の加熱過程。具体的指標としては，都市環境の地域的拡大や深化，既成市街地の高度利用・再編や都市景観の変化等（出所，前掲書）。

都市的生活様式への移行)、のことである。地域社会が農村的にせよ、都市的にせよ、人間の一つの社会システムの総体、社会関係の集積拠点である以上、「地域社会」の都市化については都市の現実の機能との構造に焦点を当てた、多角的な「都市化」の捉え方が今後は必要となってくるであろう。

　戦後の復興社会から離陸し、重化学工業を中心とした産業化促進政策が展開されていくにつれ、三大都市圏（東京都市圏・大阪都市圏・名古屋都市圏）を中心とする都市人口は増大の一途を辿り、高度経済成長時代といわれる成長社会の段階である昭和40年代になると、わが国

の都市人口が全体人口の約70％を超える、〈都市化社会〉（urbanizing society）が成立することになる。都市化社会は人口の都市への集中という「人口の都市化」を促進するばかりでなく、都市的な生活様式の確立という「生活の都市化」をもたらす。さらに昭和50年代に入ると、高度産業化段階としての、情報化・国際化・高齢化・成熟化という新たな、かつ、複合的な社会変動が都市化をよりいっそう促進し、都市人口が約80％近く、DID人口（人口集中地区）も約60％近いという、高度都市化段階としての〈都市型社会〉（urbanized society）の時代を迎えることになる。

このような都市化は「都市化は産業の地域的表現」［鈴木（広）1986:133］といわれるように、産業化という社会変動主体によって促進されることによって、農村的地域に浸透・拡大し、やがては都市的地域へ統合化されていくのである。これまで、産業化が都市化を促進していくという単一の社会変動要因としての関連性において「産業化―都市化」の関係が捉えられるのが一般的であったが、都市化社会から、高度都市化による都市型社会への変動過程をみると、1）情報化・国際化・高齢化・成熟化（都市化から、高度都市化への移行段階）、2）高度情報化・高度国際化・高度高齢化・高度成熟化（高度都市化Ⅰから、高度都市化Ⅱへの移行段階）というように、社会変動要因が複合的な関連性をもって、地域社会の都市化、高度都市化、を促進している。都市化は基本的には、〈人の移動〉・〈物の移動〉・〈生活の革新〉が並行的に進行することによって可能となってきた。そうした〈ヒトとモノの移動〉と〈生活の革新〉をより高度化・多様化させていくのが、高度産業化段階における複合的社会変動要因である。「産業化―都市化」の変動過程に複合的社会変動要因を明確に位置づけることによって、都市化社会、都市型社会における現代地域社会の多様な展開を読み取ることが可能となる。

図表1-3　社会集団類型

〈社会学者名〉	〈基礎集団概念〉 （前近代社会）	〈機能集団概念〉 （近代社会）
◇ F. テンニース	＊ゲマインシャフト	＊ゲゼルシャフト
◇ C. H. クーリー	＊プライマリー・グループ （第一次集団）	＊セカンダリー・グループ （第二次集団）
◇ F. H. ギディングス	＊生成社会	＊組成社会
◇ R. M. マッキーヴァー	＊コミュニティ	＊アソシエーション
◇ P. A. ソローキン	＊非組織的集団	＊組織的集団
◇ W. G. サムナー	＊内集団	＊外集団

2　「コミュニティ」の考え方と展開

「コミュニティ」概念の古典的理解——社会集団類型からの視点

　地域社会は近代化（都市化・産業化）によって、前近代社会における農村型の閉鎖的な世界としての地域共同体から、近代社会における都市型の開放的な社会空間としての地域社会（もしくは、コミュニティ）へと転換していったと捉えるのが一般的である。さらに、地域社会は全体社会（国家）の部分として存在しているために、当該地域社会が基盤とする全体社会の社会経済体制によって、地域社会の内容も農村社会を前提とする前近代社会においては地域共同体、都市社会の場合には近代的地域社会（古典的コミュニティ）といったように変化してくることになる。その意味では、社会集団類型論からの視点から地域社会を捉えていくことは、地域社会の特質の歴史的、社会構造的変化を理解していく上で参考になるものと思われる。社会集団類型は図表1-3にみられるように、さまざまな形で表現されているが、本質的には前近代社会の地域共同体的特質から、近代社会的地域社会的特質への構造転換を提示している。ここでは、人間的結合による意思形成を基準とした社会集団類型（ゲマインシャフトとゲゼルシャフト）、社会形成を基準とした社会集団類型（コミュニティとアソシエーション）、の二つの視点から捉えた代表的な事例を紹介し、地域社会が近代化の過程の中でどのように変質していったか、について考察していく。

①人間的結合の契機による社会集団類型——『ゲマインシャフト』と『ゲゼルシャフト』

ドイツの社会学者、F. テンニース（F. Tönnies）は、イギリスの法律学者、H. J. メイン（H. J. S. Maine）の「身分（status）から、契約（contract）」へというテーゼに触発されて、前近代的な地域共同体から、近代的な地域社会への転換していく場合に、どのような性質の人間的結合が社会集団の特質を決定していくかということに注目し、社会集団の類型的変化を、〈ゲマインシャフト（Gemeinschaft）〉（共同社会）から、〈ゲゼルシャフト（Geselleschaft）〉（利益社会）への移行という形で表現した。こうした近代化論は欧州では、A. コント（A. Comte）の三段階の法則〔loi des trois états〕[2]や H. スペンサー（H. Spencer）の社会有機体論的社会進化論としての〈軍事型社会〉から、〈産業型社会〉への移行という考え方などにその原型を見出すことができる。テンニースの思想の基本は「社会集団とその内部の社会関係は、その根底に人間の『意思』(wille) が働いているという考え方」であり、「相互の意思のやりとりの関係が、人間どうしの、関係を決定し、社会集団の特質を決定する」というものであった。テンニースはその意思を「本質意思」(Wessenschaft) と「選択意思」(Kürtwille) の二つに分類し、前近代社会の社会集団としての人間結合を「本質意思」によるものとし、近代社会の社会集団としてのそれを「選択意思」によるものとした。「本質意思」とは、結合それ自体が目的であるような、意思であり、親と子の愛情のように人間が生得的に備えている心情的意思である。本質意思を基盤とした社会関係は、血縁・地縁・友情を人間的結合の契機としており、具体的な社会集団としては、家族、村落、中世都市等があげられている。このように、ゲマインシャフトは「本質意思によって結合された社会的統一体であり、それ自体が有機的な生命をもつと考えられ、そこでは人びとは経験的には分離し、ときには、反発することがあるとしても、本質的には全人格をもって感情的に互いに融合し、親密な相互の愛情と了解のもとに運命を共にする共同体」（「真実の共同生活」）のことを示している。他方、「選択意思」とは、一定の目的達成のため

手段として結合した社会関係を支配する意思であって、非人格的・合理的な性格をもっており、結合しているようにみえても本質的には分離している、利害打算的な意思として表されている（「外見上の共同生活」―［富永 1995:283-284］）。具体的な社会集団としては、国家・株式会社・協会・学校・組合等があげられ、近代の都市型社会における社会集団の特質を表現している。こうした特徴をもつ社会集団をゲゼルシャフトとして位置づけている。テンニースは、前近代社会における特徴的な社会集団を「ゲマインシャフト」として、近代社会におけるそれを「ゲゼルシャフト」として位置づけた上で、社会集団が近代化の過程の中で、ゲマインシャフトからゲゼルシャフトへと移行していくことの必然性を主張した。と同時に、近代社会においては、利害打算的な集団特性をもつゲゼルシャフトと人間的な絆を集団特性とするゲマインシャフトとを統合化し、ゲゼルシャフトの弊害を補完していく社会集団として、「ゲノッセンシャフト（Genossenschaft）」（協同体―共同組合組織等）の必要性を提起した［Tönnies 1887=1957=1979］。

②社会形成を基準とした社会集団類型――『コミュニティ』と『アソシエーション』

「コミュニティ」（Community）という概念は元来、前近代的社会における村落共同体のことをあらわす経済史的概念であったが、R. M. マッキーヴァー（R. M. MacIver）が、近代化の過程の中にあって資本主義経済化が進展し、農村社会を基盤として自然発生的に形成された地域共同体としてのコミュニティが空洞化し、共同の関心・利害・目的の追求のために形成される、人為的な人間結合としての「アソシエーション」（Association）を「コミュニティ」の対置概念として取り上げ、近代社会における共同社会のあり方を社会学的研究の俎上に取り上げたことから、地域社会概念としての「コミュニティ」に社会学的な関心が寄せられるようになったのである。マッキーヴァーによれば、「コミュニティ」とは、「そのなかで共同生活（common life）が営まれ、人びとがいろいろな生活場面で、他の人とある程度自由にかかわりあい、こ

のようにして共通した社会的特性をそこに表している生活圏」である [MacIver 1921=1976]。このコミュニティ概念とは、(1) 人びとの共同生活が営まれている一定の地域の存在であり、(2) 一定の地域に共に居住し、生活の諸側面において相互に接触することによって共同生活としての社会的特徴をもたせており、(3) 一定の包括性や自足性をもった社会、ということである。このような共通の共同生活の社会的特徴として、(1) 社会的類似性 (social likeness)、(2) 共通する社会的概念 (common social idea)、(3) 共通の慣習 (common custom)、(4) 共属感情 (sense of belonging together)、を提示し、こうした社会的特徴をもつ共同生活の一定の地域をコミュニティとして捉えたのである。また、こうしたコミュニティ形成の基礎的条件として、(1) 地域性 (locality)、(2) 共同社会感情 (community sentiment)、の二つを指摘し、共同社会感情には、われわれ意識 (we-consciousness)、役割感情 (role-consciousness)、相互依存感情 (dependence-consciousness)、の三つの構成要素がある、としている。このように、「地域性」と「共同社会感情」の二つの条件を充たすことができれば、その地域社会を「コミュニティ」と呼ぶことができるのである。具体的には、村落、都市、部族、国民等のきわめて広範な地域を「コミュニティ」の対象としている。これに対して、「アソシエーション」は一定の共同の利害・関心・目的を達成するために、人為的・意図的に形成された社会集団であり、具体的には、会社・組合（ギルド）・教会・学校・病院等がその対象である。マッキーヴァーによれば、このアソシエーションはコミュニティと対立的、分離的に存在しているのではなく、全体的で包括的な地域社会としてのコミュニティを基盤として、その部分社会として派生的・人為的に形成された存在、すなわち、コミュニティの機関 (agencies) として機能しているのである [MacIver〔1917〕1935=1975]。このように、古典的なコミュニティの概念は、「地域性」と「共同性」を基盤として形成されているが、その概念の曖昧性、多義性ゆえに、「共同生活ということの具体的な内容の規定が不十分であり、具体的な調査研究の手引や仮説や理論としては、やや欠けるものがあるとの批判がな

されている」という見解もみられる［塩原 1990:35］。このために、後の社会学者はマッキーヴァーのコミュニティ概念を構成要素の規定をめぐってさまざまな調査研究を行っている。とりわけ、米国の社会学者、G. A. ヒラリー（G. A. Hillery）はこれまでの 94 にも及ぶコミュニティ概念の研究成果を整理した上で、「コミュニティは一定の地理的範囲の中で、社会的相互作用関係にあり、かつ、一つ、もしくは、複数の共同の紐帯をもっているような人々から構成されている」と結論づけた。（図表 1 － 4 参照）その結果、コミュニティは基本的には次の三つの要素、1)「地理的範囲（地域）」(geographic area)、2)「共同の紐帯」(common ties)、3)「社会的相互作用」(social interaction) がコミュニティ形成の基本的要件である、としている (Hillery［1955］111-123)。これらの三つのコミュニティの構成要素が近代社会におけるコミュニティ研究の出発点となり、今日のような社会システム論的なコミュニティ概念にまで発展し、社会ネットワーク的な協働性（collaboration）を基盤とした新しいコミュニティ論への理論的、かつ、実践的な展望を提供してきたといえるだろう[3]。

注

1) ［橋本 1995:9-12］橋本は、T. パーソンズや N. J. スメルサーの社会システム論を援用しながら、広義の地域社会を地域経済、地域政治・行政、狭義の地域社会（地域住民の意味関連の場、日常生活でのコミュニケーションの場）、地域文化のそれぞれの相互浸透から構成されるものとしている。
2) 人間の精神が神学的段階―形而上学的段階―実証的段階へと変化するにつれて、社会も軍事型社会―法律型社会―産業型社会へと移行していくという社会発展論的思想のことである。
3) 社会システム論的コミュニティ論は、地域社会（コミュニティ）における社会的行動圏の拡大、市場流通機構の多様化、社会構造の複雑化、交通・通信網等の発展によって、コミュニティ概念が動態化した結果、誕生した概念である。この社会システム論的コミュニティ論は、コミュニティ・システム論と呼ばれるもので、T. パーソンズや R. L. ウォーレンなどが代表的な論者である。パーソンズはコミュニティを「社会体系の構造で、人（すなわち、有機体としての人間個体

図表1−4　G. A. ヒラリーによる「コミュニティ」の規定

規定上の特徴的アイデアないし要素	規定の数
I　コミュニティ一般（generic community）	
A．社会的相互性	
1．地理的地域	
A．自足性	8
B．共同生活	9
血縁	2
C．同類意識	7
D．共通の目標，規範，手段の所有	20
E．諸制度の集合	2
F．地域集団	5
G．個性	2
2．地域以外の共通特徴の所有	
A．自足性	1
B．共同生活	3
C．同類意識	5
D．共通の目標，規範，手段の所有	5
3．社会システム	1
4．個性	3
5．諸態度の総体	1
6．過程	2
B．生態学的諸関係	3
II　農村型コミュニティ（rural community）	
A．社会的相互性	
1．地理的地域	
A．自足性	1
B．共同生活	3
C．同類意識	3
D．共通の目標，規範，手段の所有	3
E．地域集団	5
全規定数	94

（出所）　奥田道大他編（1977）p. 66.

とその活動の地域的位置）に帰因すると考えられる局面」[Parsons 1960＝三浦 1978:342-344]と定義し、コミュニティを社会システムの一つのサブ・システムとして捉えている。パーソンズのコミュニティ論の特質としては、①コミュニティを具体的単位としてではなく、分析的範疇として限定的、動態的に捉えている、②コミュニティを社会システムの一局面、すなわち、社会システムと環境の物的側面とのかかわりに関連したサブ・システムとして捉えている、③コミュニティ概念をあくまでも地域的領域との関連としての社会システム論として捉えている、④コミュニティは社会的統合機能と連帯性をもっている、⑤地理学的「地域性」は心理学的「共同性（感情）」をともに含むものである、等をあげている。また、ウォーレンの理論は、T. パーソンズやG. C. ホマンズの影響を受けているが、彼のシステム論は、①境界維持の性格をもっている、②システム内部と外部の区別が存在する、③システム維持のための機能が営まれる、④システムには均衡維持の過程が存在する、を基本とし、コミュニティ内部の単位間の関係（水平的パターン）はコミュニティ内部の単位と外部の社会組織との関係（垂直的パターン）が区別されている。このように、ウォーレンはコミュニティの研究にシステム分析によるコミュニティ概念の動態化を図ったが、その特質は、①境界概念を導入して、内的システムと外的システムを区別したこと、②コミュニティの構成単位と他のコミュニティの社会システムとの関係を分析したこと、③「生産―分配―消費」・「社会化」・「社会統制」・「社会参加」・「相互援助」という五つの機能の分析を行っている、ことにある。[鈴木（広）1987:277-290]

引用・参考文献

秋元律郎（1990）「コミュニティ理論の再検討」、『社会科学討究』36、早稲田大学社会科学研究所.

青井和夫監修（1991）『地域社会学』、サイエンス社.

新　陸人他（1979）『社会学のあゆみ』、有斐閣.

藤原保信（1993）『自由主義の再検討』、岩波書店.

Galpin, C. J., (1915) *The Autonomy of an Agricultural Community*, Madison: Wisconsin Agricultural Experiment Station, Research Bulletin 34.

後藤範章（1985）「我国研究者における『地域社会』理解と『地域社会学』的分析の二視角」、日本社会学会編、『社会学評論』35-4、有斐閣.

橋本和幸（1995）『地域社会に住む』、世界思想社.

蓮見音彦（1994）「地域社会の概念」、森岡清美他編、『新社会学辞典』、有斐閣.

Hillery, G. A., (1955) Definitions of community: areas of agreement, Rural

Sociology 20(June).

金子　勇 (1989)『新コミュニティの社会理論』、アカデミア出版会.

倉田和四生 (1985)『都市コミュニティ論』、法律文化社.

Lynd, R. S., and Lynd, H. M., (1929), *Middletown: A Study in Contemporary American Culture*, New York, Harcourt, Brace.=［邦訳］中村八朗訳、1990、『ミドゥルタウン』、青木書店.

Lyon, L. (1987), *The Community in Urban Society*, Lexington Books.

MacIver, R. M. (1917/1935), *Community: A Sociological Study*, London: Macmillan.=訳書　中　久郎他、『コミュニティ』、ミネルヴァ書房.

―――― (1921) The Elements of Science.=関　秀編著、1976、『基礎社会学』、川島書店.

松原治郎 (1973)「コミュニティ論の系譜」、松原治郎編、『現代のエスプリ』No. 68、至文堂.

内藤辰美 (2001)『地域再生の思想と方法――コミュニティとリージョナリズムの社会学』、恒星社厚生閣.

中村八朗 (1973)「Ⅳ　権力構造の動態」、福武直監修／倉沢進編、『社会学講座　5　都市社会学』、東京大学出版会.

奥田道大他編 (1977)「コミュニティの形成基盤」奥田道大・高橋勇悦他編、『テキストブック社会学5・地域社会』有斐閣.

奥田道大 (1982)『コミュニティの社会設計』、有斐閣.

Park, R. E. (1952) *Human Communities*, New York, The Free Press.

Parsons, T. (1960) *The Principal Structure of Community, Structure and Process in Modern Society*.=［邦訳］三浦典子訳、1978、「コミュニティの基本構造」、鈴木　広編訳、『都市化の社会学』、誠信書房.

関　清秀 (1976)『基礎社会学』、川島書店.

塩原　勉他編 (1990)『社会学の基礎知識』、有斐閣.

Sorokin, P. A. and Zimmerman, C. C., (1929) *Principles of Rural-Urban Sociology*, Holt.

総合研究開発機構編 (1978)『事典　日本の課題』、学陽書房.

鈴木　広他編 (1987)『都市化の社会学理論』、ミネルヴァ書房.

高橋勇悦 (1987)「古典生態学の都市理論」、鈴木　広他編、『都市化の社会学理論』、ミネルヴァ書房.

―――― (1993)『都市社会論の展開』、学文社.

富永健一 (1995)『社会学講義』、中公新書.

Tönnies, F. (1887) *Gemeinschaft und Gesellschaft*, Leipzig.=［邦訳］杉之原寿一、1957、『ゲマインシャフトとゲゼルシャフト』、岩波文庫.

宇賀　博（1995）『コミュニタリアニズム』、晃洋書房.
Warren, R. L. (1963) The Community in America. ＝［邦訳］鈴木　広他編著所収、1987、『都市化の社会学理論』、ミネルヴァ書房.
——— (1941-1959), The 'Yankee City' series, 6 Vols, Yale University Press.
渡辺博史（1973）「コミュニティと社会計画」、福武直監修・倉沢　進編、『社会学講座―5　都市社会学』、東京大学出版会.
吉瀬雄一（1985）「コミュニティと都市生活」、髙橋勇悦他編、『新しい都市社会学』、学文社他.

［追記］本論は拙著『地域社会形成の思想と論理――参加・協働・自治』（ミネルヴァ書房、2004年）の原稿（第2章）の一部を修正・加筆して再編成したものであることをお断りしておきたい。

おわりに──コミュニティ・ビジネスの展望

神原　理

　子育てに悩む母親たち、親からの虐待を受ける子供たち、孤独死する高齢者、年間約3万人の自殺者、満足な支援が得られない路上生活者（ホームレス）、低迷する地域経済、ゴミや騒音などの環境問題…。日本の地域社会（コミュニティ）では様々な社会・経済的課題が生じており、それらを目の当たりにするたびに、「日本は本当に豊かな社会といえるのだろうか？」という疑問が頭をよぎる。確かに、日本は世界有数の経済大国である。これほどまでに便利で快適な社会を築き上げてくれた先人たちの苦労には心から感謝しなければならない。しかし、経済的に豊かな社会と引き替えに我々が失ったもの、あるいは見過ごされてきた問題があるのではないか。こうした問題を少しでも解決し、先人たちから引き継いだ有形・無形の貴重な財産を維持・発展させ、後生に引き継いでいく義務が我々にはある。そのためには、行政や企業ばかりに問題解決を依存する市民意識から脱却し、ひとりひとりが仕事と生活（社会的関係）のあり方を見直し、自らの手で地域社会の再生に取り組んでいく必要がある。こうした問題意識のもと、本書では地域を支えるコミュニティ・ビジネスの概念と役割、その発展プロセスにおける課題などについて、様々な研究分野から議論を展開していった。

　市民による自発的な地域活動の重要性については、他の国々でも様々な論者によって指摘されている。Anthony Giddens は、「コミュニティという問題意識」、即ち活動的な市民社会の再生を「第三の道（社会民主主義）」の重要な課題としている[1]。それは、高い信頼性を有しながら相互依存関係が緊密であり、高度な自己組織化能力をもった強固な市民社会の構築である。また、Roger Sue は、こうした営利目的によらない自発的な「参加と連帯の組織（association）」による経済活動は、市場や公的サービスを補完しながら社会的に役立つイノベーションを目

指す存在であり、21世紀の経済社会を牽引する役割とみなしている[2]。そして、Carlo Borzaga や Jacques Defourny らは、EU におけるサードセクター（社会的経済）――伝統的な民間営利セクターにも公的セクターにも属さない社会経済的な起業組織（initiatives）――の成長について、福祉国家から新しい混合型福祉（a new welfare mix）への変革的役割と捉えている[3]。

こうした将来展望が示される反面、現実の日本の地域活動には、寄付やボランティアといったチャリティ活動への意識や理解の低さ、ボランタリー活動自体のアマチュア性による事業効率の低さ、未開発のまま埋もれている地域資源（人的・物的資源）など、様々な課題が存在している。なかでも人的資源の活性化による地域再生と共生社会の実現は急務の課題といえる。

これまでの日本の社会では、経済活動の周辺的存在（マイノリティ）におかれている人々は比較的疎外されてきた傾向がある。専業主婦を中心とする中高年の女性や、リタイア層を中心とする高齢者、障害者や路上生活者など、これまで疎外されてきた人的資源に目を向け、彼らの生活支援と能力活用ができるような地域へと再生を図ることで、多様な人的資源にもとづく共生社会を実現することができる。それが最終的には、より多くの地域住民の生活の質的向上につながる。子育て支援事業によって多くの親たちがストレスから少しでも解放されれば、彼らはより生き生きと生活することができるだろう。それによって、虐待などで心の傷を負ったり死んでしまう子供たちも減り、将来を担う子供たちが元気に育つ地域社会になるだろう。リタイア層の能力を活用した地域活性化事業が全国で進展すれば、現役時代は自宅と会社を往復する生活だった人たちも地域とのつながりを保ちながら第2・第3の人生を過ごすことができ、安心してリタイア後の生活を描くことができるだろう。障害者の支援事業が普及すれば、障害があっても雇用が確保され一定の収入を得ることができ、本人や家族は安心して地域で暮らすことができるだろう。厳しい経済環境のなかで失敗したとしても、社会復帰できる支援事業が十分整備されていれば路上生活を余儀なくされる人は減るだ

ろう。

　コミュニティ・ビジネスとは、地域住民が主体となり、ビジネスの手法を用いて地域の課題を解決していくことであるが、それは子育て支援や社会的弱者の支援、地域活性化、環境保全といった目に見える課題を解決するだけではなく、地域の絆やつながり―地域住民が手を取り合ってみんなで助け合う仕組み―を再編していくことでもある。それによって地域住民ひとりひとりの仕事と生活、新しい地域社会のあり方が見直され、再構築されていく。その一翼を担う役割が我々に期待されており、ひとりひとりのささやかな地域活動が、やがては未来の地域社会を大きく変えていくのである。

注

1) Giddens, Anthony, *The Third Way: the renewal of social democracy*, Polty Press, 1998（佐和隆光訳『第三の道』日本経済新聞社、1999 年）.
2) Sue, Roger, *LA RICHESSE DES HOMMES*, Editions Odile Jacob, 1997（『「第四次経済」の時代――人間の豊かさと非営利部門』新評論、1999 年）.
3) Borzaga, Carlo & Defourny, Jacques(eds.), *The Emergence of Social Enterprise*, Routledge, 2001（内山哲朗・石塚秀雄・柳沢敏勝訳『社会的企業―雇用・福祉の EU サードセクター―』日本経済評論社、2004 年）.

〈執筆者紹介〉

徳田 賢二（とくだ けんじ）

一橋大学経済学部卒業
［現職］専修大学経済学部教授
［専門分野］地域経済論、流通経済論
［著者・論文］『おまけより割引してほしい―値ごろ感の経済心理学―』（ちくま新書、2006）、『流通経済入門』（日経文庫、2001）、『地域経済ビッグバン』（東洋経済新報社、1998）、『日本の企業立地・地域開発』（東洋経済新報社、1987）、『川崎都市白書』（共著、専修大学社会知性開発研究センター、2007）など

君嶋 武胤（きみしま たけつぐ）

東京大学大学院都市工学博士課程単位取得満期退学
［現職］前・川崎市産業振興財団理事長、専修大学経済学研究科客員教授、KS コミュニティ・ビジネス・アカデミー特別顧問
［専門分野］都市政策、地域経済政策
［著書］『都市政策の視点』（共著）

神原 理（かんばら さとし）

神戸商科大学（現 兵庫県立大学）大学院経営学研究科博士課程修了
［現職］専修大学商学部教授
［専門分野］ソーシャル・ビジネス（コミュニティ・ビジネス）
［著著・論文］『コミュニティ・ビジネス―新しい市民社会に向けた多角的分析―』（編著、白桃書房、2009）、『現代商品論』（編著、白桃書房、2010）、「ソーシャル・ビジネスによる社会関係資本の再構築」（『社会関係資本研究論集』第 1 号 77-90 頁、専修大学社会関係資本研究センター、2010）

福島 義和（ふくしま よしかず）

筑波大学大学院地球科学研究科博士課程地理学・水文学修了（理学博士）
[現職] 専修大学文学部教授
[専門分野] 都市経済地理学
[著書・論文]「戦略的拠点地区「神奈川口構想」が川崎市臨海部の再生に有効か？」（『川崎都市白書　第2版』専修大学都市政策研究センター、2009）、「斜面都市・長崎のまちづくりの課題―1982年の長崎豪雨災害から―」（『専修大学社会科学研究所月報』第566・567号、2010）、「リーロン地区の再開発事業に伴う人口移動と上海大都市圏の発展（その1）」（『社会科学年報』第44号、専修大学社会科学研究所、2010）

為崎　緑（ためさき みどり）

慶應義塾大学文学部英米文学科卒業
[現職] 中小企業診断士、（社）神奈川県経営診断協会理事
[専門分野] 中小企業支援。商店街活性化や街づくり、コミュニティビジネスなどの支援に携わるとともに、神奈川県ボランタリー活動推進基金幹事会委員や、かながわ子ども・子育て支援大賞審査会委員などを務めている。
[著書・論文] 監修『報酬を払えるNPOになるために』（非営利ペイドワーク創出研究会）

大室 悦賀（おおむろ のぶよし）

一橋大学大学院商学研究科博士後期課程満期退学
[現職] 京都産業大学経営学部
[専門分野] ソーシャル・イノベーション
[著書・論文]『ソーシャル・エンタープライズ―社会的企業の台頭』（共著、中央経済社、2006）、『NPOと事業』（共著、ミネルヴァ書房、2006）、『ソーシャル・ビジネス―地域活性化の視点』（編著、中央経済、2011）、『ケースに学ぶソーシャル・マネジメント』（共著、文眞堂、2009）

池本 正純（いけもと まさずみ）

一橋大学大学院経済学研究科博士課程、博士（経営学・法政大学）
[現職] 専修大学経営学部教授
[専門分野] 企業経済学
[著書・論文]「経済学の古典（下）」（共著、有斐閣、1978）、「シュンペーター経済発展の理論」（共著、有斐閣、1980）、「企業者とはなにか」（有斐閣、1884）、ヘバート＆リンク『企業者論の系譜』（共訳、ホルト・サウンダース、1984）、「企業家とはなにか―市場経済と企業家機能―」（八千代出版、2004）

土岐 寛（とき ひろし）

京都大学法学部卒業
[現職] 大東文化大学法学部教授
[専門分野] 地方自治・都市政策
[主要著書・論文]『景観行政とまちづくり』（時事通信出版局、2005）、『東京問題の政治学』第2版（日本評論社、2003）、『現代日本の地方自治』（共著、北樹出版、2009）、『現代行政のフロンティア』（共著、北樹出版、2007）、『比較行政制度論』第2版（共著、法律文化社、2006）、「道州制と大都市制度改革」（『大東法学』19巻1号、2009）、「ポルトガル・リスボンのまちづくり」（『地方財務』2010年12月号）

犬塚 裕雅（いぬづか ひろまさ）

埼玉大学教育学部社会科学コース
[現職] 一般社団法人CAT代表理事、専修大学KSコミュニティ・ビジネス・アカデミー講師
[専門分野] 地域活性化のプロジェクトマネジメント
[著書・論文]「まちづくりとエネルギーの「地産地活」」山田晴義編著『地域再生のまちづくり・むらおこし』pp. 138-162（ぎょうせい、2003）、『環境ボランティア獲得のための情報提供戦略』（共著、環境科学会、2010）

廣石 忠司（ひろいし ただし）

慶應義塾大学大学院経営管理研究科博士後期課程単位取得退学
[現職] 専修大学経営学部教授
[専門分野] 人的資源管理論、労働法
[著書]『ゼミナール人事労務　補訂版』（八千代出版）、『人的資源マネジメント戦略』（共著、有斐閣）、『雇用・就労変革の人的資源管理』（共著、中央経済社）、『キャリア形成』（共著、中央経済社）、『男女雇用平等の展開』（共著、ぎょうせい）、その他論文多数

加藤 茂夫（かとう しげお）

明治大学大学院経営学研究科博士課程単位取得退学
[現職] 専修大学経営学部教授
[専門分野] 経営組織論（リーダーシップ、組織構造、ベンチャー企業）
[著書]『増補版心の見える企業―ベンチャー企業とバルーン型組織への誘い』（泉文堂、2007）、『ニューリーダーの組織論―企業のダイナミズムを引き出す』（編著、泉文堂、2002）、『核心経営』（監修、白桃書房、2000）、小椋康宏編集代表『経営者論』第2章担当（共著、中央経済社、2009）

大平 修司（おおひら しゅうじ）

一橋大学大学院商学研究科博士後期課程修了、博士（商学）
[現職] 千葉商科大学商経学部専任講師
[専門分野] マーケティング
[著書・論文]「制度と非営利組織：ソーシャル・イノベーションの制度化メカニズムの解明」（『千葉商大論叢』第47巻第2号、pp. 109-129、2010）、「ソーシャル・イノベーションの創出プロセス：NPO法人スペースふうのリユース食器を事例として」（『千葉商大論叢』第47巻第1号、pp. 107-126、2009）、「ステイクホルダー・アプローチによるコーズ・リレイテッド・マーケティングの体系的理解」（『経済系』第245集、pp. 66-79、2010）

前川 明彦（まえかわ あきひこ）

法政大学大学院博士後期課程人文科学研究科修了
[現職] 専修大学非常勤講師　法政大学非常勤講師　他
[専門分野] 都市論、ソーシャルビジネス論
[著書・論文]「コミュニティ・ビジネスの意義と課題」『コミュニティ・ビジネス』（白桃書房、2005）、「独立法人と地域の課題」（『こども環境学会報告』VOL. 1 no. 2, 2005）、「激変の続く北京の都市景観」『都市の景観地理』（古今書院、2008）、「One District One Project とソーシャルイノベーション」（『専修大学社会関係研究センター年報』第1号、2010）

小倉 敬子（おぐら けいこ）

甲南女子大学文学部英文学科卒業
[現職] （公財）かわさき市民活動センター理事長、LET'S 国際ボランティア交流会代表、NPO 法人市民文化パートナーシップ事務局長
[専門分野] 市民活動、多文化共生、文化振興
[著書]『ぼく、バグダッドに帰りたい』、「外国人市民の子ども「ダブルの文化」を持つ子どもの権利」（『子どもの権利条約』pp. 36-39、エイデル研究所、2002）、「国際子育てグループがめざす多文化共生社会」（『月刊自治研』10月号 pp. 98-101、自治権中央推進委員会事務局、2002）、「指定管理者制度の現状と課題」（『子どもの権利研究』第11号 pp. 77-79、子どもの権利条約総合研究所、2007）

安藤 哲也（あんどう てつや）

[現職] NPO 法人ファザーリング・ジャパン代表理事
[著書]『パパルール〜あなたの家族を101倍ハッピーにする本』（共著、合同出版）、『PaPa's 絵本33〜パパのための Rock'n 絵本ガイド』（小学館）、『パパの極意〜仕事も育児も楽しむ生き方』（NHK 出版）、『子育てパパ力検定 公式テキスト＆問題集』（共著、小学館）、『絵本であそぼ！〜子どもにウケるお話大作戦』（共著、小学館）、他、連載、絵本の翻訳多数。

堀口 吉四孝 (ほりぐち よしたか)

大学卒業後、印刷出版会社に勤務。現在、(株)アップル・プレス代表取締役
昭和 52 年、高島平団地に入居。同自治会中央役員
平成 11 年、高島平地区小地域ネットワーク設立
平成 18 年、板橋区コミュニティビジネス・コンテストにて、優秀賞を受賞
平成 19 年、膝楽体操倶楽部設立、同代表
平成 20 年、地域貢献会社 にこ設立。同代表
平成 20 年、高島平総合研究所設立。同事務局長

松野　弘 (まつの ひろし)

早稲田大学第一文学部社会学専攻卒業

[現職] 千葉大学大学院人文社会科学研究科教授。博士（人間科学、早稲田大学）。日本学術会議・連携会員（特任―環境学委員会）

[専門分野] 地域社会論／まちづくり論、環境思想論／環境社会論、産業社会論／CSR論・「企業と社会」論、高等教育論

[主要著作]『大学教授の資格』(NTT 出版、2010)、『大学生のための知的勉強術』(講談社現代新書、2010)、『環境思想とは何か』(ちくま新書、2009)、『現代地域問題の研究』(ミネルヴァ書房、2009)、『「企業の社会的責任論」の形成と展開』(ミネルヴァ書房、2006)、『環境思想キーワード』(青木書店、2005)、『地域社会形成の思想と論理』(ミネルヴァ書房、2004) など

市民のためのコミュニティ・ビジネス入門
新たな生きがいプラットフォーム作り

2011年3月20日　第1版第1刷発行
2015年4月20日　第1版第2刷発行

編　者	徳田賢二・神原　理
発行者	笹岡五郎
発行所	専修大学出版局
	〒101-0051　東京都千代田区神田神保町3-10-3
	㈱専大センチュリー内
	電話　03-3263-4230㈹
組　版	木下正之
印　刷	株式会社加藤文明社

©Kenji Tokuda et al. 2011 Printed in Japan
ISBN978-4-88125-261-1